ITALIEN

GRAMMAIRE ACTIVE

ITALIEN

GRAMMAIRE ACTIVE

par

Éliane Bayle
et
Danièle Polard

Avant-propos de Gérard Fontier

Le Livre de Poche

Abréviations et signes

*   exercice corrigé
→   donne
←   vient de
∅   espace vide
☞   attention !
†   forme ancienne qui n'existe plus
cf.   voir
COD   complément d'objet direct
COI   complément indirect
c. d'attr.   complément d'attribution
cond. conditionnel
ex.   exemple
f.   forme
imp.   imparfait
ind. prés.   indicatif présent
p.   page
p. comp.   passé composé
p. p.   participe passé
p. simple   passé simple
pers.   personne
pl.   pluriel
sg.   singulier
sub. prés.   subjonctif présent

A été soulignée la syllabe accentuée des mots qui portent l'accent sur une autre syllabe que la dernière ou l'avant-dernière ou lorsqu'il peut y avoir ambiguïté.

© Librairie Générale Française, 1996.
ISBN : 978-2-253-08560-7 – 1ʳᵉ publication - LGF

Sommaire

ANNEXES

Avant-propos

Voici, dans une édition économique, un ouvrage qui sera utile à tous les italianisants, quel que soit leur niveau : collégiens, lycéens, autodidactes, étudiants au début de leurs études universitaires. Cette *Grammaire active de l'italien* se veut tout d'abord – ce qui constitue toujours un objectif ambitieux pour un ouvrage de ce type – exhaustive, et elle y parvient fort bien en expliquant le fonctionnement de la langue italienne dans les moindres détails. Pour ce faire, les auteurs se sont bien gardés d'utiliser un jargon de spécialiste et ils ont privilégié l'emploi d'une langue simple qui permet de décrire les règles avec la plus grande clarté.

Quant à la principale caractéristique de cet ouvrage, il convient de préciser qu'il s'agit d'une grammaire résolument descriptive et normative. En d'autres termes, l'utilisateur trouvera ici l'énoncé de la grammaticalité italienne, c'est-à-dire *ce qu'il peut ou ne peut pas dire et écrire,* ce qu'il a le droit d'utiliser s'il veut construire des phrases conformes aux règles phonétiques, morphologiques et syntaxiques de la grammaire italienne, et cela dans une perspective volontairement utilitariste – au sens positif du terme, puisqu'il ne s'agit de rien d'autre que de la réussite aux examens.

Chaque règle est illustrée par un ou plusieurs exemples, suivis de leur traduction, ce qui permet – dans une perspective de travail autonome – de mémoriser plus facilement et de comparer avec le fonctionnement de la langue française. Les accents toniques sont systématiquement indiqués dès qu'il s'agit de « parole sdrucciole » ou « bisdrucciole », y compris dans les exercices ; sont indiqués également quelques mots accentués sur l'avant-dernière syllabe mais dont la prononciation pose souvent problème. Quant aux exercices d'application qui suivent systématiquement les explications, ils sont très nombreux et variés et permettent au fur et à mesure de s'entraîner, de «faire ses gammes» et donc de vérifier que l'on a bien compris les règles à appliquer, d'autant plus que de nombreux exercices sont corrigés à la fin du livre. Signalons enfin la présence d'annexes que l'on trouve rarement dans des ouvrages pour grand public, notamment celles sur les procédés stylistiques, la versification, les sigles et les abréviations.

La *Grammaire active de l'italien* est donc un ouvrage précieux pour tous les italianisants, une aide remarquable pour tous les professeurs d'italien - qui trouveront là une véritable mine d'exercices d'application -, et une contribution efficace à la diffusion de l'enseignement de l'italien en France.

Gérard FONTIER
Inspecteur pédagogique régional d'italien ;
Inspecteur d'Académie.

ITALIEN
GRAMMAIRE ACTIVE

1. L'article indéfini

Formes

	singulier	pluriel
masc.	**un** devant consonne normale *un* **romano** *un Romain* devant voyelle *un* **europeo** *un Européen* **uno** devant s impur[1] *uno* **straniero** *un étranger* devant z *uno* **zingaro** *un tzigane*	n'existe pas
fém.	**una** devant toutes consonnes *una* **romana** *una* **straniera** *una* **zingara** **un'** devant les voyelles *un'* **europea**	n'existe pas

Uno se place aussi devant **gn**, **pn**, **ps**, **x** et les semi-consonnes (ce sont les groupes -**ia**, -**ie**, -**io**, -**iu**, ou **y** suivi d'une voyelle à l'initiale d'un mot d'origine étrangère) :
  uno **psicologo** *un psychologue* - *uno* **yogurt** *un yaourt*

L'article indéfini précède le nom et s'accorde en genre avec lui.

L'article indéfini n'a pas de pluriel :
  Ho amici in Italia. *J'ai des amis en Italie.*

On peut cependant employer au pluriel les formes de l'article partitif : **di** + article défini (*cf.* Article contracté p. 16) :
  Ho *degli* amici in Italia.

(1) s impur correspond à s suivi d'une consonne.

EXERCICES

un romano - **un** europeo - **uno** straniero - **uno** zingaro
una romana - **un'** europea - **una** straniera - **una** zingara

I. *Placer l'article indéfini masculin singulier devant les noms :*

geometra	architetto	scienziato	medico
operaio	manovale	giudice	idraulico
artigiano	psicologo	macellaio	scultore
specialista	chimico	scrittore	poeta

II. *Placer l'article indéfini féminin singulier devant les noms :*

operaia	ortofonista	segretaria	artista
cantante	professoressa	impiegata	maestra
guida	direttrice	commessa	fioraia
infermiera	sarta	attrice	costumista

III*. *Placer l'article indéfini singulier devant les noms :*

scoiattolo	ippopotamo	scimpanzé (m.)	zebra (f.)
cinghiale	sciacallo	oca (f.)	orso
anatra (f.)	sorcio	vipera (f.)	gatto
coniglio	volpe (f.)	serpente	lepre (f.)
talpa (f.)	stambecco	otaria (f.)	leone
istrice (f.)	tacchino	struzzo	scimmia (f.)

IV*. *Ajouter les articles indéfinis :*

1. Francesco Petrarca fu ... umanista e ... poeta.
2. Ho ... amica italiana che si chiama Angela.
3. Lo sci è ... sport talvolta pericoloso.
4. Maria Callas era ... artista mondialmente famosa.
5. Andrea Doria fu ... ammiraglio genovese al servizio di Francesco I, poi di Carlo V.
6. Benvenuto Cellini era ... orafo e ... scultore fiorentino.
7. «Tante volte era rimasto in ammirazione davanti a ... paesaggio , a ... monumento, a ... piazza, a ... scorcio di strada, a ... giardino, a ... interno di chiesa, a ... rupe (f. sg.), a ... viottolo, a ... deserto.» (Dino Buzzati)

2. L'article défini

Formes

	singulier	pluriel
masc.	**il** devant consonne normale *il* **romano** *le romain* **lo** devant s impur[1] *lo* **straniero** *l'étranger* devant z *lo* **z̲ingaro** *le tzigane* **l'** devant voyelle *l'***europeo** *l'européen*	**i** devant consonne *i* **romani** **gli** devant s impur[1] *gli* **stranieri** devant z *gli* **z̲ingari** devant voyelle *gli* **europei**
fém.	**la** devant toutes consonnes *la* **romana** *la* **straniera** *la* **z̲ingara** **l'** devant voyelle *l'***europea**	**le** dans tous les cas *le* **romane** *le* **straniere** *le* **z̲ingare** *le* **europee**

L'article défini s'accorde en genre et en nombre avec le nom qu'il précède.

Lo, pluriel **gli,** s'emploie aussi devant **gn, pn, ps, x** et les semi-consonnes (ce sont les groupes -**ia,** -**ie,** -**io,** -**iu,** ou **y** suivi d'une voyelle à l'initiale d'un mot d'origine étrangère) :
lo **psic̲ologo** *le psychologue* *gli* **psic̲ologi**
lo **gnomo** *le gnome* *gli* **gnomi**

Lo, au lieu de **il,** survit dans les locutions adverbiales
per lo più *en général* - **per lo meno** *au moins.*

On emploie l'article pluriel **gli** devant **dei,** pluriel de **dio** *dieu* :
il **dio** *le dieu* *gli* **dei**

---

(1) s impur correspond à s suivi d'une consonne.

EXERCICES

il romano - lo straniero - lo zingaro - l'europeo
la romana - la straniera - la zingara - l'europea
i romani - gli stranieri - gli zingari - gli europei
le romane - le straniere - le zingare - le europee

I. *Employer l'article défini dans les exercices I, II et III de la p. 11.*

II. *Placer l'article défini masculin pluriel devant les noms suivants :*

amici	successi	uomini	spettacoli
psichiatri	ospiti	zii	uccelli
impegni	colombi	cugini	ospedali
studenti	ombrelli	pneumatici	dei
valori	dentisti	progetti	sindaci

III*. *Ajouter l'article défini devant les noms :*

collega	farmacista	straniero	cinese
psichiatra	zoccolo	secoli	macchine
serpente	ospiti	amici	accademico
architetti	colori	specialista	spogliatoio
regina	yogurt	moglie	gnocchi

IV*. *Completare avec l'article défini :*

1. Ti devo rendere ... libro che mi hai prestato.
2. Ho superato ... esami.
3. È inutile andare in montagna : ho ... gamba destra rotta e ho perduto ... sci.
4. Tra ... lavori stagionali potresti scegliere di fare ... maestro di sci, ... cuoco, ... guida turistica, ... cameriere, ... noleggiatore di barche, ... istruttore di nuoto, ... custode di museo.
5. Per spostarsi, gli uomini hanno inventato : ... automobile, ... bicicletta, ... scooter, ... aereo, ... tram, ... treno, ... carrozzella, ... autobus, ... pullman, ... moto, ... ambulanza, ... lettiga, ... portantina e perfino ... razzo !

Emplois

On emploie l'article défini :

- avec les patronymes de personnages célèbres, surtout masculins, mais cet emploi n'est pas systématique :
  *l'*Alighieri - *l'*Ariosto - *il* Tasso - *la* Callas
- avec les prénoms, surtout féminins, dans la langue familière :
  Mi ha telefonato *la* Paola. *Paola m'a téléphoné.*
- devant les noms signore, signora, signorina, lorsqu'on parle de quelqu'un :
  Ho visto *il* signor Dini. *J'ai vu Monsieur Dini.*

mais l'article est omis si l'on s'adresse à la personne :
  Buon giorno, Signor Dini. *Bonjour, Monsieur Dini.*

- pour indiquer l'heure, les pourcentages, les millésimes :
  Sono *le* tre. *Il est trois heures.*
  Faccio *il* 5 % di sconto. *Je fais 5 % de remise.*

On omet l'article défini :

- devant les noms propres grecs ou latins :
  Omero *Homère* - Virgilio *Virgile*
- devant les prénoms désignant des personnages célèbres :
  Dante *Dante* - Tiziano *Titien* - Raffaello *Raphaël*
- devant la plupart des patronymes de personnages illustres, du XIXᵉ siècle ou contemporains :
  Garibaldi, Verdi, Puccini, Pirandello
- devant les noms de rois ou de papes :
  Re Vittorio Emanuele II *le roi Victor-Emmanuel II*

mais : *l'*imperatore Napoleone *l'empereur Napoléon*

- dans certains compléments de lieu, si le substantif n'est pas déterminé par un adjectif ou un complément de nom :
  È *in* giardino. *Il est au jardin.*

mais : È *nel* giardino pubblico. *Il est au jardin public.*

EXERCICES

V. *Compléter les phrases avec les articles définis :*

1. ... colli di Roma sono : ... Aventino, ... Campidoglio, ... Celio, ... Esquilino, ... Palatino, ... Quirinale e ... Viminale.
2. Nel centrocittà, si trovano ... scuola media, ... ospedale (m. sg.), ... uffici, ... grandi magazzini, ... istituto tecnico, ... ufficio postale, ... negozi, ... alberghi, ... liceo, ... banche, ... agenzie da viaggi, ... bar, ... ristoranti.
3. Oggi molte famiglie possiedono ... radio (f. sg.), ... lavatrice (f. sg.), ... lavastoviglie (f. sg.), ... frigorifero, ... automobile (f. sg.), ... televisore (m. sg.).
4. ... stambecco, ... aquila e ... falco pellegrino sono tre specie animali protette.

VI*. *Compléter les phrases avec les articles définis :*

1. ... limoni, ... arance e ... mandarini sono tre tipiche coltivazioni mediterranee.
2. ... prodotti principali dell'agricoltura italiana sono : ... barbabietola da zucchero, ... uva, ... frumento, ... granoturco, ... pomodori, ... mele, ... patate, ... olive, ... agrumi, ... orzo, ... soia, ... pesche, ... riso, ... pere, ... insalate.
3. ... prodotti di largo consumo alimentare sono : ... pasta, ... formaggio, ... zucchero, ...riso, ... uova (f. pl.), ... sale (m. sg.), ... caffè, ... carne (f. sg.), ... verdure (f. pl.), ... olio, ... burro, ... salumi, ... yogurt, ... vino, ... latte (m. sg.).
4. L'Italia esporta numerosi prodotti agricoli, in particolare ... frutta (f. sg.), ... ortaggi, ... fiori e ... riso. Importa soprattutto ... bestiame (m. sg.), ... carne (f. sg.), ... frumento, ... granoturco e ... legname (m. sg.).
5. Alcune località italiane sono famose nel mondo : Asti per ... spumante, Carrara per ... marmo, Firenze per ... moda, Murano per ... vetro, Valenza Po per ... oreficeria, Vigevano per ... scarpe.

VII*. *Compléter avec les articles définis :*

« Tutto ciò che ci affascina nel mondo inanimato, ... boschi, ... pianure, ... fiumi, ... montagne, ... mari, ... steppe, ... città, ... palazzi, ... pietre, ...cielo, ... tramonti, ... tempeste, ... neve (f. sg.), ... stelle, ... vento, tutte queste cose si caricano di significato umano. » (D. Buzzati)

3. L'article contracté

Il résulte de la fusion obligatoire de l'article défini et des prépositions **a**, **da**, **di**, **in**, **su**.

	masc. sing.			masc. pl.		fém. sing.		fém. pl.
	il	lo	l'	i	gli	la	l'	le
a	**al**	**allo**	**all'**	**ai**	**agli**	**alla**	**all'**	**alle**
da	**dal**	**dallo**	**dall'**	**dai**	**dagli**	**dalla**	**dall'**	**dalle**
su	**sul**	**sullo**	**sull'**	**sui**	**sugli**	**sulla**	**sull'**	**sulle**
di	**del**	**dello**	**dell'**	**dei**	**degli**	**della**	**dell'**	**delle**
in	**nel**	**nello**	**nell'**	**nei**	**negli**	**nella**	**nell'**	**nelle**
con[1]	**col**	collo	coll'	**coi**	cogli	colla	coll'	colle

(1) La langue moderne tend à abandonner les combinaisons de la préposition **con** *avec* et de l'article et ne garde que **col** et **coi**.

Il sole brilla *nel* **cielo.** *Le soleil brille dans le ciel.*
Il libro è *sul* **tavolo.** *Le livre est sur la table.*

L'article partitif naît de la fusion de la préposition **di** et de l'article défini.
Dammi *del* **pane!** *Donne-moi du pain!*

L'article partitif s'emploie moins qu'en français. On trouve à sa place :

- le nom seul :
Sul tetto ci sono uccelli. *Sur le toit il y a des oiseaux.*

- le nom précédé de l'article défini :
Ho comprato *la* **carne.** *J'ai acheté de la viande*

- le nom accompagné de la locution **un po' di** *(un peu de)* :
Dammi *un po' di* **pane!** *Donne-moi du pain!*

L'article partitif ne s'emploie jamais dans une phrase négative :
Non mangio marmellata. *Je ne mange pas de confiture.*

EXERCICES

Il sole brilla **nel** cielo. Il libro è **sul** tavolo.
Dammi **del** pane !

I*. *Transcrire la forme correcte :*

1. È una ragazza ... occhi azzurri.
   a) dai   b) dagli   c) dall'
2. È entrato ... salotto di sua zia.
   a) nel   b) nello   c) nell'
3. De Gaulle voleva fare l'Europa ... Atlantico ... Ural.
   a) da l' ... al   b) dall' ... all'   c) dal ... a l'
4. Ti rivedrò ... inizio ... mese.
   a) all' ... del   b) al ... del   c) all' ... dell'
5. Assisterò ... spettacolo ... zingari.
   a) al ... dello   b) allo ... degli   c) ai ... dello

II. *Compléter avec les articles contractés :*

1. Il gatto ... ragazza dorme ... letto.
2. La chitarra ... artista è ... sedia.
3. I dischi ... ragazzi sono ... tavola.
4. Mario è in equilibrio ... sci.
5. Vedo un cuscino bianco ... poltrona ... signora.
6. Non sono seduto ... sedia, sono ... divano ... camera.
7. L'uccello è ... tetto ... casa.
8. Per favore, prendi il libro che si trova ... scaffale !

III*. *Compléter en formant les articles contractés :*

« Pensò (a) ... finestra solitaria illuminata (in) ... sera d'inverno, (a) ... spiaggia sotto le rocce bianche (in) ... gloria (di) ... sole, (a) ... vicolo inquietante (in) ... cuore (di) ... vecchia città, (a) ... terrazze (di) ... grand hotel (in) ... notte di gala, (a) ... lume (di) ... luna, pensò (a) ... piste di neve (in) ... mezzogiorno di aprile, (a) ... scia (di) ... candido transatlantico illuminato a festa, (a) ... cimiteri di montagna, (a) ... biblioteche, (a) ... caminetti accesi, (a) ... palcoscenici (di) ... teatri deserti, (a) ... Natale, (a) ... barlume (di) ... alba. » (D. Buzzati)

4. Le nom

Formation du féminin

1. La plupart des noms en **-o** et en **-e** au masculin singulier, font leur féminin en **-a** :
   l'alunno *l'élève* → **l'alunna**   **il cassiere** → **la cassiera**

mais il y a des exceptions :
   - certains noms en **-e** au masculin, restent en **-e** au féminin :
   il cliente *le client* → **la cliente**

   - certains noms font leur féminin en **-essa** ou en **-trice** :
   il professore *le professeur* → **la professoressa**
   il direttore *le directeur* → **la direttrice**

2. Beaucoup de noms ont une forme différente au féminin :
   l'uomo *l'homme* → **la donna** **il re** *le roi* → **la regina**

Formation du pluriel

Les noms invariables

Les monosyllabes :
   il re *le roi* → **i re**   **il tè** *le thé* → **i tè**

Les noms tronqués (ils sont accentués sur la dernière syllabe) :
   la virtù *la vertu* → **le virtù**   **la città** *la ville* → **le città**

Les abréviations :
   la radio → **le radio**   **la moto** → **le moto**

mais deux exceptions : **il chilo** *le kilo* → **i chili**
                       l'etto *l'hectogramme* → **gli etti**

Les noms terminés par une consonne (d'origine étrangère) :
   il camion → **i camion**   **lo sport** → **gli sport**

Les noms terminés par **-i** (issus du grec) :
   la tesi *la thèse* → **le tesi**
   l'analisi *l'analyse* → **le analisi**

Les noms terminés par **-ie** (issus de la 5ᵉ déclinaison latine) :
   la specie *l'espèce* → **le specie**
   la serie *la série* → **le serie**

mais une exception (issue de la 3ᵉ déclinaison latine) :
   la moglie *l'épouse* → **le mogli**

EXERCICES

l'alunno → l'alunna – il cassiere → la cassiera
il cliente → la cliente – il professore → la professoressa
il direttore → la direttrice - l'uomo → la donna

I*. *Donner le masculin des noms suivants :*

1. la madre	7. la ragazza	13. l'allieva
2. la cantante	8. la concorrente	14. la regina
3. la sorella	9. la pittrice	15. la vacca
4. la duchessa	10. la studentessa	16. la poetessa
5. la moglie	11. la principessa	17. la baronessa
6. la scrittrice	12. l'insegnante	18. la femmina

II. *Donner le féminin des noms suivants :*

1. il nipote	4. l'imperatore	7. il re
2. il dottore	5. il nonno	8. il principe
3. il dio	6. il signore	9. il lettore

il re → i re – la città → le città – la moto → le moto
lo sport → gli sport – la tesi → le tesi
la serie → le serie – il boa → i boa.

III*. *Mettre au pluriel les noms suivants :*

il gilè	l'etto	il caffè	la moglie
la serie	l'asperità	l'auto	il paltò
la moto	il camion	la bontà	la superficie
l'album	la sintesi	lo sport	la foto
la verità	l'elissi	la tivù	la crisi

Quelques noms masculins en -**ia** et en -**a** :

il **vaglia** *le mandat* → i **vaglia**	il **boa** *le boa* → i **boa**
il **boia** *le bourreau* → i **boia**	il **gorilla** *le gorille* → i **gorilla**
il **paria** *le paria* → i **paria**	il **panda** *le panda* → i **panda**
il **sosia** *le sosie* → i **sosia**	il **delta** *le delta* → i **delta**

Les noms variables

Ils sont terminés au singulier par -**a**, -**o** ou -**e** et ne sont ni tronqués ni monosyllabes.

■ Les noms en -**a**

Féminins, ils font leur pluriel en -**e** : **la rosa** *la rose* → **le rose**

Deux exceptions font leur pluriel en -**i** :
   l'ala *l'aile* → **le ali**   **l'arma** *l'arme* → **le armi**

Masculins, ils font leur pluriel en -**i**. Ils correspondent souvent à des professions ou marquent l'appartenance à un parti :
   il poeta → **i poeti**   **il fascista** → **i fascisti**

Les noms en -**cia** et -**gia** sont féminins. Au pluriel :
   - si le -**i** est accentué, il se maintient, on a donc -**cie** et -**gie**
      la bugia *le mensonge* → **le bugie**

   - si le -**i** n'est pas accentué, deux cas :
      -**cia** ou -**gia** précédé d'une consonne fait -**ce** et -**ge**
         la guancia *la joue* → **le guance**

      -**cia** ou -**gia** précédé d'une voyelle fait -**cie** et -**gie**
         la ciliegia *la cerise* → **le ciliegie**
   mais cette dernière règle n'est pas absolue.

Les noms en -**ca** et -**ga**
   - s'ils sont masculins, leur pluriel est en -**chi** et -**ghi** :
         il patriarca *le patriarche* → **i patriarchi**
   une seule exception : **il Belga** *le Belge* → **i Belgi**
Ne pas confondre **il Belga** *le Belge* et **il Belgio** *la Belgique*

   - s'ils sont féminins, leur pluriel est en -**che** et -**ghe** :
         la Greca *la Grecque* → **le Greche**
         la Belga *la Belge* → **le Belghe**

EXERCICES

**la rosa → le rose – l'ala → le ali – il poeta → i poeti –
la bugia → le bugie – il duca → i duchi –
la Greca → le Greche.**

IV*. *Mettre au pluriel les noms suivants :*

il monarca	il Belga	il clima
la Greca	il poema	la pesca
il musicista	il camionista	la famiglia
l'arma	il comunista	la poetessa
la figlia	la paga	la realtà
la lega	la foglia	la fabbrica
la nazionalità	la vita	la città

V. *Mettre au singulier :*

1. Le tesi degli psicanalisti.
2. Le analisi sono state fatte durante le crisi.
3. Le mogli dei re sono delle regine.
4. Hanno preso le armi dei fascisti.

VI. *Mettre au pluriel :*

1. La città del geometra
2. Il boia del duca
3. La paga dell'operaia
4. La superficie del mare
5. L'autista del papa
6. Il sosia del pianista belga

VII*. *Mettre au pluriel les phrases suivantes :*

1. Il camionista guida il camion e non la moto.
2. Nel bar, il barista serve un caffè, un tè o un' altra bevanda.
3. È il vaglia che la zia aspettava.
4. Il panda e il boa sono nello zoo.
5. Il gorilla è nella gabbia.
6. Il poeta scrive una poesia e talvolta un poema.

■ Les noms en -**e**

- Ils sont masculins ou féminins :
il cliente, la cliente

mais les noms en -**ore** sont tous masculins :
il dolore *la douleur*

sauf : **la folgore** *la foudre*

- Leur pluriel est en -**i** :
il cliente → i clienti, la cliente → le clienti

mais les noms en -**ie** sont invariables : **la serie → le serie**

sauf **la moglie** *l'épouse* → **le mogli**

☞ Un pluriel irrégulier : **il bue** *le bœuf* → **i buoi**

■ Les noms en -**o**

- Ils sont masculins : **il periodo** *la période*

sauf :
le nom féminin : **la mano** *la main*

certaines abréviations : **la moto, la radio, la foto...**

les noms de villes : **la ricca Milano, la Torino moderna...**
mais quelques exceptions : **il Cairo, il Pireo**

☞ **l'eco** *l'écho* est féminin au singulier et masculin au pluriel :
gli echi.

- Ils font leur pluriel en -**i** :
la mano → le mani   il libro → i libri

y compris les deux abréviations
il chilo *le kg* → **i chili** et **l'etto** *l'hg* → **gli etti**.

☞ un pluriel irrégulier : **l'uomo** *l'homme* → **gli uomini**

Pluriels à particularités :
1. les noms en -**io** :
si le -**i** est accentué, le pluriel est en -**ii** :
lo zio *l'oncle* → **gli zii**

si le -**i** n'est pas accentué le pluriel est en -**i** :
il figlio *le fils* → **i figli**

☞ **il tempio** *le temple* fait **i tempi** et mieux **i templi**
pour le distinguer de **il tempo** *le temps* → **i tempi**

un pluriel irrégulier : **il dio** *le dieu* → **gli dei**

EXERCICES

**il cliente → i clienti – la cliente → le clienti –
la moglie → le mogli – il libro → i libri –
il chilo → i chili – la mano → le mani –
l'eco → gli echi – l'uomo → gli uomini –
lo zio → gli zii – il figlio → i figli – il dio → gli dei**

VIII*. *Mettre les mots entre parenthèses à la forme qui
convient :*

1. Il tennis e il calcio sono degli ... (sport).
2. Il fucile e la pistola sono ... (arma) da fuoco.
3. Si sentono ... (il ronzio della vespa) e ... (il fruscio della serpe).
4. ... (l'ufficio) si trovano in questi ... (edificio).

IX. *Mettre au pluriel les phrases suivantes :*

1. Nell'auto del pilota c'è la radio.
2. La mucca del Belga è di una specie comune.
3. Il cliente è nella bottega del farmacista.
4. L'orologio è nella tasca della giacca.
5. Il ciliegio non è un cespuglio, è un albero.
6. Questa zucca pesa un chilo.
7. Questa Polacca è l'amica del duca.
8. La collega della Tedesca è una Belga.
9. Questa maga che è nel tempio, è una strega.
10. Nello studio, il dentista dice una bugia.
11. La tivù nazionale presenta l'artista contemporaneo.
12. Il mormorio del rio è dolce : l'eco non è sonora.

X*. *Traduire les phrases suivantes :*

1. Les fleurs des orangers sont parfumées.
2. Les ailes de l'oiseau sont de deux couleurs.
3. Ces ducs ont des fils et des filles.
4. Les bœufs et les vaches sont des animaux paisibles.

2. les noms en **-co** et **-go** :
- accentués sur l'avant-dernière syllabe, le pluriel est en **-chi**
et **-ghi** :
il Turco *le Turc* → **i Turchi**   **il mago** *le mage* → **i maghi**

mais quatre exceptions :
l'amico *l'ami* → **gli amici**
il nemico *l'ennemi* → **i nemici**
il Greco *le Grec* → **i Greci**
il porco *le porc* → **i porci**

- accentués sur l'antépénultième, le pluriel est en **-ci** et **-gi** :
il medico *le médecin* → **i medici**

mais les exceptions sont nombreuses :
il dialogo *le dialogue* → **i dialoghi**
il catalogo *le catalogue* → **i cataloghi**...
et il convient de vérifier sur un dictionnaire.

■ Les noms en **-o** masculins au singulier et féminins en **-a** au pluriel :

Ce sont :
il centinaio *la centaine* → **le centinaia**
il migliaio *le millier* → **le migliaia**
il miglio *le mille* (distance) → **le miglia**[1]
il paio *la paire* → **le paia**
il riso *le rire* → **le risa**[2]
lo staio *le stère* → **le staia**
l'uovo *l'œuf* → **le uova**

(1) Ne pas confondre avec **il miglio** *le millet* → **i migli**
(2) Ne pas confondre avec **il riso** *le riz* → **i risi**

■ Les noms à double pluriel :

Certains noms masculins en **-o** ont un double pluriel :
régulier masculin en **-i** et irrégulier féminin en **-a**

Il y a souvent deux sens qui coexistent au singulier.

Les deux pluriels peuvent avoir le même sens :
il ginocchio *le genou* fait **i ginocchi** ou **le ginocchia**
il sopracciglio *le sourcil* fait **i sopraccigli**
                              ou **le sopracciglia**

EXERCICES

**il Turco → i Turchi – il Greco → i Greci –
il medico → i medici –
il dialogo → i dialoghi – l'uovo → le uova –
il muro → i muri/le mura**

XI*. *Mettre les mots et expressions entre parenthèses à la forme qui convient :*

1. ... (l'Etrusco) furono ... (l'avo del Toscano).
2. Hanno varcato diversi ... (valico) durante i loro ... (viaggio).
3. ... (il domestico) hanno comprato quattro ... (etto) di prosciutto e due ... (chilo di frutta).
4. ... (il Turco) furono a lungo ... (il nemico del Greco).
5. ... (l'auto) sono negli ... (ingorgo).
6. « Piccoli ... (equivoco) senza importanza » è il titolo di un libro di Tabucchi.

XII. *Mettre au pluriel les phrases suivantes :*

1. Il cuoco butta l'osso al cagnaccio.
2. Il granchio è un crostaceo e l'ostrica è un mollusco.
3. L'archeologo ha fatto uno schema.
4. Il medico stabilisce la diagnosi.
5. Il parroco parla al monaco e alla monaca.
6. L'uomo ha la mano tesa per indicare il buco nella via.
7. Il chirurgo ha un dialogo con un collega.
8. Il sindaco beve tè indiano e caffè brasiliano.
9. Un artista ha fatto un affresco.
10. Il pesco dà la pesca e l'albicocco l'albicocca.

XIII*. *Traduire les phrases suivantes :*

1. Les temples des dieux sont dans les bois.
2. Avant les Romains, les Phéniciens et les Grecs ont colonisé la Sicile.
3. Ces amis ont vu tous les films de Visconti.
4. Les clowns sont dans les cirques.
5. Les deltas de ces fleuves ont plusieurs bras.
6. Les naufrages sont des épisodes de la vie des marins dont les pauvres naufragés se souviennent longtemps.

Mais le plus souvent les deux formes correspondent à :

la différence entre	sens figuré	sens propre
il braccio *le bras*	i bracci *(fleuve)*	le braccia
il calcagno *le talon*	le calcagna (voltar) *(tourner les talons)*	i calcagni
il ciglio	i cigli *les bords*	le ciglia *les cils*
il filo *le fil*	le fila *(conjuration)*	i fili
il frutto *le fruit*	i frutti *(travail)*	le frutta[1]
il gesto *le geste*	le gesta *(exploits)*	i gesti
il labbro	i labbri *les bords*	le labbra *les lèvres*
il membro	i membri *(société)*	le membra

des éléments pris	séparément	collectivement
il dito *le doigt*	i diti	le dita
il lenzuolo *le drap*	i lenzuoli	le lenzuola *(paire)*
il muro *le mur*	i muri	le mura *les remparts*
l'osso *l'os*	gli ossi	le ossa

l'appartenance à	l'animal ou la chose	l'homme
il grido *le cri*	i gridi *(animal)*	le grida
l'urlo *le hurlement*	gli urli	le urla
lo strido *le cri* ou *le bruit strident*	gli stridi	le strida

des sens différents :

il corno	i corni *les cors (musique)*	le corna *les cornes*
il fondamento	i fondamenti *les fondements*	le fondamenta *les fondations*
il fuso *le fuseau*	i fusi *les fuseaux*	le fusa (fare) *ronronner*
il legno *le bois*	i legni *(les divers bois)*	le legna *(à brûler)*[1]
il sacco *le sac*	i sacchi *(contenant)*	le sacca *(contenu)*

(1) L'usage populaire a recréé 2 collectifs féminins singuliers :
la frutta *les fruits de dessert* et **la legna** *le bois de chauffage.*

Les noms composés

Ils sont nombreux et écrits généralement en un seul mot.
Pour le pluriel, il convient de consulter le dictionnaire.

EXERCICES

XIV*. *Choisir la forme qui convient :*

1. Questa terra produce ... di qualità.
   a) risa   b) risi   c) rissa
2. Questa bambina ha ... azzurri.
   a) i labbri rossi e gli occhi   b) le labbra rosse e gli occhi
   c) i labbri rossi e l'occhio
3. Ha comprato ... per il pranzo.
   a) la frutta   b) i frutti   c) le frutte
4. L'uccello ha ... lunghe.
   a) le ala   b) gli ali   c) le ali
5. Il malato ha ... deboli.
   a) le membra   b) il membro   c) i membri
6. Nel prato ruminano ...
   a) i buoi   b) i bue   c) i bui
7. Non ci sono ... .
   a) problema   b) probleme   c) problemi
8. Giove è il ... .
   a) re degli dei   b) reo degli dei   c) re dei dí
9. Si sentono ... da caccia.
   a) i corni   b) le corna   c) il corno
10. I regali sono ... dell'albero di Natale.
    a) la magica frutta   b) le magiche frutta
    c) i magici frutti
11. Mostra ... quando sente ... dei bambini.
    a) le calcagna ... le grida   b) i calcagni ... i gridi
    c) le calcagna ... i gridi

XV. *Mettre au pluriel les phrases suivantes :*

1. Compra un paio di scarpe dal calzolaio.
2. L'oca fa l'uovo grosso nel pagliaio.
3. C'è un centinaio di cartelloni sul muro del palazzo.
4. Il membro della società ha un migliaio di problemi.
5. La barca del marinaio percorre un miglio marino sul lago.
6. Lo stemma del re è sul muro della città.
7. La manica tocca il dito della mano.

5. L'adjectif qualificatif

1. Il y a deux classes d'adjectifs :

	1ʳᵉ classe	2ᵉ classe
singulier	-o/-a **rosso/rossa**	-e **verde**
pluriel	-i/-e **rossi/rosse**	-i **verdi**

il velo rosso e verde *le voile rouge et vert*
la tela rossa e verde *la toile rouge et verte*
i veli rossi e verdi - le tele rosse e verdi

Au singulier, quelques adjectifs se terminent en **-a** au masculin et au féminin, le pluriel est celui de la 1ʳᵉ classe :
il poeta surrealista *le poète surréaliste*
→ **i poeti surrealisti**

2. Sont invariables :
- les adjectifs monosyllabiques : **blu** *bleu*
- les adjectifs terminés par -i : **pari** *pair*, **dispari**, **impari** *impair*
- certains adjectifs de couleur : **arancione** *orange*, **rosa** *rose*, **viola** violet, **marrone** *marron*
- les adjectifs de couleur suivis d'un adjectif ou d'un nom : **la gonna rosso cupo** *la jupe rouge foncé*

3. Les adjectifs en **-co/-ca** et **-go/-ga** :

Au masculin pluriel, les adjectifs en **-co** font :

- **-chi** et **ghi** s'ils sont « piani » :
  il vestito lungo e sporco → **i vestiti lunghi e sporchi**

Il y a 3 exceptions :
  amico → **amici**, **nemico** → **nemici**, **greco** → **greci**

- **-ci** et **gi** s'ils sont « sdruccioli » :
  un uomo antropofago e famelico → **uomini antropofagi e famelici**

Il y peu d'exceptions :
  carico *chargé* → **carichi**, **rauco** *rauque* → **rauchi**...

Au féminin pluriel, les adjectifs en **-ca** et **-ga** font **-che** et **-ghe** :
  La donna belga è ricca → **Le donne belghe sono ricche.**

EXERCICES

Il velo **rosso** e **verde**. I veli **rossi** e **verdi**.
La tela **rossa** e **verde**. Le tele **rosse** e **verdi**.
Il paese **natio**. I paesi **natii**. Il ragazzo **serio**. I ragazzi **seri**.
Il vestito **lungo** e **sporco**. - I vestiti **lunghi** e **sporchi**.
Un uomo **antropofago** e **famelico**.
Uomini **antropofagi** e **famelici**.
Questa donna **belga** è **ricca**.
Queste donne **belghe** sono **ricche**.

I. *Mettre au pluriel :*

1. l'avvenimento storico
2. la via larga
3. la legge fisica
4. il pianista belga
5. l'uomo selvaggio
6. il vestito largo
7. il tecnico pratico
8. l'occhio glauco
9. la giacca viola
10. l'autobus carico
11. la voce rauca
12. la realtà economica
13. il monologo drammatico
14. il personaggio malinconico
15. il gilè arancione
16. lo scavo archeologico
17. lo sforzo fisico
18. il numero pari
19. l'uomo temerario
20. il clima polacco
21. il dio greco
22. la città tedesca

II*. *Mettre au pluriel les phrases suivantes :*

1. Quel borgo natio è un luogo storico.
2. Questo pagliaccio è un uomo comico.
3. Questo lungo dialogo è tragico.
4. L'artista tedesco ha fatto un affresco fantastico.
5. Il porco è un animale domestico ma il cinghiale è selvatico.
6. Questo patriarca è serio, pio e buono.
7. Quest'orologio svizzero è classico.
8. Ha il braccio pulito ma il dito sporco.
9. È il rasoio elettrico del collega antipatico.
10. In questa lirica, il poeta surrealista ha dato un messaggio filosofico.
11. In Sicilia, ho visto un tempio greco e una chiesa barocca.
12. Il vestito di Pulcinella è bianco e nero, largo e ampio.

4. Les adjectifs en **-io** suivent, au pluriel, la règle des noms ayant la même terminaison :

   il paese natio *le pays natal* → **i paesi natii**
   il ragazzo serio *le garçon sérieux* → **i ragazzi seri**

5. Les adjectifs remarquables sont :

buono

Au singulier, devant le nom, il suit la règle de **uno** (*cf.* p. 10) :
   un ragazzo → **un** *buon* **ragazzo** *un bon garçon*
   un'alunna → **una** *buon'***alunna** *une bonne élève*

Derrière le nom ou attribut il a toujours la forme pleine :
   un ragazzo *buono* - **Questo ragazzo è** *buono.*

Au pluriel, il a aussi toujours la forme pleine :
   i *buoni* **ragazzi** *les bons garçons*

bello

Placé devant le nom, il suit la règle de **dello** (*cf.* p. 16) :
   ... dell'uomo → **il** *bell'***uomo** *le bel homme*
   ... degli uomini → **i** *begli* **uomini** *les beaux hommes*

Derrière le nom ou attribut, il a toujours la forme pleine :
   L'uomo è *bello* → **Gli uomini sono** *belli*

bello peut être suivi de **e** et d'un participe passé, il prend alors le sens de *bel et bien* :
   Tutto è bell'e fatto *Tout est bel et bien fait* (*cf.* p. 174)

grande

Au singulier, devant une voyelle, l'élision est fréquente :
   una *grand'***anima** *une grande âme*
   un *grand'***uomo** *un grand homme*

Devant une consonne normale, il peut s'apocoper en **gran** mais la forme pleine devient la plus courante :
   il *gran* **libro, il** *grande* **libro** *le grand livre*
   la *gran* **vela, la** *grande* **vela** *la grande voile*

Au pluriel il garde la forme pleine **grandi**.

EXERCICES

Un **buon** ragazzo. Una **buon'**alunna.
Il **bell'**uomo. I **begli** uomini. Un **gran/grande** libro.
Una **grand'**anima. Una **grande** occasione.
Un **grand'**uomo. **Santo** Stefano. **Sant'**Antonio. **Sant'**Anna.
San Pietro. Il **Santo** Padre.

III*. *Choisir la forme qui convient :*

1. Ammiriamo un ...
     a) bella panorama   b) bel panorama   c) bello panorama
2. Indossa un ... vestito ... e tiene un fiore ...
     a) bello ... rosso ... violino   b) bel ... rosa ... viola
                    c) bel ... rossa ... viola
3. Petrarca è un ..., ha scritto molte opere ...
     a) grande poeta ... lirici   b) gran poeta ... lirica
                    c) grande poeta ... liriche
4. Stefano è un ragazzo ...
     a) bell'e buon   b) bello e buono   c) bel e buono
5. Queste case sono ... e questi palazzi sono ...
     a) grandi ... belli   b) grande ... bei   c) gran ... begli
6. L'interessano ...
     a) i begli arti   b) le belle arti   c) la bella arte
7. Ecco ... fiori del giardino, ti offro delle rose ...
     a) i bei ... rosa   b) i belli ... rose   c) le belle ... rosse
8. « Chi ride si fa ... sangue. » a) buon   b) buono   c) buone

IV. *Utiliser l'adjectif à la forme qui convient :*

1. Questi tuoi quadri sono più ... (bello) dei miei più ... (bello) quadri.
2. Quest'uomo è un ... (grande) scrittore.
3. Carla e Ada sono ... (buono) ragazze e Aldo è un ... (bello) ragazzo.
4. A questa ... (grande) amica piacciono ... (buono) gelati.
5. L'Italia è un ... (bello) paese.
6. Ho un ... (buono) fratello e una ... (bella) sorella.
7. Napoleone è stato un ... (grande) stratega militare.
8. Che ... (bello) programma !
9. Ha un ... (bello) coraggio e una ... (grande) ambizione, vuole studiare le scienze ... (fisico, chimico e biologico).
10. « Ogni ... (bello) gioco dura poco. »

- **grande**, apocopé en **gran**, peut renforcer l'adjectif qui le suit :
  una gran bella cosa *une bien/fort belle chose*
- l'expression **(un) gran che (granché)**, employée surtout dans une phrase négative, signifie *grand-chose*

santo

Au singulier :
- au masculin, devant un prénom commençant par une consonne normale, il s'apocope en **san** :
  ***San* Pietro** *Saint Pierre*

mais : il ***Santo* Padre** *le Saint Père*

- devant un nom commençant par une voyelle, il s'élide en **sant'** au masculin et au féminin :
  ***Sant'*Antonio** *Saint Antoine*
  ***Sant'*Anna** *Sainte Anne*
  un *sant'*uomo *un saint homme*

- dans tous les autres cas, il a la forme pleine :
  ***Santa* Maria** *Sainte Marie*
  ***Santo* Stefano** *Saint Étienne*

En Vénétie il s'apocope aussi devant **s** impur ou **z** :
  ***San* Stefano   *San* Zeno**

Au pluriel il a toujours la forme pleine :
  i *Santi* Apostoli *les Saints Apôtres*

6. *mezzo (demi) :*

Cf. pp. 98 et 102

7. Les adjectifs composés

En général, le deuxième adjectif s'accorde :
  la ragazza sordomuta → **le ragazze sordomute**
  la jeune fille sourde et muette

mais il y a de nombreuses exceptions et il convient de consulter le dictionnaire.

EXERCICES

V. *Utiliser l'adjectif à la forme qui convient :*

1. ... (santo) cielo!
2. Che ... (bello) idea!
3. Lavora tutta la ... (santo) giornata.
4. Vorrei un ... (bello) bicchiere di vino ... (santo).
5. La chiesa di ... (santo) Andrea e quella dei ... (santo) Apostoli sono ... (bello) monumenti.
6. Il ... (santo) Padre celebra la ... (santo) messa a ... (santo) Pietro.
7. Non sa a che ... (santo) votarsi.
8. «A ... (santo) Martino, ogni mosto fa vino.»

VI*. *Dans les phrases suivantes, adapter les formes entre parenthèses :*

1. Prega ... (santo) Antonio da Padova e ... (santo) Francesco d'Assisi.
2. Questi ... (uomo simpatico) hanno sette ... (figlio maschio).
3. Le navi avevano a bordo settanta ... (marinaio belga).
4. Questa chiesa è stata consacrata a ... (santo) Stefano dal ... (santo) Padre.
5. Ha partecipato ai ... (gioco olimpico).
6. Studia i dati ... (geografico) con metodi ... (scientifico).
7. A Venezia, è famosa la chiesa di ... (santo) Zaccaria.
8. Questi ... (bello specchio) sono ... (vecchio) ma non ... (antico).
9. Ho tre ... (amico tedesco) e due ... (amica turca).
10. «... (buono) sangue non mente.»
11. Pietro e Claudio sono ragazzi ... (collerico) ma ... (dinamico).
12. Ha servito ... (mezzo) tazza di cappuccino.
13. Mi porta dieci ... (uovo fresco) e un ... (bello) pesce.
14. In Italia ci sono ... (magnifico edificio romanico e barocco).
15. Tarquinia e Cerveteri sono due ... (città etrusca).
16. A Roma ... (Santo) Pietro in Vaticano, ... (Santo) Paolo fuori le mura, ... (Santo) Pietro in Vincoli, ... (Santo) Giovanni in Laterano e ... (Santo) Maria Maggiore, sono ... (grande basilica).

6. Le comparatif

Le comparatif d'égalité

s'exprime par :
così ... come...
   Ada è *così* bella *come* Lia.
ou **tanto ... quanto**[1]...
   Ada è *tanto* bella *quanto* Lia.
   Ada est aussi belle que Lia.

☞ **tanto** a pour corrélatif **quanto** et **così** a pour corrélatif **come**.

- **così** et **tanto** sont souvent sous-entendus :
   Ada è bella *come/quanto* Lia.

- devant les noms on ne peut utiliser que **tanto ... quanto** qui deviennent adjectifs et s'accordent :
   Ho *tanta* fame *quanta* sete. *J'ai autant faim que soif.*

- pour insister, **tanto** peut être remplacé par **altrettanto** *tout autant.*

Les comparatifs de supériorité et d'infériorité

s'expriment par :
più ... di ... ou **più ... che ...** pour la supériorité
meno ... di ... ou **meno ... che ...** pour l'infériorité

Les comparatifs de supériorité et d'infériorité ont la même construction :

1. On emploie **di** :

- devant un nom ou un pronom non précédés d'une préposition :
   Ada è *meno* bella *di* Lia. *Ada est moins belle que Lia.*
   È *più* cortese *di* te. *Il est plus poli que toi.*

di se combine avec l'article qui précède le nom :
   L'acqua è *meno* cara *del* vino.
   L'eau est moins chère que le vin.

- devant certains adverbes de temps :
   È *più* ricco *di* prima. *Il est plus riche qu'avant.*

---

(1) ne pas confondre **tanto ... quanto ...** *autant ... que...* qui indique la comparaison et **tanto ... che ...** *tellement ... que...* qui indique la conséquence.

EXERCICES

Ada è (**così**) bella **come** Lia. Ada è (**tanto**) bella **quanto** Lia.
Ho **tanta** fame **quanta** sete.
È **più** cortese **di** te. L'acqua è **meno** cara **del** vino.
È **più** ricco **di** prima.
Scrive **meno** a Lia **che** a Leo. Pensa **più** a me **che** a te.
È **più** bello fare **che** dire. Lia è **meno** bella **che** onesta.
Guida **più** veloce **che** bene.
Ho **più** libri **che** quaderni. Ha il cuore **più** duro **che** pietra.
Più che un lavoro è un piacere.

I*. *Choisir la forme qui convient :*

1. Questa ragazza è ... bella ... intelligente.
   a) così ... che   b) tanto ... quanto   c) tanta ... quanta

2. D'estate ... d'inverno, devono lavorare.
   a) come   b) tanto   c) così

3. Brighella è più furbo ... Arlecchino.
   a) dell'   b) che   c) di

4. Il film è ... appassionante ... il romanzo.
   a) tanto ... quanto   b) così ... che   c) tanto ... come

5. Il grattacielo è più alto ... torre.
   a) che la   b) della   c) come la

6. Ha visto ... orologi ... gioielli in questo negozio.
   a) tanti ... che   b) tanto ... quanti   c) tanti ... quanti

7. La sedia è meno comoda ... poltrona.
   a) che   b) della   c) che la

8. Ci sono ... case a destra ... a sinistra.
   a) tante ... che   b) tanto ... quanto   c) tante ... quante

9. Ho ... libri ... te.
   a) più ... di   b) più di ... che   c) più ... che

10. Matteo è meno alto ... fratello.
    a) che il   b) che   c) del

2. On emploie **che** dans tous les autres cas :

- devant un nom ou un pronom précédés d'une préposition :
Scrive *meno* a Lia *che* a Leo.
Il écrit moins à Lia qu'à Leo.
Pensa *più* a me *che* a te.
Il pense plus à moi qu'à toi.

- devant un verbe :
È *più* bello fare *che* dire.
Il vaut mieux agir que parler.

- devant un adjectif :
Lia è *meno* bella *che* onesta.
Lia est moins belle qu'honnête.

- devant un adverbe :
Guida *più* veloce *che* bene.
Il conduit plus vite que bien.

- lorsque l'on compare deux quantités :
Ho *più* libri *che* quaderni.
J'ai plus de livres que de cahiers.

- lorsque le nom commun n'est pas précédé de l'article :
Ha il cuore *più* duro *che* pietra.
Il a le cœur plus dur que pierre.

- lorsque le deuxième membre de la comparaison précède le premier :
***Più che* un lavoro è un piacere.**
C'est plus un plaisir qu'un travail.

- lorsqu'il y a risque de confusion avec le complément de nom :
Sembrava che m'interessasse *più* l'apparenza *che* la persona.
Il semblait que je m'intéressais plus à l'apparence qu'à la personne.

L'apparenza della persona pourrait être compris comme *l'apparence de la personne.*

Les comparatifs irréguliers

Cf. p. 42.

EXERCICES

II*. *Choisir la forme qui convient parmi celles qui sont proposées :*

1. In città ci sono più palazzi ... case.
   a) di   b) delle   c) che

2. È più bello perdonare ... offendere.
   a) quanto   b) come   c) che

3. È sempre più difficile ... prima.
   a) che   b) di   c) quanto

4. « Più ... forza fisica risaltava la forza morale. » (Palazzeschi)
   a) della   b) che la   c) che

5. Questo dolce è ... altri.
   a) meglio che gli   b) migliore che gli   c) migliore degli

6. Ci sono meno ragazzi ... ragazze nella classe.
   a) delle   b) di   c) che

7. Mi piace più la neve in montagna ... in città.
   a) che   b) che la neve   c) come

8. Il lago di Garda è più grande ... lago Maggiore e ... quello di Como.
   a) del ... di   b) che il ... che   c) del ... che

7. Le superlatif

Le superlatif relatif

s'exprime par :

	singulier	pluriel	
masculin	**il più**	**i più**	} pour la supériorité
féminin	**la più**	**le più**	
masculin	**il meno**	**i meno**	} pour l'infériorité
féminin	**la meno**	**le meno**	

Le complément est introduit par la préposition **di** qui se combine avec l'article :

La lancetta delle ore è *la più* piccola *delle* due.
L'aiguille des heures est la plus petite des deux.

☞ On supprime l'article défini du superlatif relatif lorsque celui-ci est immédiatement précédé d'un nom, lui-même précédé de l'article défini :

Vive nella miseria *più* nera.
Il vit dans la misère la plus noire.

Le superlatif absolu

s'exprime par :

1. le suffixe **-issimo/-issima (-issimi/-issime)** ajouté au radical de l'adjectif[1] :

buono → buon*issimo*
agile → agil*issimo*
simpatico → simpatic*issimo*
una ragazza agil*issima* *une fille très agile*

☞ Lorsqu'on ajoute un **-h-** au pluriel de l'adjectif, on l'ajoute aussi pour former le superlatif :
ricco → ricchi → ricch*issimo*
alors que **pratico → pratici → pratic*issimo*.**

☞ Lorsque l'adjectif n'est pas accentué sur le **-i-** de **-io**, le **-i-** du radical tombe devant celui du suffixe :
serio → ser*issimo* alors que **pio → pi*issimo*.**

☞ **Ampio** a le superlatif latinisant **amplissimo.**

---

(1) Dans la langue parlée, le suffixe **-issimo**... est parfois utilisé avec un nom
un campion*issimo* *un superchampion*
un tipo in gamb*issima* *un type sensationnel*

EXERCICES

La lancetta delle ore è **la più** piccola **delle** due.
La miseria **più** nera.
Una ragazza **agilissima.** Un uomo **ricchissimo.**
Una sveglia **molto (tanto/assai) bella.**
Una voce **sottile sottile.** È **stanco morto.**

I. *Choisir la forme qui convient :*

1. Si sentono echi ...
   a) molti forti.   b) fortissimi.   c) fortissime.

2. È il ... tramonto.
   a) più bel   b) più bello   c) più bellissimo

3. La Toscana e l'Umbria sono le regioni ... d'Italia.
   a) più belle   b) le più belle   c) più bellissime

4. Questa collezione è ... completa che io conosca.
   a) più   b) meno   c) la più

5. Giovanni è ... più giovane e ... meno antipatico ... compagni
   di Mario.
   a) il ... il ... di   b) ∅ ... ∅ ... dei   c) il ... il ... dei

6. Sei ...
   a) molta stanca.   b) molta stanco.   c) molto stanca.

7. La Repubblica di Venezia fu chiamata ...
   a) la Molto Serena.   b) la più Serena.   c) la Serenissima.

II*. *Traduire les superlatifs en employant le suffixe -issimo*

1. Les fleuves russes sont très larges.
2. Ces personnes sont très sympathiques.
3. C'est une femme très riche et nous sommes très pauvres.
4. Il y a très peu de vin dans cette très grande bouteille.
5. Elle a une voix très rauque.
6. Avec cet autobus l'attente est toujours très longue.
7. Ce pain est très blanc et il est très bon.
8. Nous sommes restés très amis.

2. l'adverbe invariable **molto, tanto, assai**[1] suivi de l'adjectif :
   una sv*e*glia *molto/tanto/assai* bella
   un très beau réveil

3. l'adjectif répété :
   una voce *sottile sottile*
   une voix très fine

4. deux adjectifs différents formant des expressions idiomatiques :

ricco sfondato	*riche comme Crésus*
magro stecchito	*maigre comme un cent de clous*
bagnato fr*a*dicio	*trempé jusqu'aux os*
stanco morto	*mort de fatigue*
pieno zeppo	*bondé*

5. un préfixe pour certains adjectifs (langue familière) :

arci-	**arciricco** *archiriche*
ultra-	**ultrapotente** *ultrapuissant*
super-	**superintelligente** *superintelligent*
bis-	**bisunto** *crasseux*
stra-	**strapieno** *archiplein*
sopra-	**soprafino** *surfin*
sovra-	**sovrabbondante** *surabondant*
iper-	**ipers*e*nsibile** *hypersensible*

(1) Ne pas confondre **assai** *très* avec **abbastanza** *assez*.

EXERCICES

III*. *Traduire les phrases suivantes :*

1. Je prends la route la plus facile.
2. L'homme le plus stupide peut comprendre cela.
3. Il fréquente les gens les moins instruits du village.
4. Voici le Pô, c'est un fleuve, le plus long d'Italie.
5. Lui, c'est l'homme le plus puissant de la terre et elle, c'est la plus pauvre paysanne.
6. Ils ont les cheveux très gras.
7. Ils sont tombés dans l'eau et sont trempés jusqu'aux os.
8. Elle a trop travaillé et elle est morte de fatigue.

IV*. *Trouver un équivalent aux superlatifs contenus dans les phrases suivantes :*

1. Lasciò a casa il figlio in età molto tenera.
2. Quest'uomo è molto ricco.
3. Questi porci sono tanto grassi.
4. Sono persone intelligentissime.
5. Il soldato è molto stanco.

V. *Traduire les citations et les proverbes suivants :*

1. Sa più il papa e un contadino, che il papa solo.
2. « Mangiare è una delle cose più belle della vita. » (Bontempelli)
3. Vale più un'ape che cento mosche.
4. « Più che il dolor poté il digiuno. » (Dante)
5. È sempre più verde l'erba del vicino.
6. La pratica vale più della grammatica.

Comparatifs et superlatifs irréguliers

Quelques adjectifs, à côté des formes régulières du comparatif et du superlatif, ont d'autres formes, de dérivation latine :

Adjectif	Comparatif	Superlatif absolu
buono	migliore	ottimo
cattivo	peggiore	pessimo
grande	maggiore	massimo
piccolo	minore	minimo
alto	superiore	sommo/supremo
basso	inferiore	infimo

È migliore degli altri.
Il est meilleur que les autres.
È il migliore degli amici.
C'est le meilleur des amis.
È un ottimo ragazzo.
C'est un très bon garçon.

Certains adjectifs ont un superlatif de forme particulière :

acre	acerrimo (mieux : **molto acre**)
celebre	celeberrimo (mieux : **molto celebre**)
salubre	saluberrimo (mieux : **molto salubre**)
aspro	asperrimo (mieux : **asprissimo**)
misero	miserrimo (mieux : **miserissimo** ou **molto misero**)
integro	integerrimo *très intègre* (mais **integrissimo** *tout à fait intact*)

EXERCICES

È **migliore degli** altri. È un **ottimo ragazzo**.

VI*. *Traduire les phrases suivantes :*

1. C'est la pire des choses.
2. L'Asti est un excellent vin.
3. C'est un très mauvais maître.
4. Le tiramisù est un très bon gâteau.
5. L'eau pouvait causer de très grands dommages.

VII. *Choisir la forme qui convient :*

1. Questi prodotti sembrano ... altri.
   a) più migliori che   b) migliori degli   c) migliori che gli
2. Paolo ha un ... e una sorella ...
   a) maggiore fratello ... piccola.
   b) gran fratello ... molta piccola.
   c) fratello maggiore ... minore.

VIII*. *Trouver un équivalent aux superlatifs contenus dans les phrases suivantes :*

1. In città si può conoscere la più grande solitudine.
2. Dante è un poeta molto celebre.
3. Fu il risveglio più cattivo di tutti.
4. Firenze conobbe il più grande splendore nel Quattrocento.

IX. *Traduire le proverbe et les citations suivants :*

1. Non c'è peggior sordo di quello che non vuole sentire.
2. « O sommo Giove ... ! » (Dante)
3. « ... Nessun maggior dolore
   che ricordarsi del tempo felice
   nella miseria » ... (Dante)

8. Les possessifs

1. Adjectif et pronom ont la même forme.

		singulier		pluriel	
		masculin	féminin	masculin	féminin
	1re pers.	il mio	la mia	i miei	le mie
sg	2e pers.	il tuo	la tua	i tuoi	le tue
	3e pers.	il suo	la sua	i suoi	le sue
	1re pers.	il nostro	la nostra	i nostri	le nostre
pl.	2e pers.	il vostro	la vostra	i vostri	le vostre
	3e pers.	il loro	la loro	i loro	le loro

S'y ajoutent :
- **il proprio (la propria...)** qui convient également pour la 3e personne, renvoie toujours au sujet et s'emploie rarement avec un autre possessif :
  Guida *la propria* macchina. *Il conduit sa propre voiture.*

  Il devient obligatoire dans une phrase impersonnelle ou dont le sujet est un indéfini :
  Bisogna fare *il proprio* dovere. *Il faut faire son devoir.*
  Ognuno ha *i propri* problemi. *Chacun a ses problèmes.*

- **altrui** qui renvoie à un possesseur indéfini, est invariable et se place le plus souvent après le nom :
  Bisogna rispettare le opinioni *altrui*.
  Il faut respecter les opinions d'autrui.

2. On emploie l'article devant l'adjectif possessif :
il mio **libro** - *una tua* **casa**

Toutefois on le supprime :
- devant les noms de parenté : *mio* **fratello** *mon frère*

mais il y a 4 cas où on le rétablit :

- si le nom de parenté est au pluriel :
  le sue **sorelle** *ses sœurs* (mais *sua* **sorella**)

- si le nom de parenté est un diminutif ou considéré comme tel : *i suoi* **fratellini** (mais *suo* **fratello**)
  il suo **papà** (mais *suo* **padre**)

EXERCICES

Vedo **la tua** macchina. Le opinioni **altrui**.
Bisogna fare **il proprio** dovere. Ognuno ha **i propri** problemi.
Sua sorella. **Le sue** sorelle. **Suo** fratello. **I suoi** fratellini.
Mio padre. **Il mio** caro padre. **Tua** zia. **La tua** zia d'America.
Il loro zio. O sole **mio**! Ada, **nostra** amica, è malata.
Sua Santità. Questo **mio** compagno. A casa **mia**.
Il **Suo** signor padre.

I. *Mettre au singulier :*

1. I miei fratelli sono contenti.
2. Le loro zie sono a Roma.
3. I nostri cani restano a casa.
4. Le mie amiche sono le tue.
5. I loro zii abitano a Palermo.
6. I tuoi compagni partono in vacanza.
7. Scriviamo ai miei cari cugini.
8. Le loro sorelline giocano con le bambole.
9. Le vostre nonne sono simpatiche.
10. I vostri amici vanno in montagna.

II*. *Mettre les possessifs à la personne demandée :*

1. ... padre e ... madre mi vogliono bene, ... fratellini pure. (1re sg.)
2. Era vicino a ... mamma e a ... sorelline. (3e sg.)
3. Sarai ... amica e ti vorrò bene come a ... sorella. (1re sg.)
4. Il signor Rossi, ... vicino, lo conosceva bene. (3e sg.)
5. ... figlio è guarito. (1re pl.)
6. ... camera è grande. (2e sg.)
7. ... cartella è molto pesante. (1re pl.)
8. ... amico è venuto a trovare ... madre. (2e pl.)
9. ... nonnina è anziana. (2e sg.)
10. Vedono spesso ... amici a casa ... (3e pl.)
11. Questa ragazza è ... sorella maggiore. (2e pl.)
12. Perché non lo dite a ... madre? (3e pl.)

- si le nom de parenté est déterminé par un adjectif qualificatif ou un complément de nom :
  il mio caro padre (mais *mio* padre)
  la sua zia d'America (mais *sua* zia)
- lorsque le possessif est **loro** : *il loro* zio

• si le nom est au vocatif ; le possessif est alors après le nom :
  O sole *mio* ! *Ô mon soleil !* **Amico *mio*** ! *Mon ami !*

• si le nom est en apposition :
  Ada, *nostra* amica, è malata.
  Ada, notre amie, est malade.

• si le nom est un attribut indéterminé :
  Leo è *mio* amico. *Léo est mon ami.*

mais on rétablit l'article si l'attribut est déterminé :
  Leo è *un mio* amico (uno dei miei amici).
ou **Leo è *il mio* amico (il mio solo amico).**

• si le nom correspond à un titre honorifique :
  Sua Santità *Sa Sainteté* - *Sua* Maestà *Sa Majesté*
  Sua Eccellenza *Son Excellence*

• si le possessif s'intercale entre un adjectif démonstratif ou indéfini (sauf **tutto**) et le nom :
  ***questo tuo* compagno** *cet ami qui est le tien*
  ***ogni suo* discorso** *chacun de ses discours*

mais : ***tutto il suo* discorso** *tout son discours*

• dans de nombreuses expressions usuelles ; le possessif est alors presque toujours après le nom :
  a casa mia, ... loro ... *chez moi, ... chez eux* - **a danno mio** *à mon détriment* - **a mia insaputa** *à mon insu* - **a modo mio** *à ma façon* - **a parer mio** *à mon avis* - **a spese mie** *à mes frais* - **è colpa mia** *c'est ma faute* - **mio malgrado** *malgré moi* - **per conto mio** *quant à moi ...*

3. On emploie l'article devant le pronom possessif
  Di questi due libri, ti do il mio.
  De ces deux livres, je te donne le mien.

Toutefois on le supprime s'il est attribut indéterminé :
  Questo cagnolino è mio. *Ce petit chien est le mien.*

pour le rétablir si l'attribut est déterminé :
  Questo cagnolino è il mio (il mio solo cane).

EXERCICES

III. *Remplacer le complément de nom par le possessif qui convient :*

ex. : I fratelli di Giulio.
Réponse : I suoi fratelli.

1. La cara zia di Francesco.
2. La nonna di Anna e di Dino.
3. L'amica di Luigi.
4. I genitori di Laura.
5. Il marito di questa donna.
6. Il vecchio nonno del ragazzo.
7. La moglie di Filippo.
8. La bellissima sorella di Nino.
9. I fratelli di Gina.
10. I figli di Luisa e Cesare.
11. La macchina di Aldo.
12. Lo zio milanese dell' amico.

IV*. *Mettre au pluriel :*

1. Mio figlio è con sua moglie.
2. La loro casa non è tanto grande.
3. Presento Suo cugino a mio nonno.
4. A tuo fratello piace il nostro libro.
5. Parli a suo marito e a mia zia.
6. Il suo zio materno è medico.
7. Il loro paese è molto piccolo.
8. La mia penna è sul suo quaderno.
9. La loro barca è davanti alla nostra casa di Bellagio.

V*. *Traduire les phrases suivantes :*

1. On voit son chat à la fenêtre.
2. Ta sœur voulait faire ton portrait.
3. Leurs cadeaux sont toujours faits à notre insu.
4. À ce moment-là, votre femme venait souvent chez nous.
5. Il agit à sa façon et n'en fait qu'à sa tête.
6. Leurs deux têtes se heurtèrent.
7. À mon avis Paul est déjà parti et c'est ma faute.
8. Chacun pense à son travail.
9. Quelques-uns de ses romans se déroulent en Toscane.
10. Beaucoup de ses élèves lui écrivent encore.

4. Remarques

Le possessif se place devant **Signore**, **Signora** ou **Signorina** précédant un nom de parenté ou un titre :

Il *Suo* Signor padre
Monsieur votre père (personne de politesse)

S'il n'y a pas d'ambiguïté, l'omission du possessif est courante avec les noms de parenté, les parties du corps, les vêtements, les objets usuels, on emploie alors seulement l'article défini :

Penso *alla* nonna. *Je pense à ma grand-mère.*
Marco prende *la* cartella. *Marc prend son cartable.*

Le possessif est souvent remplacé par le pronom personnel (*cf.* p. 62 et 64) :

***Si* mette il cappotto.** *Il met son manteau.*

en particulier pour éviter une ambiguïté :

L'uomo parla al suo amico e alla moglie di *lui*.
L'homme parle à son ami et à la femme de celui-ci.

(**sua moglie** se rapporterait à **l'uomo** et pas à **l'amico**)

EXERCICES

VI. *Traduire les phrases suivantes :*

1. Il agit à leur insu et à leur détriment.
2. À la guerre chacun fait son devoir et défend sa patrie.
3. Mes amis, comme je suis contente de votre cadeau !
4. Il ôte son imperméable et met ses pantoufles.
5. Monsieur votre père a rencontré Sa Sainteté le Pape Jean-Paul II.
6. Le peigne glissa de ses cheveux qui se répandirent sur ses épaules.
7. À leur avis, je suis un de vos amis.
8. Mes enfants, écoutez-moi bien !
9. Caroline, sa petite sœur, prend son bain.
10. Chacun pense à son propre bonheur.
11. Madame votre mère est dans sa chambre à coucher.
12. Ma voiture est devant chez moi.
13. Mon cousin de Turin habite toujours chez sa mère.
14. Sa Majesté se repose.

VII. *Traduire les proverbes :*

1. Vigna piantata da me, moro da mio padre, olivo da mio nonno.
2. Natale con i tuoi, Pasqua con chi vuoi.
3. In casa propria ognuno è re.

9. Les démonstratifs

Les démonstratifs qui sont adjectifs et pronoms

■ **Questo, a, i, e**

désigne une personne, un objet, un événement proches
dans le temps, l'espace ou le contexte :
> **Questa giacca e questo cappotto sono miei.**
> *Cette veste et ce pardessus sont à moi.*

- Adjectif, il peut s'élider au singulier devant voyelle :
> **Quest' estate ero a Firenze.**
> *Cet été, j'étais à Florence.*

La forme abrégée féminin singulier apparaît dans les
adverbes **stamani** et **stamattina** *ce matin* ; **stasera** *ce soir;*
stanotte *cette nuit.*

- Pronom, il garde toujours la forme pleine (sans élision) :
> **Che via prendere ? Prendi questa, a destra!**
> *Quelle rue prendre ? Prends celle-ci, à droite!*

Il ne s'emploie pas devant **di** et **che** : on utilise **quello**
(personne et chose), **colui** (personne) ou **ciò** (chose).

■ **Codesto, a, i, e** (emploi littéraire ou toscan)

Adjectif et pronom, il désigne une personne ou un objet
proches de celui à qui l'on parle :
> **Dammi codesto libro.**
> *Donne-moi ce livre (qui est près de toi).*

L'usage remplace souvent **codesto** par **questo**.

■ **Quello**

désigne une personne, un objet, un événement éloignés
dans le temps, l'espace ou le contexte :
> **Non posso parlare di quell'anno senza pensare a te.**
> *Je ne peux pas parler de cette année-là sans penser à toi.*

EXERCICES

questo libro - **quest'**estate ou **questa** estate
quel romano - **quello** straniero - **quell'** europeo
quella zingara - **quell'**europea - **quei** romani - **quegli** stranieri
- **quegli** europei - **quelle** zingare - **quelle** europee

I. *Placer l'adjectif démonstratif* **quello** *devant les noms :*

caffè	cavalli	signora	studente
azione	sabato	individuo	turista
orologi	zaino	sciroppo	amici
stadi	stanze	cinema	psicologo

II*. *Remplacer la relative par les démonstratifs* **questo** *ou* **quello** :

Ex. : La pizza che sto preparando.
Réponse : questa pizza.

1. L'amica che incontravo l'anno scorso non è più tornata.
2. Gli scarponi che ho appena comprato mi stanno bene.
3. L'atleta che abbiamo visto in Giappone non era un giapponese.
4. L'isola dove siamo andati nel 1990 è stata devastata.
5. La foto che ti sto mostrando è stata premiata.
6. Il lago sul quale si vedevano tanti uccelli è un lago africano.
7. Va' a prendere i libri sullo scaffale della camera accanto !
8. L'albergo in cui mi trovo è accogliente.
9. Vedi il bambino che è seduto laggiù ?
10. La notizia che ho appena sentito è sorprendente.

III*. *Traduire :*

1. Ce café est trop fort pour moi.
2. Je te conseille de lire ce livre que je viens d'acheter.
3. Ne reste pas avec moi sur ce quai ; ton train part sur cet autre quai.
4. Le facteur m'a apporté ces deux lettres-ci, celles-là sont d'hier.
5. Cette voiture est encore si loin que je l'aperçois à peine.
6. Je me souviens encore de ces récits que je lisais autrefois.
7. Ce torrent qui coule là-bas dans la vallée est en crue.

- Adjectif, il a des formes irrégulières (*cf.* **dello**, p. 16)

	singulier	pluriel

masc.	**quel** devant consonne normale
	   quel **romano**
	quello devant s impur
	   quello **straniero**
	    devant z
	   quello **z̲ingaro**
	quell' devant voyelle
	   *quell'***europeo**
		quei devant consonne normale
		   quei **romani**
		quegli devant s impur
		   quegli **stranieri**
		    devant z
		   quegli **z̲ingari**
		    devant voyelle
		   quegli **europei**

fém.	**quella** devant toutes consonnes
	   quella **romana**
	   quella **z̲ingara**
	quell' devant voyelle
	   *quell'***europea**
		quelle dans tous les cas
		
		   quelle **romane**
		   quelle **z̲ingare**
		
		   quelle **europee**

- Pronom, il a toujours la forme pleine et s'emploie devant **di** et **che** :
  Di che libro parli? di *quello* **che sto leggendo.**
  De quel livre parles-tu ? de celui que je lis.
- Pour traduire *ce que* (valeur neutre) on emploie **quello che** ou **quel che** :
  Fa' *quel* / *quello* **che ti pare!** *Fais ce qui te plaît !*

Devant un adjectif, il se traduit par l'article défini français :
  Che matita vuoi? *Quella* **blu.**
  Quel crayon veux-tu ? Le bleu.

▮ Les adjectifs démonstratifs ne sont pas précédés d'un article.

- Ils peuvent précéder le possessif sans article (*cf.* p. 46) :
  questo **mio amico** *cet ami (qui est le mien)*
- Pour traduire *c'est..., ce sont...* on peut employer les pronoms **questo** et **quello** qui prennent le genre et le nombre du substantif :
  Quelli **sono amici italiani.** *Ce sont des amis italiens.*

Questo et **quello** peuvent traduire *voici, voilà* et prennent le genre et le nombre du nom auquel ils correspondent :
  Questa **è la mia casa.** *Voici ma maison.*

EXERCICES

quel romano - **quell'**europeo - **quello** di Pietro - **quella** blu
Quelli sono amici. **Questa** è la mia casa.
Fa' **quel** / **quello** che ti pare !

IV*. *Choisir la forme qui convient :*

1. ... animale è una scimmia.
   a) quel   b) quell'   c) quello
2. Che romanzi preferisci? ... di Sciascia.
   a) quei   b) quelli   c) quegli
3. Guarda ... vestito com'è bello !
   a) quel   b) quello   c) quell'
4. Quale vestito comprerai? ... marrone.
   a) quello   b) quei   c) quel
5. Chi sono ... bambini?
   a) quei   b) quelli   c) quegli
6. Sono ... di mia sorella.
   a) quegli   b) quelli   c) quei
7. Ha due fratelli : ... più vecchio è medico.
   a) quello   b) quelli   c) quel
8. Che borsetta preferisci? ... di cuoio.
   a) questa   b) quella   c) quel

V. *Traduire :*

1. Cet arbre que tu vois au fond du pré est un pommier.
2. Quel gâteau veux-tu que j'achète? Celui-ci ou celui-là?
3. Rappelez-vous ceci !
4. À cette heure-ci, il n'y a plus personne en ville.
5. Je n'oublierai jamais ce jour terrible de 1980.
6. Sur cette page il y a deux exercices sur les démonstratifs.
7. Regardez ces chaussures ! Que dites-vous des noires à talons? Je préfère les vertes, elles sont plus élégantes.
8. Ce que tu me racontes ne m'intéresse pas du tout.
9. As-tu téléphoné à cette amie qui vit en Australie?
10. Prenez cette assiette-ci, laissez celle-là, elle est sale !
11. Je n'aime pas ce pull, je préfère celui qui est en vitrine.

■ **Stesso, a, i, e** *même* qui tend à supplanter **medesimo, a, i, e** *même*, marque la similitude ou l'identité.

- Adjectif, il se place

   devant le nom et se construit comme un comparatif :
   Silvia ha la *stessa* età *di* Marco.
   Sylvie a le même âge que Marc.

   derrière le nom ou les pronoms personnel, démonstratif et possessif qu'il renforce :
   Il presidente *stesso* ha accolto gli ambasciatori.
   Le président lui-même a accueilli les ambassadeurs.

- Pronom, il est accompagné de l'article défini, se construit comme l'adjectif et peut prendre une valeur neutre :
   Non è più *lo stesso* di prima.
   Ce n'est plus le même qu'avant.
   Se non vieni, per me è *lo stesso*.
   Si tu ne viens pas, pour moi, c'est la même chose.

Les démonstratifs qui sont uniquement pronoms

Désignant des personnes :

- **costui** (m. sg.), **costei** (f. sg.), **costoro** (pl.) surtout employés en Toscane, sont souvent péjoratifs :
   « **Chi era *costui*?** » (Manzoni)
   Qui était cet individu?

- **colui** (m. sg.), **colei** (f. sg.), **coloro** (pl.)
- sont souvent associés au relatif **che** :
   Coloro **che entrano devono salutare.**
   Ceux qui entrent doivent saluer.

- d'emploi littéraire ou toscan, ils sont remplacés par **quello/a/i/e**.

- prennent parfois une nuance péjorative :
   Chi si crede di essere *colei*?
   Pour qui se prend-elle, celle-là?

Désignant une chose :

- **ciò,** qui peut s'associer à **che** :
   Fa' *ciò che* ti pare! *Fais ce que tu veux!*

On le trouve dans les expressions **ciò** *c'est-à-dire* - **ciono- nostante** ou **ciò nonostante** *malgré tout* - **con tutto ciò** *malgré tout cela* - **perciò** *c'est pourquoi.*

EXERCICES

Silvia ha la **stessa** età **di** Marco.
il presidente **stesso** - Non è più **lo stesso**.
Chi era **costui**? - **Coloro** che entrano...
Fa' **ciò** che ti pare. - **cioè** - **perciò**

VI*. *Traduire :*

1. Ne répète pas toujours les mêmes choses !
2. Je viendrai moi-même te chercher à la gare.
3. Le directeur lui-même te recevra cet après-midi.
4. Je fais toujours mes emplettes dans les mêmes magasins.
5. Lui et moi nous n'avons jamais les mêmes goûts.
6. Ce n'est plus le même qu'avant.

VII. *Traduire :*

1. Non parlarmi di costei !
2. Pensate a coloro che arriveranno dopo di voi !
3. Che cosa sta combinando costui ?
4. Coloro che non rispetteranno le regole saranno eliminati.
5. Non so chi siano costoro di cui mi stai parlando.

VIII*. *Traduire après avoir revu tous les démonstratifs :*

1. Je ne suis pas d'accord avec ce que tu dis.
2. C'est une occasion unique.
3. Quels sont vos livres ? Ceux-ci ou ceux-là ?
4. Qu'est-ce qu'il veut, celui-là ?
5. Pourquoi lis-tu ces livres-là ? Ceux de Paul sont plus inté-ressants.
6. Cette montre est celle de mon frère.
7. J'ai eu la possibilité de l'avertir, c'est pourquoi il est arrivé à l'heure.
8. Ceux qui agissent ainsi sont malhonnêtes.
9. Ce que j'avais à dire, je l'ai dit.
10. Je n'oublierai pas ces conseils que me donnait ma grand-mère.
11. Cette veste, c'est mon mari qui me l'a offerte.

10. Les pronoms personnels

			singulier			pluriel		
			1	2	3	1	2	3
Sujets			io	tu	m. **egli, lui, esso** f. **ella, lei, essa**	noi	voi	m. **loro, essi** f. **loro, esse**
C **o** **m** **p** **l** **é** **m** **e** **n** **t** **s**	Faibles	COD	mi	ti	m. **lo** f. **la**	ci	vi	m. **li** f. **le**
		C. d'attrib.	mi	ti	m. **gli** f. **le**	ci	vi	m. **loro** f. **loro**
	Forts		me	te	m. **lui** f. **lei**	noi	voi	m. **loro** f. **loro**
	Neutres		**ne - ci - vi**					

Voir les pronoms personnels **de politesse** pp. 204-206.

Les pronoms personnels sujets

1. L'italien place les pronoms dans l'ordre de succession des personnes du verbe (1re, 2e, 3e) :
Io e mia madre stiamo a Roma.
Ma mère et moi vivons à Rome.

mais on dit : **tu ed io** *toi et moi.*

2. À la 3e personne du singulier, on emploie :
- **egli** et **lui** pour les personnes, **esso** est plutôt réservé aux animaux ou aux choses.
- **ella** (vieilli), **lei** et **essa** (forme moins fréquente) pour les personnes ; **essa** convient aussi pour les animaux et les choses.
Parla con Pietro, *egli* **sa tutto !**
Parle à Pierre, lui, il sait tout !

À la 3e personne du pluriel, on emploie **loro** pour les personnes, **essi** et **esse** pour les animaux et les choses ou pour éviter une ambiguïté :
Loro erano insieme, poi *essi* partirono, *esse* rimasero.
Ils étaient ensemble, puis eux s'en allèrent et elles restèrent.

EXERCICES

Parla con Pietro, **egli** sa tutto!
Loro erano insieme, **essi** partirono, **esse** rimasero.

I. *Compléter avec le pronom personnel sujet :*

1. (i turisti) ... passeggiano in città.
2. (la ragazza) ... piangeva.
3. (la casa) ... è lontana.
4. (i cani) ... abbaiano agli sconosciuti.
5. ... partiresti.
6. Rispondete anche ...
7. (tuo padre) ... vive a Roma.
8. ... piansi.
9. «Di che sostanza è il tempo? E dove ... si forma?»
    (A. Tabucchi)
10. ... partirò ma ... Luigi, resterai qui solo.

II*. *Compléter avec le pronom personnel sujet :*

1. (l'alpinista) ... guarda il panorama.
2. (la gatta) ... miagola.
3. Avete finito ...?
4. A che cosa pensi ...?
5. Siete in due a partire : ... e Andrea.
6. ... siamo andati al cinema e ... è andata a dormire.
7. Te lo dico ...
8. Sia ... sia ... siete stupidi tutti e due.
9. ... non hanno mai voluto accettare la sconfitta.
10. Marco e Anna hanno litigato : ... è andata in camera e ... è
    partito.
11. ... non so se ... sei disposto a venire.
12. Gino e Giuseppe sono partiti anche ...
13. ... e mia sorella andremo insieme in vacanza.
14. Sono andata da Giovanna, ma ... non era in casa.
15. ... abbiamo fatto tutto e ... è rimasto a guardare.

3. La forme verbale suffisant à différencier les personnes, le pronom sujet s'emploie beaucoup moins qu'en français. Il est toutefois nécessaire :

- pour éviter une ambiguïté quand le verbe présente plusieurs fois la même forme (subjonctif) :
  È necessario che *io* torni/ che *tu* torni...
  Il est nécessaire que je revienne/ que tu reviennes...

- pour insister :
  ***Io* resto e *tu* vai via.** *Toi, tu t'en vas et moi je reste.*

- si le verbe est à un mode indéfini et si son sujet est différent de celui de la principale :
  Essendo *io* nuovo a scuola, tutto mi pare più difficile.
  Comme je suis nouveau à l'école, tout me semble plus difficile.

4. On emploie le pronom sujet après le verbe pour traduire le français *c'est moi, c'est toi ..., c'est moi qui, c'est toi qui ...*
  Sono *io*. *C'est moi*
  Parlo *io*. *C'est moi qui parle.* (voir p. 212)

Dans ce cas, on emploie obligatoirement **lui, lei, loro** et jamais **egli, essa, essi, esse** :
  È *lui*. *C'est lui*
  Parlano *loro*. *Ce sont eux qui parlent.*

De même, on emploie **lui, lei, loro** et non pas **egli, essa, essi, esse** :

- quand le pronom a valeur d'attribut :
  Se fossi *lei* agirei diversamente.
  À sa place, j'agirais autrement.

- dans les exclamations ou les constructions elliptiques :
  Beato *lui* ! *Comme il a de la chance !*

- dans les comparaisons, après **come** et **quanto** :
  Sono stanco quanto *lui*. *Je suis aussi fatigué que lui.*

- après **anche, pure** *aussi*, **neanche, neppure, nemmeno** *non plus* :
  È venuta anche *lei*. *Elle est venue, elle aussi.*

- quand le verbe est au gérondif ou au participe (voir 3. ci-dessus) :
  Arrivati *loro*, potei andare a letto.
  Quand ils furent arrivés, je pus aller me coucher.

EXERCICES

Sono io. È lui. Sono loro. Beato **lui**!
Sono stanco quanto **lui.** È venuta anche **lei.**
Arrivati **loro**, potei andare a letto.

III*. *Compléter les phrases en choisissant le pronom personnel qui convient :*

1. Sono stati ... a decidere così.
   a) egli   b) loro   c) essi
2. Beate ...!
   a) loro   b) esse   c) essa
3. Chi è? ...
   a) è io   b) sono io   c) è me
4. Viviamo insieme, ... e mia sorella.
   a) me   b) io   c) mi
5. Nemmeno ... uscirà.
   a) egli   b) lui   c) esso
6. Sono state ... a decidere.
   a) essa   b) essi   c) loro
7. Neppure ... è riuscita a finire il compito.
   a) ella   b) lei   c) essa

IV. *Compléter avec les pronoms personnels sujets et traduire :*

1. Anche ... è andato a Roma.
2. Questo disegno, l'ha fatto ...
3. Poveri ...! Abbiamo perso l'autobus.
4. «Contenti ..., contenti tutti!» dice il proverbio.
5. Lisa è distratta : non essere come ...!

V*. *Traduire :*

1. Qui a téléphoné? Elle ou toi?
2. Il n'a pas été reçu, elle non plus.
3. Ils ont trouvé un appartement ; eux, ils ont bien de la chance !
4. Nous irons à Venise, eux aussi.
5. Elle n'a pas une vie facile, moi non plus.
6. Je suis aussi malheureuse qu'elle.
7. Ce sont eux qui me l'ont raconté.
8. Elle et moi nous nous aimons.
9. Eux non plus n'y croient pas.

Les pronoms personnels compléments (formes faibles)

	singulier			pluriel		
	1	2	3	1	2	3
COD	mi	ti	m. **lo** f. **la**	ci	vi	m. **li** f. **le**
COI	mi	ti	m. **gli** f. **le**	ci	vi	**loro**[1]
neutres	ne – ci – vi					

La **vedo** e *le* **parlo.** *Je la vois et je lui parle.*

1. Les formes faibles précèdent le verbe, **loro** le suit toujours :
   Luigi è simpatico, *gli* **telefono spesso.**
   Louis est sympathique, je lui téléphone souvent.
   Parlo *loro.* *Je leur parle.*

Lo et **la** s'élident devant voyelle et devant **h-** (présent de **avere**) :
   L'ho incontrato ieri. *Je l'ai rencontré hier.*

2. Les formes faibles, sauf **loro,** se soudent au verbe (enclise) dans quatre cas :

– à *l'infinitif,* après apocope de la voyelle finale de l'infinitif :
   Ho paura d'incontrar*lo.* *J'ai peur de le rencontrer.*

À l'infinitif passé, les pronoms se soudent à l'auxiliaire :
   Perché non aver*lo* **detto ?** *Pourquoi ne pas l'avoir dit ?*

☞ Avec les verbes serviles, deux constructions sont possibles (*cf.* p. 126) :
   Voglio veder*ti* ou *ti* **voglio vedere.** *Je veux te voir.*

– à *l'impératif :*
   Porta*mi* **al mare !** *Emmène-moi à la mer !*

Avec 5 impératifs monosyllabiques : **da'** ← **dare** - **di'** ← **dire** - **fa'** ← **fare** - **sta'** ← **stare** - **va'** ← **andare**, les pronoms enclitiques sauf **gli**, redoublent leur consonne initiale :
   Di*mmi* **tutto !** *Dis-moi tout !* mais **Di***gli* **tutto !** *Dis-lui tout !*

---

(1) **loro** est en fait une forme forte supplantée par **gli** dans la langue actuelle.

EXERCICES

La vedo. Parlo **loro. Ci** vado. Vacci!
Ho paura d'incontrar**lo**. Po̲rtami al mare! Di**mmi** tutto!
Di**gli** tutto! Vede̲ndo**lo** - Ve̲stito**lo** in fretta uscì. E̲cco**lo**!

VI. *Écrire la forme correcte des impératifs suivants :*

1. Non ...!
   a) ci pensa   b) ci pensare   c) pe̲nsaci
2. ... da mangiare!
   a) Dammi   b) Da mi   c) Mi dai
3. ... le mani!
   a) Lavate voi   b) Vi lavate   c) Lava̲tevi
4. Questi tuoi amici, ... entrare!
   a) falli   b) fa loro   c) fagli
5. ... la porta !
   a) A̲primi   b) Mi apri   c) Apri mi
6. Vieni a ...!
   a) trovargli   b) trovarlo   c) lo trovare
7. Se ti fa male il piede, ... vedere al me̲dico!
   a) fallo   b) fa lo   c) lo fa
8. ... quello che sai!
   a) Facci sapere   b) Ci fa sapere   c) Fa' saperci
9. Non ... di loro!
   a) mi parlo   b) parlarmi   c) pa̲rlami
10. Se incontri A̲ngela, ... di venire!
   a) digli   b) dile   c) dille

VII*. *Ajouter les pronoms personnels compléments :*

1. Se vedi Ma̲rio, di'... di venire e fa'... entrare su̲bito!
2. Se incontrerò tuo padre, ... chiederò di lasciar... venire.
3. Si avvicinò a Maria e ... disse qualcosa.
4. Quando ... vedrò, ... dirò che volevi parlare con lui.
5. Va' da Marina e di'... che è tardi!
6. Sorveglia i bambini! Ho proibito ... di guardare la tivù.
7. Sentendo... gridare, capì che i bambini e̲rano svegli.
8. Mino ... regala una ba̲mbola, prendi... e ringra̲zia...!
9. Sfiorò un vaso e ... fece cadere.
10. Sono arrivati i tuoi amici? - Sì, ecco...!
11. Quando vedrò i tuoi genitori, ... ringrazierò.
12. Domani ... porterà il libro che ... hai chiesto.

À la 2ᵉ personne singulier de l'impératif négatif, le pronom peut, ou précéder le verbe, ou se souder à lui :

Non lo sporcare / Non sporcarlo! *Ne le salis pas!*

- au *gérondif* :

Vedendolo si mise a ridere. *En le voyant, il se mit à rire.*

Avec la forme progressive, on tend à placer les pronoms devant **stare** plutôt qu'après le gérondif :

Si sta lavando.
Il est en train de se laver.

- au *participe passé absolu* :

Vestitolo in fretta, uscì. *L'ayant habillé à la hâte, il sortit.*

- Les formes faibles se soudent aussi à **ecco**, *voici, voilà* :

Eccomi ..., eccolo. *Me voici ..., le voilà.*

3. Les formes faibles remplacent souvent l'adjectif possessif (*cf.* pp. 48 et 64) :

Ti porto la valigia au lieu de **Porto la tua valigia.**
Je porte ta valise.

4. *Le*, pronom neutre français, remplaçant une proposition, ne se traduit pas :

È morto? Non si sa. *Est-il mort? On ne le sait pas.*

5. Les pronoms neutres **ne** *en* et **ci, vi** *y* suivent les mêmes règles d'emploi que les pronoms de forme faible :

Vuoi pane? Ne voglio. *Veux-tu du pain? J'en veux.*
Ci vado. *J'y vais.* **Vacci!** *Vas-y.*

6. Traduction de **il y a - il y en a** (*cf.* p. 218)

7. Le pronom **la**, se référant à un substantif non exprimé (**cosa** *chose* - **faccenda** *affaire* - **vita** *vie*...) a valeur de pronom neutre dans les expressions :

averla vinta *avoir gain de cause*
darla a bere *faire croire*
farla brutta *jouer un sale tour*
farla corta *abréger*
farla finita *en finir*
farla lunga *ne plus en finir*
pagarla salata *la payer cher*
saperla lunga *en savoir long*
scamparla bella *l'échapper belle*...
È uno che la sa lunga. *C'est quelqu'un qui en sait long.*

EXERCICES

VIII. *Traduire :*

1. Les enfants sont prêts : emmenez-les au jardin !
2. Il ne peut rien vous dire.
3. Je lui ai dit que je voulais le voir.
4. Avertis-le que nous l'attendrons demain !
5. Je cherche Paul, l'avez-vous vu ?
6. Elle l'a regardé comme si elle voulait lui parler.
7. Ce doit être lui qui t'a aperçu au théâtre.

IX*. *Traduire :*

1. Voici le gâteau : coupes-en une belle tranche !
2. Qui a parlé ? – Je n'en ai pas la moindre idée.
3. J'ai une maison à la campagne, j'y passe volontiers tout l'été.
4. La Sardaigne ? Je n'y suis jamais allée.
5. Elle a beaucoup d'ennuis mais elle ne veut pas en parler.
6. Quand rentres-tu à Rome ? J'y serai la semaine prochaine.
7. Des livres d'art, j'en ai beaucoup.
8. Elle est amoureuse de Paul et elle en parle toujours.
9. Si tu ne connais pas Florence, vas-y à Pâques !
10. Si tu as trop de livres, offres-en quelques-uns.

X*. *Traduire :*

1. Questa volta l'hai scampata bella !
2. Per farla breve vi dirò che tutto è andato bene.
3. Questa volta l'avete combinata grossa : non mi fido più di voi.
4. Quanto la fai lunga !
5. È ora di farla finita con questa storia !
6. Smettiamola !
7. A dirla fra noi, il suo libro non vale un gran che.
8. L'ha fatta franca.
9. « Chi la fa se l'aspetti ! »
10. Non è riuscito ad averla vinta.

Les pronoms personnels réfléchis

	singulier			pluriel		
	1	2	3	1	2	3
faibles	**mi**	**ti**	**si**	**ci**	**vi**	**si**
forts	**me**	**te**	**sé**	**noi**	**voi**	**sé**

1. Les pronoms réfléchis, de forme faible, sont COD ou COI :

Laura *si* alza.
Laure se lève.
Laura *si* dice che non è tempo di dormire.
Laure se dit que ce n'est pas le moment de dormir.

Les réfléchis de forme faible remplacent souvent l'adjectif possessif (*cf.* pp. 48 et 62) :

***Mi* tremano le gambe** au lieu de **Le mie gambe tremano.**
Mes jambes tremblent.

Dans la langue familière, les réfléchis de forme faible s'emploient parfois de façon explétive et donnent à la phrase plus d'intensité :

***Mi* bevo un buon caffè.**
Je bois un bon café.

2. Les pronoms réfléchis de forme forte renvoient toujours au sujet de la proposition :

Maria pensa solo a *sé*.
Marie ne pense qu'à elle.

Le pronom de forme forte peut être renforcé par l'adjectif **stesso** et dans ce cas **sé** perd son accent :

Maria pensa solo a *se stessa*.
Marie ne pense qu'à elle-même.

Sé est remplacé par **loro** quand il s'agit d'une action réciproque et non réfléchie :

I ragazzi scherzavano fra *loro*.
Les enfants plaisantaient entre eux.

3. Si traduit souvent le français *on* (voir pp. 132 et 220)

EXERCICES

Laura **si** alza. Maria pensa a **sé.** Maria pensa a **se stessa.**
Mi tremano le gambe. **Mi** bevo un caffè.

XI. *Compléter les phrases avec les pronoms personnels réfléchis :*

1. Gli animali provvedono non solo a ..., ma anche ai loro piccoli.
2. Paolo non ... lascia abbattere : ha tanta fiducia in ...
3. A ... penseremo dopo : occupiamo ... prima dei bambini.
4. Mina tiene sempre con ... la tua foto.
5. È un egoista : pensa solo a ... stesso.
6. Chi sa che scusa inventerà per far... perdonare !
7. Pensava fra ... : ci vado o non ci vado ?
8. Non ... controlla ; è fuori di ...

XII*. *Traduire en employant les pronoms personnels réfléchis :*

1. Mes yeux se ferment de fatigue.
2. Il savoure sa dernière tasse de café de la journée.
3. Ôte ta chemise : elle est mouillée.
4. Mettez votre pardessus : il fait froid aujourd'hui.
5. Il enleva ses lunettes pour les nettoyer.
6. Mon café s'est refroidi dans la tasse.
7. Qui a mangé tous les chocolats ?
8. Il boit son apéritif.
9. J'avais le cœur qui battait très fort.
10. Gardez les livres si vous voulez !

XIII. *Traduire les proverbes et la citation :*

1. Ognuno per sé e Dio per tutti.
2. Chi fa da sé fa per tre.
3. « Italia farà da sé » (Carlo Alberto 1848).

Les pronoms personnels groupés

	lo	la	li	le	ne
mi	me lo	me la	me li	me le	me ne
ti	te lo	te la	te li	te le	te ne
si	se lo	se la	se li	se le	se ne
gli	glielo	gliela	glieli	gliele	gliene
le	glielo	gliela	glieli	gliele	gliene
ci	ce lo	ce la	ce li	ce le	ce ne
vi	ve lo	ve la	ve li	ve le	ve ne

1. Les pronoms COI, sauf **loro**, se placent devant les pronoms COD et devant la particule **ne** :
- **mi**, **ti**, **si**, **ci**, **vi**, changent alors leur -i en -e : **me lo**, **te lo** ...,
- **gli** et **le** deviennent l'un et l'autre **glie** et se soudent au 2e pronom ; **glielo**, **gliela** s'élident devant voyelle et devant **h-** (présent de **avere**) :
  Gliel'ho detto. *Je le lui ai dit.*

Leur place par rapport au verbe est identique à celle des pronoms simples :
  Questo libro, *te lo* **comprerò domani.**
  Ce livre, je te l'achèterai demain.
  Compramelo subito!
  Achète-le-moi tout de suite!

Avec les impératifs **da'**, **di'**, **fa'**, **sta'**, **va'**, les pronoms doubles, sauf les groupes commençant par **glie**, redoublent leur consonne initiale :
  Fammelo vedere!
  Fais-le-moi voir!

mais
  Faglielo vedere!
  Fais-le-lui voir!

Avec les verbes serviles, deux constructions sont possibles : les pronoms se placent devant le verbe servile ou après l'infinitif :
  Non *te lo* **posso dire** ou **Non posso dirtelo.**
  Je ne peux pas te le dire.

EXERCICES

Te lo comprerò. C̲ompramelo! Fa̲mmelo vedere!
Fa̲glielo vedere! **Lo** dico **loro.** Dillo **loro**!

XIV. *Compléter en employant des pronoms personnels groupés :*

1. Non dovevi restituire i libri a Franco? ... porto domani.
2. Ho scritto una le̲ttera a Luigi, ... manderò domani.
3. Mi piace troppo questa torta ! Da'... ancora una fetta!
4. So che ti piace la mia bicicletta, ma non ... presterò.
5. Perchè non presti i libri a Lisa? ... presto anche adesso se vuole.
6. Vuoi regalarmi un libro? Ti prego, regala... adesso!
7. Bella questa ba̲mbola, non ti pare? Offri... per il mio compleanno!
8. Se ti piace il caffè, ... preparo una tazza.
9. Quando avrà finito di le̲ggere il vostro libro, ... restituirà.
10. Avevi perso l'orolo̲gio ma ... hanno riportato.
11. Non avevamo capito la lezione e lui ... ha spiegata di nuovo.
12. A Mara pia̲cciono i cioccolatini, ... porteremo una sca̲tola.

XV*. *Remplacer les noms soulignés par des pronoms personnels groupés :*

1. Ho mandato una cartolina a Marcello.
2. Luca compra un regalo a suo figlio.
3. Ogni mattina la mamma porta la colazione alla nonna.
4. Leggiamo questo racconto alla bambina!
5. Ho letto una fiaba a Carlo.
6. Vo̲glio regalare dischi a mia nipote.
7. Si mette sempre una cravatta quando va dal direttore.
8. Fa' visitare a Guido la mostra sugli Impressionisti!
9. Volete vendere la casa all'architetto.
10. Vendete la casa all'architetto!
11. Ha comunicato il suo indirizzo al vostro amico.
12. Hanno dato al bambino la palla che aveva perduto.

2. Loro se dissocie toujours des autres pronoms ; il se place
- derrière le verbe :
  Lo dico *loro*. *Je le leur dis.*
  Ne parlo *loro*. *Je leur en parle.*
- ou derrière le pronom enclitique :
  Dillo *loro*! *Dis-le-leur!*

Dans la langue actuelle, **gli** remplace fréquemment **loro.**

3. Les pronoms **mi**, **ti**, **gli**, **le**, **ci**, **vi** se placent sans modifier
leur forme devant la particule **ci** *y* ou devant **si** ayant une valeur
passive ou impersonnelle (*cf.* p. 220) :

  Mi ci **abituo.** *Je m'y habitue.*
  Ci si **vive in pace.** *On y vit en paix.*

Lorsque **si** correspond au français *on*, il précède immédiatement le verbe et tous les pronoms compléments de forme faible
se placent devant lui, sauf **ne** :

  Gli si **racconta che ...,** *On lui raconte que ...,*

mais :

  Se ne **parla.** *On en parle.*

Attention à l'association **ci si** qui, suivant le contexte, peut
avoir plusieurs valeurs :

  Ci si **mette (al lavoro).**
  Il/Elle s'y met (au travail).
  Ci si **mette la mozzarella (nella pizza).**
  On y met la mozzarella (dans la pizza).
  Ci si **guarda in cagnesco.**
  On se regarde de travers.

4. Le pronom **la** ayant valeur de pronom neutre, est associé à
un pronom réfléchi dans les expressions :

  darsela a gambe *s'enfuir à toutes jambes*
  cavarsela *se tirer d'affaire*
  godersela *se donner du bon temps*
  intendersela *être de mèche*
  prendersela *se vexer*
  svignarsela *filer à l'anglaise*
  vedersela brutta *passer un mauvais quart d'heure*
  Non *te la* prendere! *Ne te fâche pas!*

EXERCICES

Mi ci abituo. **Ci si** vive in pace.
cav<u>ar</u>**sela** - d<u>ar</u>**sela** a gambe ...

XVI. *Traduire :*

1. Il compte aller chez ses cousins, il s'y arrêtera plusieurs jours.
2. Visite l'Ombrie ! Je suis sûre que tu t'y trouveras bien.
3. Il me faut au moins une semaine de repos.
4. On se distrait comme on peut.
5. On lui a dit de venir immédiatement.
6. Paris ? On y rencontre beaucoup d'étrangers.

XVII*. *Traduire les phrases suivantes :*

1. Non ti preoccupare ! Ce la caveremo.
2. È riuscito a svign<u>ar</u>sela.
3. Non ce la f<u>ac</u>cio più !
4. Te lo posso dire oggi, ce la siamo vista brutta.
5. Io lavoro giorno e notte e tu te la godi al mare !
6. Da un po' Luca ce l'ha con me.
7. Pr<u>en</u>ditela con chi vuoi ma non con me !
8. Finalmente ce l'abbiamo fatta !
9. Questa me la lego al dito !
10. Se la intend<u>e</u>vano tutti.

Les pronoms personnels compléments (formes fortes)

	singulier			pluriel	
1	2	3	1	2	3
me	te	m. **lui, esso** f. **lei, essa**	**noi**	**voi**	m. **loro, essi** f. **loro, esse**

1. Lui, **lei**, **loro** s'emploient uniquement pour les personnes et se réfèrent toujours à une personne différente du sujet :

Maria telefona a sua madre e pensa sempre a *lei*.
Marie téléphone à sa mère et elle pense toujours à elle (= à sa mère).

Esso, essa, essi, esse ne s'emploient que pour les animaux et les choses et seulement comme complément indirect précédé d'une préposition :

Quel cappotto è di lana, con *esso* non ho freddo.
Ce pardessus est en laine, avec lui, je n'ai pas froid.

2. Les formes fortes ne se soudent jamais au verbe.

3. Elles s'emploient :

- comme complément indirect introduit par une préposition :
Usciamo con *te*. *Nous sortons avec toi.*
Tornerà prima di *noi*. *Il rentrera avant nous.*

- avec valeur de sujet, donc sans préposition, dans les exclamations elliptiques (*cf.* p. 58) :
Misero *me*! *Pauvre de moi!*
Beata *te*! *Comme tu as de la chance!*

- dans les comparaisons après **come** et **quanto** :
Faccio come *te*. *Je fais comme toi.*
Ne sa quanto *me*. *Il en sait autant que moi.*

- comme complément direct pour donner plus de relief au pronom :
Chiedono *me* e nessun altro.
C'est moi qu'on demande et personne d'autre.

4. Elles peuvent être remplacées par les formes faibles :
***Mi* è seduto davanti** au lieu de **È seduto davanti a *me*.**
Il est assis devant moi.

EXERCICES

Usciamo con **te**. Tornerà prima di **noi**.
Misero **me** ! Beata **te** ! Faccio come **te**.
È seduto davanti a **me**. Mi è seduto davanti.

XVIII*. *Compléter les phrases avec les pronoms personnels de forme forte :*

1. Chiedi a tuo padre di lasciarti venire con ...
2. Dopo essersi avvicinato a ..., le raccontò il viaggio.
3. Maria ce l'ha con ... perché non l'abbiamo invitata.
4. Beati ... che partite per l'Italia in vacanza.
5. Maria non si dà pace : abbiamo invitato sua sorella e non ...
6. Ho visto arrivare Maria e Lisa, non ho saputo che cosa dir ...
7. Povero ... che mi sono fidato di uno come ... !
8. Quando riceve i suoi amici ne approfitta per dar ... tanti consigli.
9. Mi riposerò un po' : perché non parti con ... ?
10. Beata ... che è stata promossa !

XIX*. *Remplacer les pronoms personnels de forme forte par les pronoms de forme faible correspondants :*

1. Guardi intorno a te.
2. Marcello passa davanti a me.
3. Guarda attorno a te !
4. Era seduto accanto a noi.
5. Mette i bambini davanti a sé.
6. Tenevate i bagagli accanto a voi.
7. Paolo camminava dietro di lei.
8. Ha buttato l'acqua addosso a noi.
9. Non vuole correre dietro di lui.
10. Sono venuti incontro a lui.

11. Les pronoms relatifs

che – cui – il quale/la quale/i quali/le quali/

Emplois

■ **Che** est sujet :
La donna *che* entra è bella.
La femme qui entre est belle.

ou complément d'objet direct :
Il ragazzo *che* vedo è alto.
Le garçon que je vois est grand.

■ **Cui** n'est jamais sujet ni complément direct mais toujours complément indirect et donc précédé d'une préposition : **a cui, con cui, in cui, di cui... A cui** est la seule forme qui puisse perdre sa préposition :
È la persona *a cui/cui* pensi.
C'est la personne à laquelle tu penses.

Cui peut être aussi précédé d'une préposition et d'un article ou d'un article contracté lorsqu'il est complément d'un nom, lui-même complément indirect d'un verbe :
È un ragazzo *della cui lealtà* non mi fido.
C'est un garçon à la loyauté duquel je ne me fie pas.
È una casa *sul cui muro* ci sono graffiti.
C'est une maison sur le mur de laquelle il y a des graffiti.

■ **Il quale...** peut avoir toutes les fonctions, l'article se combinant avec la préposition dans le cas de compléments indirects :
È l'amica *alla quale* pensi.
C'est l'amie à laquelle tu penses.
È l'uomo *con il quale* parlo.
C'est l'homme avec lequel je parle.

mais il est lourd, surtout en tant que sujet ou complément d'objet direct et il est préférable de ne l'utiliser que pour éviter une confusion de genre et de nombre ou lors d'une succession de relatifs.

EXERCICES

La ragazza **che** entra è bella. Il ragazzo **che** vedo è alto.
È l'amica **cui/a cui** pensi. È l'amica **alla quale** pensi.
È l'uomo **con cui** parlo. È l'uomo **con il quale** parlo.
Sono le donne **di cui** ti parlo.
È il bimbo **la cui nonna** abita a Roma.
È una casa **sul cui muro** ci sono graffiti.
È la casa **dove/in cui** abito. È il mese **in cui** è nato.

I. *Transformez les phrases suivantes sur le modèle :*

Ex. : Parlo di quel paese.
Réponse : È il paese **di cui** parlo.

1. Tu pensi a quel ragazzo.
2. Partiamo per quella spedizione.
3. Sono nata in quella città.
4. È contento di quel libro.
5. Abita in quel villino.
6. Salite su questi monti.
7. Ci fidiamo di quest'uomo.
8. I miei compagni hanno una casa su questa collina.
9. È arrivato in questo posto.
10. Ho viaggiato con questa persona.
11. Vengo da quelle montagne.
12. Anna va a spasso con quelle persone.
13. L'armadio si trova contro quel muro.
14. Sono partiti da quel posto.
15. Stefano è venuto in quel momento.

II*. *Dans les phrases suivantes remplacez **cui** par **il quale** ...*

1. La ragione per cui è partito è misteriosa.
2. Il romanzo di cui ti parlo è scritto da Buzzati.
3. Chi sono le persone con cui sei venuto?
4. La finestra da cui guardo la città è molto alta.
5. L'amica con cui ho viaggiato è veneziana.
6. Il ragazzo a cui hai telefonato, è poco simpatico.
7. L'uomo per cui lavora è lombardo.
8. La ragazza con cui parla è una vicina di casa.
9. Ecco la donna per cui ha abbandonato la famiglia.
10. La trattoria in cui abbiamo mangiato così bene, è chiusa il lunedì.

■ Traduction de *dont* :

- suivi d'un verbe, il se traduit par **di cui** :
  Sono le donne *di cui* ti parlo.
  Ce sont les femmes dont je te parle.

delle quali serait possible mais lourd.

- suivi d'un nom, il se traduit par **cui** qui s'intercale entre l'article défini et ce nom :
  È il bimbo *la cui* nonna abita a Roma.
  C'est le bébé dont la grand-mère habite à Rome.

- lorsqu'il a le sens de *parmi lesquels (lesquelles)*, on utilise **fra cui** ou **fra i (le) quali** :
  Ho letto tre libri *fra cui* uno di Gadda.
  J'ai lu trois livres dont un de Gadda.

- pour l'origine, on emploie **da cui** ou **dal quale (dalla quale...)** :
  La famiglia *da cui (dalla quale)* proviene, è famosa.
  La famille dont il est issu, est célèbre.

- pour la manière, on emploie **in cui, nel quale (nella quale...)** :
  Il modo *in cui (nel quale)* agisce, è insopportabile.
  La façon dont il se comporte est insupportable.

■ Traduction de *où* :

- pour le lieu, on utilise **dove**[1], **in cui** de préférence à **nel quale (nella quale...)** :
  Questa è la casa *dove/in cui (nella quale)* abita.
  C'est la maison où il habite.

- pour le temps, on utilise **in cui** ou **nel quale (nella quale...)** et jamais **dove** :
  Marzo è il mese *in cui (nel quale)* è nato.
  Mars est le mois où il est né.

Che peut aussi parfois prendre la valeur temporelle de *où* :
  Il giorno *che* arrivò Luca...
  Le jour où Luc arriva...

---

(1) **dove** est un adverbe qui correspond souvent à un relatif par son emploi.

EXERCICES

III*. *Dans les phrases suivantes, remplacer **il quale...** par cui* :

1. Il paese nel quale vivo, è l'Italia.
2. È la persona alla quale mi rivolgo volentieri.
3. Il secolo nel quale visse Leopardi, è l'Ottocento.
4. È l'aereo col quale ho viaggiato per andare in America.
5. Guarda la ragazza della quale ti ho parlato !
6. L'albero sul quale c'erano sempre tanti uccelli, è stato abbattuto.

IV*. *Choisir la forme qui convient* :

1. È l'anno ... è vissuto a Siracusa.
   a) al quale   b) in cui   c) dove
2. Spense la lampada ... luce era così fioca.
   a) la cui   b) di cui la   c) della cui
3. È l'ora ... dormono tutti.
   a) quando   b) dove   c) in cui
4. Quella città ... vediamo le torri, è San Gimignano.
   a) di cui   b) cui   c) alla cui
5. La giovinezza è il periodo ... tutti i sogni sono permessi.
   a) dove   b) in cui   c) nella quale

V. *Traduire les phrases suivantes* :

1. J'achèterai la maison dont les murs sont blancs.
2. Connais-tu la ville où habite Marc ?
3. Nous allons dans le pays dont les habitants sont si sympathiques.
4. Ce garçon dont le visage est si orgueilleux, n'est pas un de mes amis.
5. C'est une maison dans la cuisine de laquelle il fait toujours chaud.
6. Il a beaucoup de meubles dont deux buffets très anciens.
7. C'est le restaurant dont le cuisinier est si célèbre.
8. La région dont je suis originaire, est la Lombardie.
9. Ceci se passa l'année où le temps fut si mauvais.
10. La façon dont il agit ne me plaît pas du tout.
11. La villa dont les fenêtres sont fermées, a été vendue.
12. Je m'arrête toujours devant le magasin dont la vitrine est si belle.

■ Traduction de *ce qui, ce que* :

- D'une façon générale, on emploie **ciò che, quel che, quello che** ou **che cosa**.
  Dimmi *ciò che/quel che/quello che/che cosa* **è accaduto.**
  Dis-moi ce qui est arrivé.
  Mi domandò *ciò che/quel che/quello che* **era accaduto.**
     "   " *che cosa* **fosse accaduto.**
  Il me demanda ce qui était arrivé.

(Dans le dernier exemple la subordonnée est une interrogative indirecte.)

- Lorsqu'on veut insister sur la quantité, *ce qui..., ce que...* peut se rendre par **quanto** (*cf. Remarques*, ci-dessous) et *tout ce qui..., tout ce que...* par **tutto quanto** :
  Ho capito *tutto quanto* **diceva.**
  J'ai compris tout ce qu'il disait.

- Lorsque l'expression résume la proposition précédente, on la traduit par **e ciò, cosa che** ou **il che.**
  So che stai meglio, *e ciò* **mi fa piacere.**
  Je sais que tu vas mieux, ce qui me fait plaisir.

Remarques

- **Chi** n'est pas un pronom relatif mais un relatif indéfini avec une valeur double : antécédent et relatif, il correspond à **colui che** et a le sens de *quiconque, tout homme qui, celui qui.* Il est fréquent dans les proverbes. (*cf.* p. 88)
  Chi **vivrà vedrà.**
  Qui vivra, verra.

☞ Ne pas confondre avec **chi** interrogatif ou exclamatif (*cf.* p. 78 et 80)

- **Quanto/a/i/e/** est un relatif indéfini (*cf.* plus haut traduction de *ce qui, ce que*), il peut être pronom :
  Ho preso *quanto* **ho trovato.**
  J'ai pris (tout) ce que j'ai trouvé.

ou adjectif :
  In *quanti* **libri ho letto, ho trovato le stesse cose.**
  Dans tous les livres que j'ai lus, j'ai trouvé les mêmes choses.

EXERCICES

Dimmi **ciò che/quel che/quello che/che cosa** è accaduto.
So che stai meglio **e ciò** (**cosa che/il che**) mi fa piacere.
Chi vivrà vedrà. Ho preso **quanto** ho trovato.
In **quanti** libri ho letto, ho trovato le stesse cose.

VI*. *Traduire :*

1. Tu as vu tout ce que tu voulais voir.
2. Les amis auxquels je pense t'accueilleront volontiers pour les vacances.
3. C'est tout ce que nous voulions savoir.
4. Je le retrouve tous les matins dans le parc, ce qui me permet de lui parler.
5. Celui qui le rencontre est tout de suite intéressé.
6. Je sais ce que tu as fait.
7. Tu as entendu tout ce que j'ai dit, ainsi tu es bien informé.
8. Ce qu'il veut savoir, c'est ce que tu penses de lui.
9. Il aimait raconter tout ce qu'il avait pu voir dans sa vie.
10. De tous les pays qu'ils ont visités, c'est l'Italie qu'ils ont préférée.
11. Dante est mort sans avoir pu revoir Florence, la ville où il était né.
12. L'ami auquel j'écris tout ceci est un camarade d'enfance.
13. Il a tout ce qu'il pouvait désirer.
14. C'est la montagne dont la pente est si raide.

VII. *Traduire les proverbes suivants :*

1. Chi rompe paga e i cocci sono suoi.
2. Chi dorme non piglia pesci.
3. Assai sa, chi non sa, se tacer sa.
4. Chi assai ciarla, spesso falla.
5. Chi va piano, va sano e va lontano.
6. Dimmi con chi vai, ti dirò chi sei.
7. Chi troppo vuole, nulla stringe.
8. Non è tutto oro quel che luce.

12. Les interrogatifs et les exclamatifs

Les interrogatifs

■ **Chi?** *qui?*

est un pronom invariable qui ne désigne que des personnes.

Il s'emploie comme sujet ou complément et peut être précédé d'une préposition.

Chi **viene?** *Qui vient?*
A *chi* **parli?** *À qui parles-tu?*

☞ Il ne faut pas le confondre avec le relatif indéfini **chi** *celui qui* ni avec le relatif **cui** *à qui*.

■ **Che?**

est invariable et ne désigne que des choses.

- pronom, il signifie *quoi? que?*
Che **fai?** *Que fais-tu?*
In *che* **t'interessa?** *En quoi cela t'intéresse-t-il?*

Il est souvent remplacé par **Che cosa?**
Che cosa **fai?** *Que fais-tu?*

- adjectif, il signifie *quel?* et est plus usité que **quale?**
Che **giorno è oggi?** *Quel jour sommes-nous aujourd'hui?*

■ **Quale?** pluriel **quali?**

Il se réfère à des personnes ou à des choses et n'est jamais précédé de l'article (ne pas le confondre avec le relatif **il quale...**)

- pronom, il signifie *lequel?*
Qual **è?** *Lequel est-ce?*
Di questi libri, *quale* **leggi?** *De ces livres, lequel lis-tu?*

- adjectif, il signifie *quel?* mais il vaut mieux employer **che?**
Quale **vestito ti piace di più?** *Quel vêtement préfères-tu?*

■ **Quanto/a?** pluriel **quanti/e?** Il se réfère à des personnes ou à des choses.

- pronom, il prend le genre et le nombre du nom qu'il représente et signifie *combien?* :
Quanti **sono venuti?** *Combien sont venus?*

- adjectif, il s'accorde avec le nom et signifie *combien de* aucune préposition ne s'intercale entre l'adjectif et le nom.
Quante **porte ha la casa?** *Combien de portes a la maison?*

EXERCICES

Chi viene? **A chi** parli?
Che (cosa) fai? **Che** giorno è oggi?
Qual è? Di questi libri, **quale** leggi? **Quale** vestito ti piace?
Quanti sono venuti? **Quante** porte ha la casa?

I. *Choisir la forme qui convient parmi les formes proposées :*

1. ... ha scritto questo libro?
   a) chi   b) qui   c) Il quale
2. A ... ti serve?
   a) cui   b) che   c) chi
3. Dimmi con ... vai!
   a) chi   b) quale   c) che
4. ... hai?
   a) Che età   b) Quale età   c) Quanti anni
5. ... suona?
   a) Che   b) Quale   c) Chi
6. A ... spetta entrare per primo?
   a) quale   b) cui   c) chi

II*. *Traduire :*

1. Quelles sont les couleurs que tu aimes?
2. Quel temps fait-il aujourd'hui?
3. À qui penses-tu?
4. De ces deux filles, laquelle préfère-t-il?
5. Qui est venu chez toi et à qui as-tu parlé?
6. Qu'avez-vous étudié hier?
7. Combien de jours a le mois de février, cette année?
8. Pour qui travaille-t-il en ce moment?
9. Tu as vu deux bijoux, lequel as-tu choisi?
10. Avec qui pars-tu en vacances?
11. De tous ces jouets, lequel a-t-il acheté?
12. Que penses-tu faire?

Il existe d'autres interrogatifs :

■ **Perché ?**
Perché **sei venuto ?** *Pourquoi es-tu venu ?*

■ **Come ?**
Come **fai ?** *Comment fais-tu ?*

■ **Dove ?** peut être précédé d'une proposition
Dove **vai ?** *Où vas-tu ?*
Da *dove* **vieni ?** *D'où viens-tu ?*

Ces interrogatifs peuvent introduire une interrogative indirecte :
Vorrei sapere *chi* fosse. *Je voudrais savoir qui c'était.*

Les exclamatifs

Tous les interrogatifs peuvent être utilisés comme exclamatifs :

■ **Chi !** est un pronom invariable qui ne désigne que des personnes :
Chi **si vede !** *Qui voit-on !*
A *chi* **lo dici !** *À qui le dis-tu !*

■ **Che !** est invariable ; il peut être employé avec un nom, un adjectif ou un verbe :
Che **confusione !** *Quelle confusion !*
Che **bello !** *Que c'est beau ! Comme il est beau !*
Che **vedo !** *Que vois-je !*

■ **Quale !** est adjectif ; il n'est jamais précédé de l'article :
Quale **temerità !** *Quelle témérité !*

■ **Quanto !**
- employé comme adverbe, il est invariable :
Quanto **sei bella !** *Que tu es belle !*

- employé avec un nom, il est adjectif et s'accorde ; aucune préposition ne s'intercale entre l'adjectif et le nom :
Quanti **fiori !** *Que de fleurs !*

- employé comme pronom, il prend le genre et le nombre du nom qu'il représente :
Quanti **sono morti !** *Combien sont morts !*

■ **Come !** est un adverbe qui peut remplacer **quanto** :
*Com'***è simpatica !** *Comme elle est sympathique !*

EXERCICES

Perché sei venuto ? **Come** fai ? **Dove** vai ?

III*. *Traduire :*

1. Où pensez-vous aller pour les vacances ?
2. Comment as-tu fait pour finir à temps ton travail ?
3. Pourquoi ne lui parle-t-elle plus ?
4. D'où viens-tu ? D'où es-tu ?

Chi si vede ! **Che** confusione ! **Che** bello ! **Che** vedo !
Quale temerità ! **Quanto** sei bella ! **Quanti** fiori !
Quanti sono morti ! **Com**'è simpatica !

IV*. *Traduire les phrases suivantes :*

1. Comme nous sommes contents de partir en Sardaigne !
2. Que la vie était belle jadis !
3. Quel bonheur de vous voir tous, que je suis contente !
4. Comme l'air est sain dans les Dolomites !
5. Que de parfums en Sicile au mois d'avril !
6. « Que la jeunesse est belle... ! », chantait Laurent le Magnifique.
7. Comme c'est agréable de marcher sur le sable !
8. Quel plaisir de vous entendre, les enfants !
9. Quelle chaleur !
10. Que c'est bon !
11. Que de fleurs au printemps !
12. Combien de cadeaux pour son anniversaire !

13. Les indéfinis

Adjectifs invariables	Adj. et pronoms variables	Pronoms invariables	variables
ogni	alcuno	chi	uno/a
qualche	nessuno	chiunque	ognuno/a
più	alquanto	qualcosa	ciascuno/a
meno	poco	niente	qualcuno/a
abbastanza	molto	nulla	
qualunque	parecchio		
qualsiasi	tanto		
	altrettanto		
	troppo		
	tutto		
	altro		
	tale		

Les adjectifs indéfinis invariables

■ ogni *chaque* précède un nom singulier, exception **Ognissanti**, *la Toussaint* :

Ogni sera, guardo la televisione.
Chaque soir, je regarde la télévision.

Devant un nombre, il a une valeur distributive et le nom est au pluriel :

Ogni tre giorni, va a Roma.
Tous les trois jours, il va à Rome.

■ qualche *quelque(s)* précède un nom toujours singulier :
Andrà *qualche* giorno al mare.
Il ira quelques jours à la mer.

■ più *plusieurs, plus de* - meno *moins de* - abbastanza *assez de* précèdent un nom singulier ou pluriel :
Mangi *meno* carne e *più* verdura!
Mange moins de viande et plus de légumes!

■ qualunque et qualsiasi *n'importe quel - quelconque* précèdent ou suivent un nom singulier et suivent toujours un nom pluriel :
Puoi telefonare a *qualsiasi* ora ou a un'ora *qualunque*.
Tu peux téléphoner à n'importe quelle heure.

Ils peuvent introduire une proposition concessive au subjonctif :
***Qualunque* vestito compri, le sta sempre male.**
Quelle que soit la robe qu'elle achète, elle lui va toujours mal.

EXERCICES

ogni sera - **ogni** tre giorni - **qualche** giorno
meno carne e **più** verdura
qualsiasi ora - **Qualunque** vestito compri...

I. *Traduire en employant l'adjectif indéfini* **ogni** :

1. Chaque fois qu'ils se rencontrent, ils évoquent le passé.
2. Elle s'arrête devant toutes les vitrines.
3. Tous les quatre ans, février a vingt-neuf jours.
4. Il écrit une fois tous les six mois.
5. Chaque citoyen a des droits et des devoirs.

II*. *Traduire les phrases suivantes* :

1. Pour un Italien, le 14 juillet est un jour quelconque.
2. Il faut que tu réussisses à n'importe quel prix.
3. Je n'ai dormi que quelques heures.
4. Passe-moi un journal quelconque ! il me protégera du soleil.
5. Il doit recommencer l'expérience toutes les trois heures.
6. Il fallait plus de tissu pour faire une jupe longue.
7. Pour toi je ferai n'importe quoi.
8. Nous nous arrêterons quelques jours chez nos amis.
9. J'ai mis plus de temps à venir, parce qu'il pleuvait beaucoup.

III. *Traduire les phrases suivantes* :

1. Les coureurs partent toutes les cinq minutes.
2. Aujourd'hui, il y a moins de gens qu'hier dans les magasins.
3. J'ai plusieurs raisons de penser que Maxime est malade.
4. Il me faudrait plus de temps pour finir l'exercice.
5. Nous partirons par n'importe quel temps.
6. Le premier jour des vacances, il y a plus de circulation.
7. Quelque livre que tu m'offres, je le lis toujours volontiers.
8. Ne m'interromps pas à tout instant !
9. Plus tu vois de personnes et mieux c'est.

Les indéfinis adjectifs et pronoms

■ **Alcuno** /a / i /e
- Adjectif singulier, il varie comme **uno,** signifie *aucun* et s'emploie dans une phrase négative ou après **senza**; il tend à être remplacé par **nessuno** :
  Non ho *alcuna* speranza. *Je n'ai aucun espoir.*

Au pluriel dans une phrase affirmative, il signifie *quelques* :
  Ho *alcuni* amici a Firenze.
  J'ai quelques amis à Florence.

- Pronom, il s'emploie au pluriel au sens de *quelques-uns :*
  ***Alcuni* hanno già votato.** *Quelques-uns ont déjà voté.*

■ **Nessuno / a**
- Adjectif, il signifie *aucun* et varie comme **uno** ; il s'emploie au singulier et dans une phrase négative.

- Pronom, il garde la forme pleine et signifie *personne*.

Si **nessuno** précède le verbe, la phrase se construit sans **non** ; s'il suit le verbe, la négation **non** devient obligatoire :
  Non è venuto *nessuno*/ *Nessuno* è venuto.
  Personne n'est venu.

■ **Poco** *peu -* **alquanto** *un peu -* **parecchio** *pas mal -* **molto** *beaucoup, très -* **tanto** *beaucoup, tant -* **altrettanto** *autant -* **troppo** *trop* indiquent une quantité.

- Adjectifs, ils s'accordent avec le nom ; aucune préposition ne s'intercale entre l'adjectif de quantité et le nom :
  Non ho *molta* fame, ho mangiato *troppi* spaghetti.
  Je n'ai pas très faim, j'ai mangé trop de spaghetti.

Tanto s'emploie en corrélation avec **quanto** pour former un comparatif d'égalité (*cf.* p. 34) :
  Ha *tanti* fratelli *quante* sorelle.
  Il a autant de frères que de sœurs.

Altrettanto peut s'employer en corrélation avec **quanto.**

- Pronoms, ils prennent le genre et le nombre du nom qu'ils remplacent :
  Hai libri italiani? Sì, *tanti.*
  Est-ce que tu as des livres italiens ? Oui, beaucoup.

EXERCICES

Ho **alcuni** amici.
Nessuno è venuto. **Non** è venuto **nessuno**.
Non ho **molta** fame : ho mangiato **troppi** spaghetti.
Hai libri italiani ? Sì, **tanti**. Ha **tanti** fratelli **quante** sorelle.

IV*. *Faire les accords nécessaires :*

1. È caduta ... (molto) neve.
2. C'erano ... (molto) sportivi ma ... (poco) campioni.
3. C'è ... (troppo) gente e non mi piace ... (molto).
4. Ho ... (poco) voglia di lavorare.
5. Possedeva ... (parecchio) cravatte e ... (poco) camicie.
6. Si vedono ... (tanto) bighelloni per le strade.
7. Mancavano ... (poco) minuti alla partenza.
8. Hanno avuto cinque vittorie e ... (altrettanto) sconfitte.
9. Ha ... (tanto) pensieri in testa che non riesce a dormire.
10. Con ... (poco) soldi non si comprano ... (molto) cose.
11. Hai fame ? Sì, ... (tanto).
12. Mi piacciono le scarpe ; ne ho ... (tanto) paia.

V. *Employer l'indéfini approprié* (altrettanto, molto, nessuno, parecchio, poco, qualche, qualunque, tanto, troppo)

1. Ha ... lavoro che non trova il tempo di riposarsi.
2. ... sono i chiamati e ... sono gli eletti.
3. Ha guadagnato ... soldi.
4. ... elettricista ti riaggiusterà la lampada : il guasto non è grave.
5. C'erano dieci ragazzi e ... ragazze.
6. Non si sentiva ... rumore : tutto era addormentato.
7. Resta ancora ... pesca sull'albero.
8. State attenti a non fare ... errori !
9. Qui tutto è abbandonato da ... anni.

VI. *Traduire :*

«Più nessuno mi porterà nel Sud.» (Salvatore Quasimodo)
Nessuno nasce maestro.
Nessuno è profeta in patria.

■ **Tutto** (*tout*) adjectif ou pronom s'accorde toujours :
Tutti i tetti sono *tutti* bianchi.
Tous les toits sont tout blancs.

Devant les noms propres et dans certaines expressions toutes faites, il précède directement le nom sans article :
Tutta Roma era fuori. *Tout Rome était dehors.*
Te lo regalo di *tutto* cuore. *Je te l'offre de tout cœur.*

Le pronom, **tutti**, équivaut au français *tout le monde* :
Lo conoscono *tutti*. *Tout le monde le connaît.*

Il peut être renforcé par **quanto** :
Vengono *tutti quanti*. *Ils viennent tous (sans exception).*

Il est rattaché aux nombres cardinaux par la conjonction **e** :
Siamo partiti *tutti* e tre. *Nous sommes partis tous les trois.*

■ **Altro** (*autre*) peut prendre le sens temporel de *dernier* ou *prochain* :
L'ho visto l'*altra* settimana. *Je l'ai vu la semaine dernière.*
Verrà quest'*altra* settimana.
Il viendra la semaine prochaine.

☞ **Ieri l'altro** *avant-hier* et **domani l'altro** *après-demain.*

La forme masculin singulier **altro** employée sans article prend une valeur neutre :
Le occorre *altro* ? *Vous faut-il autre chose ?*

- Adjectif ou pronom, il précède le cardinal :
  gli *altri due* amici *les deux autres amis.*
  gli *altri tre* *les trois autres.*

Noter les locutions ***tra l'altro*** *entre autres* - ***per altro*** *d'ailleurs* - ***se non altro*** *au moins* - ***altro che!*** *et comment!* - ***senz'altro*** *bien sûr.*

■ **Tale** (*tel*)
- Adjectif, il peut s'apocoper au singulier surtout devant consonne et s'employer en corrélation avec lui-même ou avec **quale** :
  Tale il padre, *tale* il figlio. *Quale* il padre, *tale* il figlio.
  Tel père, tel fils.
- Pronom, il est précédé de l'article indéfini au sens de *quelqu'un* :
  C'è un *tale* che ti cerca. *Il y a quelqu'un qui te cherche.*

EXERCICES

Tutti i tetti erano **tutti** bianchi. - **tutti e** tre
Tutta Roma era fuori.
L'ho visto **l'altra** settimana. - gli **altri due**
Le occorre **altro**? - altro che! - **senz' altro**

VII. *Traduire les phrases suivantes :*

1. Ti senti di andarci? Altro che!
2. Ci voleva altro per convincerlo!
3. Dobbiamo andarci a tutti i costi.
4. « Si faceva la tavolata o si caricava d'aglio la pagnotta : l'uno
   e l'altro aveva il suo bello » (C. Pavese).
5. « Adesso che non faccio più questa vita ci vuol altro che il
   canto del gallo per farmi saltar su » (C. Pavese).
6. Non è un cattivo ragazzo, tutt'altro!
7. « Ciascuno è rimasto nel suo angolo e non abbiamo osato
   levare gli occhi l'uno sull'altro » (P. Levi).

VIII*. *Traduire :*

1. Faites entrer les dix premiers candidats, puis les dix autres!
2. Vous aimez le fromage? Et comment!
3. Je l'ai rencontrée la semaine dernière au supermarché.
4. Je n'ai rien d'autre à faire.
5. Je viendrai sans faute, je te le promets.
6. Elles sont tout attentives à ce que vous racontez, Monsieur.
7. Il est venu me voir avant-hier.
8. Marie était tout heureuse de vous voir.
9. Ils sont venus la chercher tous les deux.
10. La pauvre petite était tout émue.
11. Tout le monde le dit.
12. Je connais bien les uns et les autres.
13. Tout Venise était sur la Piazzetta pour le Carnaval.
14. Viendras-tu à notre petite fête? Mais bien sûr!
15. Ils étaient tout trempés de sueur.

Les pronoms indéfinis

■ **Uno** et ses composés

- **Uno/a/ i/ e** *un, quelqu'un* :
  C'è *uno* che ride. *Il y a quelqu'un qui rit.*

Il n'est pas précédé de l'article défini :
  Ho due gatti : *uno* è siamese.
  J'ai deux chats : l'un est siamois.

sauf en corrélation avec *l'altro* ou s'il marque la réciprocité :
  Ho due gatti : *l'uno e l'altro* hanno sei mesi.
  J'ai deux chats : l'un et l'autre ont six mois.

Uno peut prendre une valeur impersonnelle et équivaut à *on* :
  Quando *uno* non vuole studiare, inutile insistere.
  Quand on ne veut pas étudier, c'est inutile d'insister.

- **Qualcuno/ a** *quelqu'un/e* ne s'emploie qu'au singulier :
  Sento cantare *qualcuno*. *J'entends chanter quelqu'un.*

Il peut parfois indiquer un pluriel restreint :
  Di queste case *qualcuna* ha la facciata bianca.
  Quelques-unes de ces maisons ont une façade blanche.

- **Ognuno/ a** et **ciascuno/ a** *chacun/e* :
  ***Ognuno* ha la propria idea.** *Chacun a sa propre idée.*

■ Pronoms se référant aux personnes uniquement :
- **Chi** *quiconque, celui qui* toujours suivi du singulier :
  ***Chi* rompe paga.** *Qui casse les verres les paie* (cf. p. 76).

Répété, il équivaut à *les uns..., les autres* :
  ***Chi* entra, *chi* esce.** *Les uns entrent, les autres sortent.*

- **Chiunque** et **chicchessia** (plus rare), *quiconque,*
  n'importe qui (cf. p. 166) :
  ***Chiunque* lo sa fare.** *N'importe qui sait le faire.*

■ Pronoms se référant aux choses seulement :
- **Qualcosa** *quelque chose.*

- **Niente** et **nulla** *rien.*

S'ils précèdent le verbe, il n'y a pas d'autre négation dans
là phrase ; s'ils le suivent, la négation **non** est obligatoire :
  ***Niente* è accaduto. Non è accaduto *niente*.**
  Rien ne s'est produit.

EXERCICES

C'è **uno** che ride. Sento cantare **qualcuno**.
Ognuno ha la propria idea. **Chi** rompe paga.
Chi entra, **chi** esce. **Chiunque** lo sa fare.
Niente è accaduto. **Non** è accaduto **niente**.

IX. *Traduire les phrases suivantes :*

1. L'un est brun, l'autre blond ; l'un et l'autre ont vingt ans.
2. Ils s'accusent l'un l'autre.
3. Les uns riaient, les autres criaient, d'autres se disputaient.
4. Si l'un d'entre vous pouvait m'aider ...
5. Il mange avec plaisir, assis à l'une de ces tables.

X*. *Répondre négativement aux questions :*

Ex. È venuto qualcuno ? No, non è venuto nessuno
   (nessuno è venuto).

1. Ti manca qualcosa ? No, ...
2. Conosci qualcuno ? No, ...
3. Volete mangiare qualcosa ? No, ...
4. Hai qualche speranza ? No, ...
5. Avete letto un libro cinese ? No, ...
6. C'è un nome italiano che comincia con l'acca ? No, ...
7. C'è uno sportivo fra di voi ? No, ...
8. Qualcuno vuol venire con me ? No, ...
9. Ha un' amica in Italia ? No, ...

XI*. *Traduire :*

1. Ma mère s'adressait à l'un d'entre nous.
2. Je n'ai aucune envie de rencontrer ces gens-là.
3. Je n'ai aucun moyen de transport pour me rendre chez ma
   tante.
4. C'était un montagnard intrépide : rien ne l'arrêtait.
5. Chacun est libre de penser comme il veut.
6. Rien n'est plus impressionnant que le silence en montagne.
7. Va à la campagne ! personne ne te dérangera !
8. Aucun des élèves ne voulut répondre.
9. Il n'y a vraiment rien qui lui plaise ?

14. Les numéraux cardinaux

0 zero			40 quaranta
1 uno	11 undici	21 ventuno	50 cinquanta
2 due	12 dodici	22 ventidue	60 sessanta
3 tre	13 tredici	23 ventitré	70 settanta
4 quattro	14 quattordici	24 ventiquattro	80 ottanta
5 cinque	15 quindici	25 venticinque	90 novanta
6 sei	16 sedici	26 ventisei	100 cento
7 sette	17 diciassette	27 ventisette	200 duecento
8 otto	18 diciotto	28 ventotto	300 trecento
9 nove	19 diciannove	29 ventinove	
10 dieci	20 venti	30 trenta	
1 000 mille	2 000 duemila	10 000 diecimila	
100 000 centomila	200 000 duecentomila		

Les nombres cardinaux sont invariables, sauf
- **zero**
- **uno**, qui varie comme l'article indéfini :
  ***un* ragazzo** *un garçon*
- **mille**, pluriel **mila** : *mille* **euro** *mille euros* - ***duemila* euro**
- **milione** et **miliardo**, noms masculins réguliers qui se construisent avec **di**, sauf s'ils sont suivis d'un autre nombre :
  due *miliardi di* Cinesi.
  deux milliards de Chinois.
  due *milioni* trecentomila euro.
  deux millions trois cent mille euros.

1. Uno
- en combinaison avec un autre nombre placé devant le nom, ne s'accorde pas et s'élide généralement :
  un uomo di *trentun* anni
  un homme de trente et un ans
- dans la langue administrative, il suit le substantif sans s'élider :
  un uomo di anni *trentuno*
  un homme de trente et un ans
- relié à **cento** et **mille** par la conjonction **e**, il s'accorde avec le substantif qui reste au singulier :
  le *mille e una* notte
  les mille et une nuits

EXERCICES

**Uno – due – tre – quattro – diciassette – diciannove
ventisette – ventinove – trentatré – cento – duecento
mille – duemila – un milione – due milioni**

I. *Écrire en lettres les chiffres (millions d'habitants) proposés
dans la classification suivante :*

années	1990	2000
1. Città del Messico (Messico)	20,2	25,6
2. Tokyo (Giappone)	18,1	19
3. San Paolo (Brasile)	17,4	22,1
4. New York (Stati Uniti)	16,2	16,8
5. Shangai (Cina)	13,4	17

II*. *Compléter les phrases en écrivant les chiffres en lettres :*

1. Ci sono ... (4) settimane in un mese e ... (12) mesi in un anno.
2. Febbraio ha ... (28) o ... (29) giorni ; aprile ha ... (30) giorni.
3. « Il giro del mondo in ... (80) giorni » è un libro di Jules Verne.
4. Massimo possiede più di ... (200) libri di fantascienza.
5. Mia nonna è morta a ... (99) anni e ... (8) mesi.
6. Beppe Fenoglio ha scritto « I ... (23) giorni della città di Alba ».
7. In quel periodo, con ... (375) euro ho avuto ... (500) dollars.
8. È un paesino di ... (2 000) abitanti.
9. Nel ... (1991) c'erano (57 500 000) ... abitanti in Italia.
10. Abbiamo mangiato per ... (23 000) lire.
11. Questa macchina costa circa ... (12 000) euro.
12. È un libro di ... (1 358) pagine.
13. Il termometro segna ... (11) gradi sotto ... (0).
14. Dammi ... (1) biglietto da ... (100) euro !
15. Nel ... (1995), circa ... (1 000 000 e 1/2) di automobili, ... (500 000) camion e ... (40 000) pullman hanno attraversato le gallerie del Monte Bianco e del Gran San Bernardo.

III. *Traduire :* La spedizione dei Mille.

2. Les composés de **tre** prennent un accent écrit :
quarantatré

3. Les dizaines perdent leur voyelle finale devant **uno** et **otto** :
ventuno *vingt-et-un* - **trentotto** *trente-huit*

4. Les nombres composés de plusieurs éléments s'écrivent en général groupés par tranche (centaine, dizaine et unité) et sans trait d'union :
trecentosessantacinquemila quattrocentotrentatré
trois cent soixante-cinq mille quatre cent trente-trois

Les nombres commençant par **cento** et **mille** peuvent aussi s'écrire séparément et reliés par la conjonction **e** :
mille e duecento mille deux cents.

Les numéraux cardinaux se placent généralement devant le nom :
un appartamento di *sei* vani
un appartement de six pièces

On peut les trouver après le nom dans la langue commerciale :
euro *tre* il chilo *trois euros le kilo*

Ils servent à indiquer la date et l'heure (*cf.* pp. 100-102)

Ils peuvent servir à désigner les siècles (*cf.* p. 100)

Précédés de l'article indéfini masculin singulier, ils prennent une valeur d'approximation :
C'erano *un venti* clienti. *Il y avait environ vingt clients.*

Les distributifs

Ce sont des locutions formées de l'union des nombres cardinaux et des prépositions **a**, **in** et **per** :

- **a(d) uno a(d) uno, a due a due...** *un à un, deux à deux*
- **uno a testa...** *un par personne*
- **uno alla volta, due alla volta...** *un à la fois, deux à la fois...*
- **uno per uno, due per due...** *un par un, deux par deux*
- **in due, in tre, in sei...** indique la quantité de personnes formant un groupe :
Vanno *in dieci* al cinema. *Ils vont à dix au cinéma.*

Même construction avec les indéfinis de quantité :
Erano *in pochi*. *Ils étaient peu nombreux.*

S'y ajoutent des expressions formées avec **ogni** (*cf.* p. 82) :
ogni sei ore *toutes les six heures.*

EXERCICES

A due a due - ogni sei ore
uno a testa - uno alla volta
Vanno **in dieci** al cinema.

IV. *Traduire en écrivant les chiffres en toutes lettres :*

1. Cette robe coûte deux cents euros.
2. Il y avait 15 000 spectateurs dans le stade.
3. Nous étions 6 dans la voiture.
4. Ton grand-père a 80 ans mais il en paraît 10 de moins.
5. Ils ont fait 20 fois le tour de la terre.
6. 525 et 475 font 1 000 ; 1 500 et 500 font 2 000.
7. Lise a plus de 1 000 timbres dans sa collection.
8. Ce meuble a été évalué 800 euros.
9. Il reste encore 28 jours avant les vacances.
10. L'année est faite de 12 mois, c'est-à-dire de 365 jours.
11. Rome est passé de 200 000 habitants en 1870 à environ 2,7 millions aujourd'hui.
12. En l'an 2 000, il y avait en Italie environ 13 millions de personnes de plus de 70 ans et un million 700 000 de plus de 80 ans.

V*. *Traduire en écrivant les chiffres en toutes lettres :*

1. Je vais au théâtre toutes les trois semaines.
2. Il monte toujours les escaliers quatre à quatre.
3. Ils étaient dix à la réunion de jeudi dernier.
4. Prends ce médicament toutes les trois heures !
5. Tous les 400 kilomètres je refais le plein d'essence.
6. En 1990 l'Italie du Nord comptait plus de trente banques pour 100 000 habitants.
7. Ils divisèrent les cent euros en cinq parts et ainsi ils eurent vingt euros par personne.
8. Entrez en rang deux par deux !
9. Nous allons toujours à quatre au cinéma.
10. N'essuie pas les assiettes deux à la fois, tu vas les casser !

Les opérations

Elles se formulent ainsi :

l'addizione 2 + 2 = 4	**due più due fa (fanno) quattro**
la sottrazione 2 - 2 = 0	**due meno due fa zero**
la divisione 4 : 2 = 2	**quattro diviso due fa due**
la moltiplicazione 4 x 4 = 16	**quattro per quattro fa sedici.**

Les pourcentages

Le chiffre indiquant le pourcentage (**la percentuale**) est toujours précédé de l'article masculin singulier

- défini, si le pourcentage est précis :
  Farà *il 10 % (il dieci per cento)* di sconto.
  Il fera 10 % de réduction.
- indéfini, si le pourcentage est approximatif :
  C'era *un 20 %* di partecipanti.
  Il y avait environ 20 % de participants.

Les mesures

Elles s'expriment avec le nombre cardinal placé directement

- derrière un verbe (**pesare** *peser* - **misurare** *mesurer* - **distare** *être distant de*)
- ou derrière un adjectif (**lungo** *long* - **largo** *large* - **alto** *haut* - **profondo** *profond* - **distante** *distant...*) :
  Maria è *alta 1 metro e 60.*
  Marie mesure 1 mètre 60.
  La stanza è *larga 4 metri.*
  La pièce fait 4 mètres de large.

EXERCICES

il **10 %** di sconto - Maria è alta **1 metro e 60**.

VI*. *Traduire :*

1. Le pourcentage des votants a été de 70 %.
2. L'inflation a diminué de 2 % par an.

(Les pourcentages qui suivent se rapportent aux années 90)

3. Dans les années 90, les prés et les pâturages représentaient 16 % du territoire italien, les bois 22 %, les terres cultivées 31 %, les cultures arboricoles 10 %, la surface improductive 21 %.
4. Dans l'Italie du Nord, plus de 35 % de la population active travaille dans l'industrie.
5. Les Pouilles produisent 30 % des olives italiennes.
6. Les forêts recouvrent 45 % du territoire du Trentin.
7. 70 % de la population sicilienne vit sur la bande côtière.
8. L'Italie possède 40 % du patrimoine artistique mondial et 60 % du patrimoine artistique européen.

VII. *Traduire en écrivant les chiffres en toutes lettres :*

1. La digue mesure 3 mètres de haut et 2 mètres de large.
2. Le fossé avait 10 mètres et demi de long et 30 centimètres de profondeur.
3. Ostie est à 24 kilomètres de Rome.
4. La tour du Mangia à Sienne mesure 88 mètres de hauteur.
5. Sa maison est à 13 kilomètres de Florence.
6. Le Pô est un fleuve de 652 kilomètres de long.
7. Les Alpes ont la forme d'un arc long de 1200 kilomètres environ.
8. L'Etna est un volcan sicilien de 3295 mètres de hauteur.
9. Le refuge est à dix kilomètres d'ici.
10. À Venise, le clocher de Saint Marc a environ quatre-vingt-seize mètres de haut.

15. Les numéraux ordinaux

1er **primo**	11e **undicesimo**
2e **secondo**	12e **dodicesimo**
3e **terzo**	13e **tredicesimo**
4e **quarto**	20e **ventesimo**
5e **quinto**	
6e **sesto**	
7e **settimo**	100e **centesimo**
8e **ottavo**	
9e **nono**	
10e **decimo**	$1\,000^e$ **millesimo...**

Les dix premiers ordinaux sont irréguliers ; ensuite on forme l'ordinal en ajoutant le suffixe **-esimo** au cardinal qui perd sa voyelle finale :

ventinove → **ventinovesimo** 20^e

Les composés de **tre** gardent leur voyelle finale, puisque accentuée :

ventitré → **ventitreesimo** 23^e

Les composés de **sei** tendent à garder le i final, pourtant non accentué :

ventisei → **ventiseiesimo** 26^e

Les composés de **mille** forment l'ordinal à partir de **mille** et non de **mila** :

duemila → **duemillesimo** $2\,000^e$

Les ordinaux sont des adjectifs qui s'accordent avec le nom :

Telefono per la *decima* volta.
Je téléphone pour la dixième fois.

- Ils désignent la succession des papes et des souverains ou le numéro d'ordre des chapitres, paragraphes, actes, scènes...
Papa Giovanni Paolo *secondo*. *Le Pape Jean-Paul II.*

primo précède le nombre cardinal (**altro** et **ultimo**, qui ne sont pas des ordinaux, suivent la même règle) :

i *primi* due *les deux premiers*
gli *ultimi* due *les deux derniers*

- Ils désignent aussi les siècles (*cf.* p. 100)

- Ils peuvent se substantiver :
la *tredicesima* *le 13ᵉ mois de salaire*
la *terza* media *la 3ᵉ année de collège...*

EXERCICES

primo – secondo – terzo... ventesimo – ventitreesimo
Telefono per la **decima** volta.
Papa Giovanni Paolo **secondo**
i **primi** due – gli **ultimi** due

VIII. *Donner les ordinaux correspondants aux cardinaux suivants :*

ottantadue	cinquantotto
quarantasei	undici
diecimila	milleduecentoquattro
dieci	uno

IX. *Écrire en lettres puis passer du cardinal à l'ordinal et inversement :*

3	300ᵉ	3.000	16ᵉ	2.000ᵉ
18ᵉ	9	4ᵉ	8	303
97	15ᵉ	53	40ᵉ	4 528
19	38ᵉ	100.000	10	100ᵉ

X. *Traduire en écrivant en toutes lettres :*

Acte I, scène 9 – Chapitre 6 – Elisabeth II – Jean XXIII – Victor-Emmanuel II – Henri IV – Charles VIII – Charles V.

XI*. *Traduire en écrivant en toutes lettres :*

1. Qui fut le troisième roi d'Italie ?
2. Le treizième chapitre est très intéressant.
3. Le premier des douze signes du Zodiaque est le Bélier.
4. Le chant 5 de l'Enfer est celui de Francesca da Rimini.
5. L'appartement de Maxime est au huitième étage.
6. La minute est la soixantième partie de l'heure.
7. Victor-Emmanuel II a été appelé le Roi galant homme.
8. C'est le trente et unième anniversaire de leur mariage.
9. Les quatre premiers jours de la semaine je travaille ; je passe les trois derniers à voyager.
10. Dans les vingt dernières années, les femmes ont accédé à des postes importants.

Les fractions

Formées d'un nombre cardinal et d'un ordinal, ce sont des substantifs :

1/5 **un quinto** - 2/100 **due cent<u>e</u>simi** - 3/9 **tre noni.**

Mezzo *demi* précédant le nom et sans article est adjectif, s'accorde avec le nom et peut s'élider :

Ho dormito *mezz'ora.* *J'ai dormi une demi-heure.*

- placé après le nom, il reste invariable :
  una mela e *mezzo* *une pomme et demie*
- employé adverbialement, il est invariable :
  La casa è *mezzo* vuota. *La maison est à demi vide.*

Mais il y a beaucoup d'exceptions.

Les collectifs

Certains, littéraires et vieillis, sont adjectifs (précèdent l'article) et pronoms : **ambo, ambedue** (inv.) - **entrambi /e** tous / toutes les deux.

***Entrambi* i casi sono interessanti.**
Les deux cas sont intéressants.

La plupart sont des substantifs. Ils indiquent :

- une quantité : **il p<u>a</u>io** (→ **le p<u>a</u>ia**) *la paire* - **la decina** ou **diecina** *la dizaine* - **la dozzina** *la douzaine...* - **il centin<u>a</u>io** (→ **le centin<u>a</u>ia**) *la centaine* - **il migli<u>a</u>io** (→ **le migli<u>a</u>ia**) *le millier*
- une période : **il bi<u>e</u>nnio** - **il tri<u>e</u>nnio...** **il dec<u>e</u>nnio...** **il mill<u>e</u>nnio** *la période de deux, trois... dix... mille ans.*
- une composition musicale ou métrique : **il duo, il trio ... il quintetto** - *l'ensemble à 2, 3... 5 voix ou instruments* - **la terzina, la quartina, ... la sestina** - *la strophe de 3, 4,... 6 vers.*

Les multiplicatifs

Les adjectifs **d<u>o</u>ppio, triplo... d<u>e</u>cuplo... c<u>e</u>ntuplo** indiquent une quantité multipliée par 2, 3, 10, 100 :

una *d<u>o</u>ppia* porzione *une double portion*

Les adjectifs **duplice, triplice, quadr<u>u</u>plice...** indiquent qu'une chose est formée de 2, 3, 4 éléments ; ils ne s'emploient qu'avec un nom singulier :

La *Triplice* Alleanza fu firmata nel 1882.
La Triple Alliance fut signée en 1882.

EXERCICES

1/5 un quinto – 2/100 **due** centesimi
mezz'ora – una mela e **mezzo** – una casa **mezzo** vuota

XII. *Écrire en toutes lettres les fractions :*

2/3 - 7/10 - 9/8 - 2/27 - 5/9 - 4/5 - 17/67 - 13/10

XIII*. *Traduire :*

1. Mes vacances ont duré deux mois et demi.
2. Les deux tiers des concurrents ont abandonné.
3. Les étudiants ont distribué des milliers de tracts.
4. Passez deux à la fois et en un quart d'heure nous aurons fini !
5. L'heure est la vingt-quatrième partie de la journée.
6. Il a travaillé à Milan pendant deux ans.
7. Ils nous ont donné deux cents grammes de jambon à chacun.
8. J'ai acheté une robe de demi-saison.
9. L'empereur Henri IV s'est soumis au pape Grégoire VII à Canossa.
10. Dans les dix dernières années, le nombre des élèves a diminué.
11. J'ai acheté une demi-douzaine d'œufs.
12. Le cortège s'avance entre une double rangée de spectateurs.

XIV. *Traduire :*

1. Mettons-nous en rang par trois.
2. Il a exécuté un triple saut périlleux.
3. Plusieurs milliers d'habitants ont été tués pendant les bombardements.
4. Prenez un demi-litre de lait et une demi-orange.
5. Un sonnet comprend deux quatrains et deux tercets.
6. Louis XIV fut appelé le Roi Soleil.
7. Ils parlaient à mi-voix.
8. C'est la troisième glace que tu manges aujourd'hui.
9. Plusieurs pays d'Afrique font partie du Tiers Monde.
10. Sa voiture coûte le double de la nôtre.
11. J'ai une demi-livre sterling et deux dollars et demi.

16. L'expression du temps

La date

■ Le jour de la semaine

On interroge :
   Che giorno è oggi? *Quel jour sommes-nous aujourd'hui?*
On répond : **Oggi è sabato.** *Aujourd'hui c'est samedi.*

■ Le quantième du mois

On interroge :
   Quanti ne abbiamo oggi ? *Le combien sommes-nous?*
On répond : **Ne abbiamo uno..., cinque.**
               Nous sommes le 1er, le 5.

ou : **È il primo marzo..., il cinque aprile** (plus fréquent).
      C'est le 1er mars..., le 5 avril.

■ L'année

- Le chiffre de l'année est toujours précédé de l'article défini
  masculin singulier :
  Il 1946 vide nascere la Repubblica italiana.
  1946 vit naître la République italienne.

- L'article se combine avec les prépositions qui le permettent :
  L'Italia è entrata in guerra nel 1915.
  L'Italie est entrée en guerre en 1915.

■ Le siècle se désigne de deux façons :

- avec le nom **secolo** *siècle* accompagnant l'ordinal, comme
  en français :
  il secolo ventesimo ou **il ventesimo secolo** *le XXe siècle*

- à partir de 1200 et jusqu'en 1999, avec le chiffre de la centaine commençant par une majuscule et précédé de l'article
  masculin singulier :
  il Novecento (en abrégé **il '900**) *le XXe siècle*
  L'unità italiana si è fatta nell'Ottocento (en abrégé
  nell'800).
  L'unité italienne s'est faite au cours du XIXe siècle.

☞ **avanti Cristo (a. C.)** *avant Jésus-Christ*
   dopo Cristo (d. C.) *après Jésus-Christ*
   Roma fu fondata nel 753 a. C.
   Rome fut fondée en 753 avant J.-C.

EXERCICES

il 1946 - **nel** 753 a. C.
il **ventesimo secolo** - il **Novecento** - il '900

I. *Construire une phrase suivant le modèle :*
Dante (1265-1321) →
Dante è nato nel 1265 e morto nel 1321.

1. Amedeo Modigliani (1884 -1920)
2. Sandro Botticelli (1444-1510)
3. Giuseppe Verdi (1813-1901)
4. San Francesco d'Assisi (1182-1226)
5. Eugenio Montale (1896-1981)
6. Carlo Magno (742-814)
7. Michelangelo Buonarotti (1475-1564)
8. Francesco Petrarca (1304-1374)
9. Virgilio (70-19 av. J.-C.)
10. Ovidio (43-18 av. J.-C.)

II. *En quel siècle ont vécu les personnages cités en I?*
(exemple : Dante è vissuto nel Duecento e nel Trecento).

III*. *Donner le siècle correspondant à ces événements :*

1. Fondazione di Roma : 753 a. C.
2. Scoperta dell'America : 1492
3. Fine della Repubblica di Venezia : 1797
4. Caduta dell'Impero romano d'Occidente : 476 d. C.
5. Spedizione dei Mille : 1860
6. Morte di Carlo Magno : 814
7. Sacco di Roma : 1527
8. Guerre puniche : 264-146 a. C.
9. L'uomo sulla luna : 1969

IV. *Traduire :*

1. Le Palais Vieux et le Bargello ont été construits à la fin du XIIIe siècle.
2. L'imprimerie est une invention du XVe siècle.
3. La République de Venise a vécu dix siècles : du VIIIe au XVIIIe siècle.

L'heure

On interroge :
Che ora è? Che ore sono? *Quelle heure est-il?*

Dans la réponse, on sous-entend le mot **ora** /e *heure/s* et on le remplace par l'article défini féminin singulier ou pluriel; le verbe **essere** est à la 3e personne du singulier s'il n'y a qu'une heure ou du pluriel s'il y en a plusieurs.
È l'una *Il est une heure*   **Sono le sei** *Il est six heures.*

Mezzogiorno et **mezzanotte** ne sont jamais précédés de l'article et le verbe est au singulier :
È mezzogiorno. *Il est midi.*
È mezzanotte. *Il est minuit.*

Les minutes qui s'ajoutent à l'heure sont toujours précédées de **e**; celles qui se retranchent sont précédées de **meno.**
Sono le *due* **e** *cinque* – **Sono le** *due* **meno** *cinque.*
Il est deux heures cinq – Il est deux heures moins cinq.

Quarto est toujours précédé de l'article indéfini :
Sono le tre e *un quarto* – **Sono le tre meno** *un quarto.*
Il est trois heures et quart – Il est trois heures moins le quart.

Mezzo *demi* est invariable s'il suit le chiffre de l'heure :
Sono le due e *mezzo.* *Il est deux heures et demie*[(1)]

L'âge

On interroge : **Quanti anni hai?** *Quel âge as-tu?*
On répond : **Ho dieci anni.** *J'ai dix ans.*

- On forme des adjectifs en ajoutant le suffixe **-enne** au nombre cardinal :
È una ragazza quindicenne.
C'est une jeune fille de quinze ans.

- L'approximation se marque avec la préposition **su** qui se combine à l'article défini :
Nina è sui trent'anni. *Nina a environ trente ans.*

Il y a indiquant le temps (*cf.* Traduction de **il y a** p. 218)

Dans, d'ici indiquant le temps (*cf.* p. 198)

Depuis indiquant le temps (*cf.* p. 190)

(1) Cependant on entend souvent : **Sono le due e mezza**

EXERCICES

È mezzogiorno. È l'una. Sono le due.
Sono le due e cinque. Sono le due e un quarto.
Sono le due e mezzo.
Sono le due meno cinque. Sono le due meno un quarto.
una ragazza **quindicenne** – **È sui** trent'anni.

V. *Traduire :*

1. J'ai un rendez-vous à quatorze heures quinze.
2. Le spectacle dure deux heures et demie : il commence à vingt heures trente.
3. Les guichets sont ouverts de neuf heures à midi et de quatorze heures à dix-sept heures.
4. Tous les jours, il prend le train à sept heures et quart.
5. Je voudrais assister au spectacle de vingt et une heures, j'arriverai une demi-heure à l'avance pour être sûre d'avoir une place.
6. Sa montre marque déjà 7 h 10 mais comme Antoine a l'habitude de l'avancer toujours un peu, il doit être à peine 7 h 02, 7 h 03... La montre d'Antoine marque 7 h 20, il doit être 7 h 10 ou 7 h 11. Viendra-t-elle ? Encore 5 minutes et ils n'arriveront pas à temps pour le train... Qu'est-il arrivé ?... 7 h 23. Elle ne s'est probablement pas réveillée... 7 h et demie. Que peut-elle bien faire ?... 7 h 32. Elle ne se manifestera plus... Ils ont raté le train. (d'après D. Buzzati)

VI*. *Traduire :*

1. Michel-Ange avait vingt-neuf ans quand il termina le David.
2. Quel âge a ton frère ? Il a douze ans et demi.
3. Antoine est un homme d'une cinquantaine d'années.
4. Les personnes de quatre-vingt-dix ans sont nombreuses maintenant.
5. En l'an 2010, Stéphane aura à peu près vingt-cinq ans.
6. Ma fille a dix ans à peine mais elle est déjà allée une fois à Rome et deux fois en Sicile.
7. On est majeur à dix-huit ans.

17. Le verbe

A. *Les conjugaisons*
(*cf.* pp. 240 à 258)

1. Les auxiliaires **avere** et **essere**

Avere fait **ho, hai, ha, hanno** aux 3 personnes du singulier et à la 3ᵉ du pluriel de l'indicatif présent : le **h** initial évite une confusion avec d'autres mots (la conjonction **o**, la préposition **a**, l'article contracté **ai**, le nom **anno**).

Essere se conjugue aux temps composés avec lui-même comme auxiliaire mais emprunte son participe passé au verbe **stare : Elena è stata malata.**

2. Les 3 conjugaisons régulières
- la 1ʳᵉ a son infinitif en -are : parlare
- la 2ᵉ a son infinitif en -ere : vendere
- la 3ᵉ a son infinitif en -ire

Cette dernière se divise en deux :

• la conjugaison sur **servire** dont les verbes sont :

- **avvertire** *avertir,* **bollire** *bouillir,* **dormire** *dormir,* **fuggire** *fuir,* **partire** *partir,* **seguire** *suivre,* **sentire** *sentir, entendre* et **vestire** *habiller* et leurs composés : **convertire** *convertir,* **divertire** *divertir,* **inseguire** *poursuivre,* **rivestire** *revêtir,* **sovvertire** *bouleverser...*

- **cucire** *coudre,* **scucire** et **sdrucire** *découdre* qui intercalent **-i-** devant **-a** et **-o**

- les verbes irréguliers : **aprire** *ouvrir,* **coprire** *couvrir,* **offrire** *offrir,* **soffrire** *souffrir*

- le réfléchi : **pentirsi** *se repentir*

• la conjugaison inchoative sur **capire** où **-isc-** s'intercale entre le radical et la terminaison aux 3 personnes du singulier et à la 3ᵉ du pluriel de l'indicatif et du subjonctif présents et à la 2ᵉ personne du singulier de l'impératif. Presque tous les verbes de la 3ᵉ conjugaison se conjuguent sur **capire**. Pour certains verbes, les deux formes coexistent mais il vaut mieux conjuguer sur :

- **servire : aborrire** *abhorrer,* **assorbire** *absorber,* **mentire** *mentir,* **nutrire** *nourrir*
- **capire : applaudire** *applaudir,* **inghiottire** *avaler,* **tossire** *tousser*

EXERCICES

Ho, hai, ha, abbiamo... ; ho avuto...
Sono, sei, è, siamo... ; sono stato/a...

I. *Compléter le tableau suivant en employant la même personne que celle utilisée :*

indicatif			subjonctif présent	cond. présent
présent	p. simple	futur		
siamo				
hanno				
è				
ho				
avete				
sei				
ha				
sono				

parlo... ; parlavo... ; parlai... parlerò... ; che parli... ;
vendo... ; vendevo... ; vendei... ; venderò... ; che venda... ;
servo... ; servivo... ; servii... ; servirò... ; che serva... ;
cap*isco*... ; capivo... ; capii... ; capirò... ; che cap*isca*...

II*. *Même exercice :*

indicatif			subjonctif		cond. présent
présent	p. simple	p. comp.	présent	imparfait	
	partisti				
	preferì				
		ho aperto			
telefona					
	ripetei				
				finissero	
credono					
	pulii			ubbidisse	
				pettinaste	
				rapisse	

3. Les verbes réguliers à particularités :

1ʳᵉ conjugaison

• Verbes en **-care** et **-gare**

Ils prennent un **-h-** devant **-i** et **-e** pour garder le son guttural :
caricare *charger* **c̲aric̲hi** ... – **pagare** *payer* **pagherò** ...

• Verbes en **-iare**

– Si le verbe est formé sur un substantif ou un adjectif non accentué sur le **-i-**, le **-i-** du radical qui est atone à la 1ʳᵉ personne du présent, tombe devant les désinences **-i**, **-iamo**, **-iate** et **-ino**, c'est-à-dire :

à la 2ᵉ personne du singulier de l'indicatif présent et aux 3 personnes du singulier du subjonctif présent :
invecchiare *vieillir* (← **v̲ecchio**) → **invecch*i***

à la 1ʳᵉ personne du pluriel de l'indicatif et du subjonctif présents et de l'impératif :
annoiare *ennuyer* (← **la n̲oia**) → **anno*iamo***

à la 2ᵉ et à la 3ᵉ personne du pluriel du subjonctif présent :
studiare *étudier* (← **lo st̲udio**) → **stud*iate*, stud*ino***

– Si le verbe est formé sur un substantif accentué sur le **-i-**, le **i** tonique du radical se maintient devant les désinences **-i** et **-ino** (2ᵉ personne du singulier de l'indicatif présent, 3 personnes du singulier et 3ᵉ du pluriel du subjonctif présent), mais disparaît devant **-iamo** (1ʳᵉ personne du pluriel de l'indicatif et du subjonctif présents et de l'impératif) et **-iate** (2ᵉ personne du pluriel du subjonctif présent) :
spiare *épier* (**la sp̲ia**) → **sp*ii*** ... – **inviare** *envoyer* (← **la v̲ia**) → **invi*i*, invi*ino*** mais **inv*iamo*, inv*iate***

• Verbes en **-ciare/-giare** et **-sciare**

Ils perdent le **-i-** du radical devant **-e** et **-i** :
lasciare *laisser* → **lasc*erei*** – **cominciare** *commencer* → **cominc*i*** – **mangiare** *manger* → **mang*erò***

☞ **sciare** (← **lo sci**) se conjugue comme **inviare**

3ᵉ conjugaison
cucire *coudre*, **scucire** et **sdrucire** *découdre* se conjuguent sur **servire** et intercalent un **-i-** devant **-o** et **-a** :
c̲ucio *je couds*

EXERCICES

carico, carichi ...; caricherò... - pago, paghi ...; pagherò...
studio, studi ...; che studi ... - invio, invii ...; che invii...
mangio, mangi...; mangerò... - lascio, lasci...; lascerò...

III*.

	indicatif présent	indicatif futur	conditionnel présent
1. pregare / tu			
2. modificare / io			
3. legare / noi			
4. toccare / tu			
5. spiegare / voi			
6. giocare / lui			
7. piegare / loro			
8. stancarsi / tu			

IV*.

	indicatif présent	subjonctif présent	nom
1. iniziare / tu			l'inizio
2. sbagliare / loro			lo sbaglio
3. annoiarsi / voi			la noia
4. abbracciare / loro			il braccio
5. cambiare / io			il cambio
6. avviarsi / noi			la via

V.

	indicatif présent	indicatif futur	conditionnel présent
1. lasciare / tu			
2. mangiare / noi			
3. cominciare / io			
4. sciare / tu			
5. rinunciare / io			
6. rovesciare / noi			

4. Les trois verbes irréguliers de la 1re conjugaison :
andare *aller*, **dare** *donner* et **stare** *se tenir, rester* (*cf.* p. 247).

5. Les nombreux verbes partiellement irréguliers de la 2e conjugaison et 5 de la 3e.

Ces verbes sont irréguliers au passé simple et au participe passé :
- Au passé simple, les 3 personnes régulières se conjuguent sur le radical de l'infinitif ; les 3 irrégulières s'alignent sur le radical de la 1re personne, leurs terminaisons sont au singulier **-i** à la 1re personne, **-e** à la 3e et **-ero** à la 3e du pluriel :

		scrivere		conjugaison complète
sg.	1		**scrissi**	**scrissi**
	2	**scrivesti**		**scrivesti**
	3		**scrisse**	**scrisse**
pl.	1	**scrivemmo**		**scrivemmo**
	2	**scriveste**		**scriveste**
	3		**scrissero**	**scrissero**

- Le participe passé se termine par **-so/-sso, -to/-tto, -sto** ou a un radical différent de celui du passé simple.

2e conjugaison (*cf.* p. 248) :
- les verbes à passé simple en **-si (ssi)** et participe passé en **-so (sso)** ou en **-to (tto)**
- les verbes à passé simple en **-si** et participe passé en **-sto**
- les verbes qui redoublent une consonne autre que le **-s** au passé simple et parfois au participe passé
- les 3 verbes dont le passé simple et le participe passé ont un radical différent : **mettere** *mettre*, **stringere** *serrer* et **nascere** *naître*

3e conjugaison (*cf.* p. 250) :
Ils sont 5 à présenter les mêmes irrégularités : **aprire** *ouvrir*, **coprire** *couvrir*, **offrire** *offrir*, **soffrire** *souffrir* qui ont également le passé simple régulier, **costruire** *construire* qui a également le passé simple et le participe passé réguliers.

EXERCICES

pr<u>e</u>ndere; **presi**, prendesti...; ho **preso**...
disc<u>u</u>tere; **discussi**, discutesti...; ho **discusso**
dip<u>i</u>ngere; **dipinsi**, dipingesti...; ho **dipinto**
scr<u>i</u>vere; **scrissi**, scrivesti...; ho **scritto**...
chi<u>e</u>dere; **chiesi**, chiedesti...; ho **chiesto**
apr<u>i</u>re; **apersi**/aprii, apristi...; ho **aperto**

VI. *Mettre à la personne et aux temps demandés les verbes suivants :*

	passé simple	passé composé
1. coprire (io)		
2. sc<u>o</u>rgere (lui)		
3. l<u>e</u>ggere (loro)		
4. r<u>i</u>dere (tu)		
5. conc<u>e</u>dere (io)		
6. t<u>e</u>ndere (lei)		
7. m<u>o</u>rdere (loro)		
8. offrire (io)		
9. costruire (loro)		
10. div<u>i</u>dere (noi)		
11. gi<u>u</u>ngere (io)		
12. v<u>i</u>ncere (voi)		
13. c<u>o</u>rrere (lei)		
14. p<u>e</u>rdere (loro)		
15. chi<u>e</u>dere (loro)		
16. r<u>e</u>ndere (noi)		
17. chi<u>u</u>dere (lui)		
18. scoprire (voi)		
19. acc<u>o</u>rgersi (io)		
20. all<u>u</u>dere (lei)		

6. Les verbes à irrégularités multiples de la 2e et de la 3e conjugaison

2e conjugaison (*cf.* p. 251) :

- 3 verbes n'ont que très peu d'irrégularités : **cadere** *tomber,* **vedere** *voir* et **vivere** *vivre.* Leur passé simple est irrégulier ; leur futur et leur conditionnel sont contractés ; **vedere** et **vivere** ont le participe passé irrégulier.

- 6 verbes sont syncopés ou contractés : **bere** *boire,* **condurre** *conduire,* **dire** *dire,* **fare** *faire,* **porre** *poser* et **trarre** *tirer.* Le futur et le conditionnel se conjuguent sur la forme syncopée de l'infinitif. Les temps réguliers se forment sur l'ancien infinitif non contracté. Le passé simple est irrégulier ainsi que certains participes passés.

- **sapere** *savoir* a peu de formes régulières.

- 3 verbes doublent la consonne -**c**- à certaines personnes de l'indicatif et du subjonctif présents et à l'impératif. Ils doublent également la consonne -**q**- qui prend la forme -**cq**- aux 3 personnes irrégulières du passé simple. Ce sont : **piacere** *plaire,* **tacere** *se taire* et **nuocere** *nuire,* ce dernier diphtonguant sous l'accent avec une extension à certaines personnes atones.

  [**nascere** *naître* se rattache à ces verbes uniquement par son passé simple (**nacqui...**) sa seule autre irrégularité étant le participe passé].

- **rimanere** *rester* et **valere** *valoir* ajoutent un -**g**- devant -**a** et -**o** [**trarre** *tirer* qui est syncopé en ajoute deux]. **tenere** *tenir* se rattache à ces verbes et de plus, diphtongue sous l'accent au présent de l'indicatif et du subjonctif.
  Leur futur et leur conditionnel sont contractés ; leur passé simple est irrégulier ; leur participe passé l'est aussi, sauf celui de **tenere**.

- **volere** *vouloir* change -**l**- en -**gli**- à certaines personnes du présent de l'indicatif et du subjonctif et de l'impératif. Il diphtongue sous l'accent à l'indicatif présent et a le passé simple irrégulier et le futur et le conditionnel contractés.

- **cogliere** *cueillir,* **togliere** *ôter,* **scegliere** *choisir* et **sciogliere** *délier, dissoudre* changent -**gli**- en -**lg**- devant -**o** et -**a**. Leur passé simple et leur participe passé sont irréguliers.

EXERCICES

cadrò... ; **caddi,** cadesti... ; **sono** caduto...
vivrò... ; **vissi,** vivesti... ; ho/**sono vissuto...**
berrò... ; **bevvi,** bevesti... ; ho bevuto...
dico... **dite** ; **dirò...** ; **dissi,** dicesti... ; **ho detto...**
faccio, fai... ; **farò...** ; **feci,** facesti... ; **ho fatto...**

VII*. *Traduire :*

1. je le vis   4. elle but   7. ils ont fait   10. qu'ils voient
2. tu as vu   5. il dit   8. ils feront   11. il a dit
3. il vécut   6. ils firent   9. que je dise   12. ils verraient
13. Il a vécu à Rome. 14. Qui vivra, verra. 15. Qui a bu, boira.
16. Ils ont vécu une belle histoire.

so, sai..., sappiamo... ; **saprò...** ; **seppi,** sapesti... ; **che sappia...**
piaccio, piaci... ; **piacqui,** piacesti... ; **che piaccia...** ; è piaciuto
nuoccio, nuoci... ; **nocqui,** nuocesti... ; **che nuoccia...**

VIII*. *Traduire les formes suivantes :*

1. ils sauraient   5. ils se turent   9. ils savent
2. ils nuisirent   6. il a plu   10. qu'il sache
3. nous savons   7. nous plaisons   11. que tu plaises
4. ils nuisent   8. qu'il se taise   12. vous saurez

rimango, rimani... ; **rimarrò...** ; **che rimanga...** ;
rimasi... ; **rimasto...**
tengo, tieni... teniamo... ; **terrò...** ; **che tenga...** ; **tenni...**
colgo, cogli... ; **colsi...** ; **ho colto...**
voglio, vuoi... ; **vorrò...** ; **vorrei...** ; **volli...** ; **che voglia...**

IX. *En gardant la personne donnée à l'imparfait, mettre les verbes qui suivent à l'indicatif présent, passé simple, passé composé, au subjonctif présent et au conditionnel présent :*

scioglievano - rimaneva - volevamo - tenevano - valevi - scegliavate - toglieva

- **parere** *paraître* change le -**r**- en -**i**- à certaines personnes du
présent de l'indicatif et du subjonctif. Il a le passé simple et le
participe passé irréguliers, le futur et le conditionnel contractés
et se conjugue avec **essere** aux temps composés.

- Certains verbes diphtonguent sous l'accent :

a) -**e**- devient -**ie**- : **sedere** *s'asseoir* diphtongue à l'indicatif et au
subjonctif présents (1re, 2e, 3e personne du singulier et 3e du pluriel) et à l'impératif (2e personne du singulier).

tenere *tenir* (qui ajoute aussi un -**g**- devant -**a** et -**o** et a d'autres
irrégularités) diphtongue à l'indicatif présent (2e, 3e personne du
singulier) et à l'impératif (2e personne du singulier).

b) -**o**- devient -**uo**- :
potere *pouvoir* et **volere** *vouloir* diphtonguent à l'indicatif présent 2e, 3e personne du singulier ainsi que **nuocere** *nuire*, qui
étend sa diphtongaison à d'autres personnes ; ils ont aussi d'autres
irrégularités.

- **dovere** *devoir* a une alternance vocalique -**o**-/-**e**- et une alternance consonantique -**v**-/-**b**- ; il a le futur et le conditionnel
contractés.

3e conjugaison (*cf.* p. 255)

- 2 verbes ont une alternance vocalique :
u-/-**o**- pour **udire** *entendre*   **u**-/-**e**- pour **uscire** *sortir*
et -**u**- correspond à la voyelle atone dans les deux cas.

- **salire** *monter* ajoute un -**g**- devant -**o** et -**a**

- **morire** *mourir* diphtongue sous l'accent : -**o**- donnant -**uo**- ; il
peut avoir aussi le futur et le conditionnel contractés.

- **venire** *venir* diphtongue sous l'accent : -**e**- donnant -**ie**- et
ajoute un -**g**- devant -**a** et -**o** ; il est aussi irrégulier au passé
simple et au participe passé et il a le futur et le conditionnel
contractés.

- Les composés de **parere** : **apparire** *apparaître*, **sparire** *disparaître*, **comparire** *comparaître*, **scomparire** *disparaître*,
trasparire *transparaître* se conjuguent sur **capire** (mais **apparire** fait **appaio**) et avec **essere** aux temps composés ; ils ont
plusieurs formes au passé simple.

EXERCICES

pa<u>i</u>o, pari... ; **parrò...** ; **parsi/parvi...** ; **che pa<u>i</u>a...** ; **sono parso...**
   posso, puoi... ; **potrò...** ; **che possa...**
      siedo..., sediamo... ; **che sieda...**
   devo..., dobbiamo... ; **dovrò...** ; **che debba...**
   esco..., usciamo... ; **che esca...**, che usciamo...
      salgo, sali... ; **che salga...**, che saliamo...
muoio, muori... ; morirò/**morrò...** ; **che mu<u>o</u>ia...** ; **sono morto**
vengo, vieni... ; **verrò...** ; **venni...** ; **che venga...** ; **sono venuto...**
sparisco... ; **sparii/sparvi...** ; **che sparisca...** ; **sono sparito/a...**

X. *Compléter le tableau suivant à la personne déjà utilisée :*

indicatif			subjonctif		cond. présent
présent	p. simple	p. comp.	présent	imparfait	
pare				potessero volesse	
	dovemmo		veniate		
	salirono morí				
					udirei

XI*. *Mettre les verbes suivants à l'indicatif et au subjonctif présents à la personne indiquée :*

1. sedere (io)
2. apparire (loro)
3. tenere (lui)
4. potere (io)
5. uscire (loro)
6. morire (loro)
7. fare (tu)
8. parere (lei)
9. salire (io)

B. *Remarques générales sur les conjugaisons et les irrégularités*

1. Quelle que soit la conjugaison,
- la 1re personne du pluriel du *présent de l'indicatif et du subjonctif* est identique en **-iamo**.
- la 2e du pluriel du *présent du subjonctif* est en **-iate**.

2. Si la 1re personne du *présent de l'indicatif* est irrégulière (**rimango** *je reste*), la 3e du pluriel l'est aussi (**rimangono**) et elle a le même radical, ainsi que les 3 personnes du singulier (**rimanga**) et la 3e du pluriel (**rimangano**) du *présent du subjonctif.*

Il y a 7 exceptions : **essere, avere, andare, dare, stare, fare, sapere.**

3. *L'imparfait de l'indicatif et du subjonctif* se forme en gardant la voyelle initiale de la terminaison de l'infinitif, caractéristique de chaque conjugaison. On a donc :

	indicatif	subjonctif
Verbes en **-are** :	**-avo, -avi, -ava...** et	**-assi, -assi, -asse...**
Verbes en **-ere** :	**-evo, -evi, -eva...** et	**-essi, -essi, -esse...**
Verbes en **-ire** :	**-ivo, -ivi, -iva...** et	**-issi, -issi, -isse...**

L'imparfait de l'indicatif est toujours régulier, sauf pour **essere**.

L'imparfait du subjonctif est toujours régulier sauf pour **essere, dare** et **stare**.

Les 6 verbes syncopés **bere, condurre, fare, dire, porre, trarre** ont l'imparfait de l'indicatif et du subjonctif régulier, c'est-à-dire formé sur l'ancien infinitif régulier non contracté : **fare** (← † **facere**) → **facevo...** ; **facessi...**

4. *Le futur* est formé de l'infinitif apocopé auquel s'ajoute le présent de l'indicatif de **avere** en partie altéré. Cette formation explique l'accentuation tonique du verbe et les deux **-n-** de la 3e personne du pluriel.

Le conditionnel est formé de l'infinitif apocopé et du passé simple de **avere** dont les formes sont en partie altérées.

À ces 2 temps, l'infinitif des verbes de la 1re conjugaison a vu le **-a-** de **-are** se transformer en **-e-** sauf pour **dare** et **stare** qui gardent la voyelle de l'infinitif (**darò...** ; **darei...** – **starò...** ; **starei...**).

EXERCICES

XII*. *Traduire les formes suivantes :*

1. il alla
2. tu commences
3. ils disparurent
4. il a dit
5. il reste
6. tu sortiras
7. je veux
8. nous faisons
9. je serai présent
10. vous tenez
11. ne parle pas !
12. tu écrivis
13. je sais
14. elle a paru contente
15. nous cousons
16. tu étudies
17. nous lierons
18. qu'ils se fatiguent
19. vous êtes restés
20. nous chargerons

XIII.

1. il ouvrit
2. nous faisons
3. ils se turent
4. nous savons
5. ils souffrirent
6. vous tomberez
7. tu vieillis
8. assieds-toi !
9. nous voulons
10. je couds
11. que je sorte
12. je monte
13. il mit
14. tu épies
15. ils verront
16. ils fermèrent
17. il pourra
18. je tomberai
19. tu te tus
20. il peut

XIV*.

1. viens !
2. tu skies
3. il nuisit
4. il n'a pas lu
5. j'apparais
6. ils vécurent
7. il perdit
8. tu envoies
9. je tiens
10. ils cassèrent
11. je naquis
12. tais-toi !
13. il donnerait
14. qu'ils restent
15. ils ont été contents
16. que nous fassions

Certains verbes ont un futur et un conditionnel contractés. Si l'infinitif est contracté, le futur et le conditionnel le sont aussi (*cf.* pp. 251-256) : **dire** → **dirò...** et **direi...**

☞ **bere** fait **berrò...** et **berrei...**

Mais certains verbes ont un futur et un conditionnel contractés sans que l'infinitif le soit, ce sont des verbes comme : **andare** *aller* qui fait **andrò...** et **andrei...** (*cf.* liste p. 257).

5. La 2ᵉ conjugaison régulière a un double *passé simple*
à la 1ʳᵉ personne du singulier : **-ei** ou **-etti**
à la 3ᵉ personne du singulier : **-é** ou **-ette**
à la 3ᵉ personne du pluriel : **-erono** ou **-ettero**.
mais on n'emploie pas la forme en **-etti...** si le radical du verbe a déjà un **-t-** : **ripetei** mais **vendei** ou **vendetti**

S'il est irrégulier, le passé simple ne l'est qu'à trois personnes : la 1ʳᵉ (**-i**) et la 3ᵉ (**-e**) du singulier et la 3ᵉ du pluriel (**-ero**), (*cf.* p. 108).

Il présente parfois un redoublement de consonne :
– surtout le **-s-** ; le passé simple est alors en **-ssi** et le participe passé en **-sso** ou en **-tto** (*cf.* certains verbes p. 248 et **vivere** p. 251) qui fait **vissuto** au participe passé)
– ou une autre consonne (*cf.* liste p. 250 et 258) comme :
rompere *rompre*, qui fait **ruppi** au passé simple et **rotto** au participe passé.

Le doublement de la consonne **-q-** donne **-cq-**, ainsi **nascere** fait **nacqui** (*cf.* p. 250).

Le redoublement ne se retrouve pas toujours au participe passé qui souvent est régulier : **bere,** *boire* fait **bevvi** au passé simple et **bevuto** au participe passé.

☞ Il y a 3 exceptions : **essere** (*cf.* p. 241), **dare** et **stare** (*cf.* p. 247) qui sont irréguliers à toutes les personnes.

6. *L'impératif* régulier a des formes semblables à celles des personnes correspondantes de l'indicatif présent, sauf la 2ᵉ personne du singulier de la 1ʳᵉ conjugaison qui est en **-a**.

L'impératif négatif, 2ᵉ personne du singulier, correspond à l'infinitif précédé de **non** :
Non venire, Marco! *Ne viens pas, Marc!*
Certains verbes n'ont pas d'impératif.

EXERCICES

XV*. *Traduire les formes suivantes :*

1. je fais
2. nous avons lu
3. vous dites
4. que je touche
5. il ira
6. ils surent
7. il l'a aperçue
8. je ris
9. il veut
10. répète !
11. il se défendit
12. nous nous sommes aperçus
13. tu tiendras
14. que je sorte
15. tiens !
16. il apparut
17. vous avez cassé le verre
18. il tomba
19. je vivrai
20. que nous fussions heureux

XVI. *Traduire les phrases suivantes :*

1. N'aie pas peur !
2. Il a fermé la porte.
3. Fais le thé !
4. Je demandai mon chemin.
5. Ne dis rien !
6. Tu voudras le voir.
7. Je lui serrai la main.
8. Il tint un bouquet.
9. La neige fondit.
10. Il faut que j'y aille.
11. Je gravai mon nom.
12. Puissiez-vous venir !
13. Il lui plaît de venir.
14. Il naquit à Rome.
15. Ne donne pas ce cadeau !
16. Je le connus à Bari.
17. Il lui dit de se taire.
18. Il dépensa tout son argent.
19. Ils ouvrirent la porte et sortirent.
20. Il fallait qu'il donnât un livre.

XVII*. *Choisir la forme qui convient parmi celles proposées :*

1. ... un momento, Lei !
   a) Aspetta   b) Aspettate   c) Aspetti

2. Questo vestito mi ... parso caro.
   a) è   b) ha   c) abbia

3. ... parlato.
   a) Non sono   b) Non ho   c) Ho non

4. Basta che tu ...
   a) vieni   b) venga   c) venivi

5. L'anno scorso, ... in montagna a trovarvi.
   a) venni   b) vengo   c) verrò

6. Adesso non ... cosa rispondere.
   a) sa   b) seppe   c) aveva saputo

À la personne de politesse, pour remplacer l'impératif défaillant, on utilise le présent du subjonctif :

Si alzi, Signore! *Levez-vous, Monsieur!*

À la 2ᵉ personne du singulier,

- 5 verbes ont un impératif monosyllabique :
  dare → da', dire → di', fare → fa', stare → sta', andare → va'.

- 3 sont irréguliers :
  essere → sii, avere → abbi, sapere → sappi.

Pour 5 verbes, la 2ᵉ personne du pluriel vient du subjonctif :
essere → siate, avere → abbiate, potere → possiate, sapere → sappiate, volere → vogliate.

7. *Le participe passé* régulier est en
-ato/a/i/e pour la 1ʳᵉ conjugaison : **parlato**
-uto/a/i/e pour la 2ᵉ conjugaison : **venduto**
-ito/a/i/e pour la 3ᵉ conjugaison : **capito**

mais il est souvent irrégulier, surtout à la 2ᵉ conjugaison.

8. *Le participe présent* n'est pratiquement plus employé en tant que forme verbale et certains verbes n'en ont pas.

Pour la 1ʳᵉ conjugaison, il est en **-ante : il cantante**

Pour la 2ᵉ et la 3ᵉ, en **-ente** mais parfois en **-iente :**
una ragazza sorridente e ubbidiente

9. *Le gérondif* est toujours régulier et invariable.

Il se forme en :

-ando pour la 1ʳᵉ conjugaison : **cantando** *en chantant*
-endo pour la 2ᵉ et la 3ᵉ conjugaison :
ripetendo *en répétant*   **dormendo** *en dormant*

Les 6 verbes syncopés **bere, condurre, fare, dire, porre, trarre,** ont eux aussi le gérondif régulier, c'est-à-dire formé sur l'ancien infinitif régulier non contracté :

fare (← † facere) → **facendo**

10. *Accentuation tonique des verbes*
Cf. p. 233.

EXERCICES

XVIII*. *Choisir la forme qui convient :*

1. Mi ... una mano per favore, Signorina !
   - a) dai
   - b) da'
   - c) dia
2. Oggi ... a casa con loro.
   - a) rimasi
   - b) rimango
   - c) sono rimasto
3. Questa novella ... in tedesco.
   - a) è stato tradito
   - b) è stato tradita
   - c) è stata tradotta
4. Non si è ... conto di quel che è successo.
   - a) raso
   - b) riso
   - c) reso

XIX*. *Traduire les phrases suivantes :*

1. Donne ce livre !
2. Ne viens pas !
3. Soyez prêts !
4. Nous avions mangé.
5. Sachez votre leçon !
6. Marche en chantant !
7. Vous êtes pris.
8. Va à l'école !
9. Dis la vérité !
10. Veuillez écouter !
11. Restons debout !
12. Il mange, en lisant son journal.
13. Ayez de la patience !
14. Sois prudent !
15. Il arrive en courant.
16. Il faut qu'ils comprennent.

XX. *Mettre à la forme convenable les verbes entre parenthèses suivant le modèle :*

Oggi io parlo. Quel giorno io parlai. Poco fa io ho parlato. Domani io parlerò.

1. Oggi tu ... (potere) venire.
2. Quel giorno egli ... (temere).
3. Oggi io ... (uscire).
4. Poco fa loro ... (fare) quel lavoro.
5. Domani lui ... (cadere).
6. Oggi loro ... (leggere) un libro.
7. Domani lui ... (venire).
8. Quel giorno io ... (aprire) la finestra.
9. Domani voi ... (sapere) tutto.
10. Poco fa noi ... (proteggere) il bimbo.
11. Oggi lei ... (preferire) un gelato.
12. Domani loro ... (vedere) il mare.
13. Poco fa voi ... (dire) la verità.
14. Oggi io ... (togliersi) la giacca.
15. Poco fa noi ... (scendere) le scale.

C. *Emplois de certaines catégories de verbes*

1. Les auxiliaires

■ **Avere** est l'auxiliaire

- de lui-même dans sa propre conjugaison :
  Ho avuto una multa. *J'ai eu une contravention.*
- des verbes transitifs actifs et de certains verbes intransitifs[1] :
  Ho letto un libro poi ho dormito.
  J'ai lu un livre puis j'ai dormi...

■ **Essere**

a) est l'auxiliaire
- de lui-même dans sa propre conjugaison :
  È stato medico a Bologna.
  Il a été médecin à Bologne.
- de tous les temps du passif :
  ***Sei* stata invitata**. *Tu as été invitée.*
- des verbes réfléchis et pronominaux :
  ***Si* è vergognata**. *Elle a eu honte.*
  Ci *siamo* alzati alle sei.
  Nous nous sommes levés à 6 heures.
- de presque tous les verbes intransitifs[1] :
  I bambini *sono* cresciuti. *Les enfants ont grandi.*
- des verbes impersonnels :
  È bastato. *Cela a suffi.*

b) sert à traduire le français *il y a* (cf. p. 218).

■ Certains verbes se conjuguent avec **essere** quand ils sont employés intransitivement, et avec **avere** quand ils sont transitifs :
  cambiare *changer* - **cessare** *cesser* - **cominciare** *commencer* - **continuare** *continuer* - **finire** *finir* - **mancare** *manquer* - **salire** *monter* - **saltare** *sauter* - **scendere** *descendre* - **vivere** *vivre*...
  Il tempo è cambiato. *Le temps a changé.*

mais **Ho cambiato treno**. *J'ai changé de train.*

---

[1] Il n'y a pas de règle permettant de connaître l'auxiliaire des verbes intransitifs.

EXERCICES

Ho avuto una multa. **È stato** medico. **Sei stata** invitata.
Ci **siamo** alzati. I bambini **sono** cresciuti. **È** bastato.
Il tempo è cambiato. **Ho** cambiato treno.

XXI. *Mettre au passé composé :*

1. Il gatto salta sul letto e si sdraia.
2. La diga resiste alla piena del fiume.
3. Quando il bambino si ammala, la mamma resta a casa.
4. Maria dimostra sempre una calma straordinaria.
5. Giriamo tutta la città in cerca di un appartamento.
6. Torni a casa stanco e ti addormenti subito.
7. Il tempo è troppo freddo, gli uccelli non resistono a lungo.
8. A che cosa ti serve questa casa ?
9. Il fiume straripa e allaga i campi.
10. Riesci ad aprire la porta ?
11. Annunciano il temporale ma voglio partire lo stesso.
12. Passeggiamo lungo il fiume e torniamo alle sette di sera.

XXII*. *Traduire :*

1. Il a sauté de joie.
2. Nous avons commencé l'étude de l'italien depuis six mois.
3. La pluie a cessé quand le vent s'est levé.
4. L'hiver a commencé depuis trois jours.
5. Le mécanicien a changé les freins de la voiture.
6. L'heure du retour a sonné.
7. L'orage n'a pas duré longtemps mais les dégâts sont importants.
8. Laurent le Magnifique a vécu au xvᵉ siècle.
9. Je n'ai pas réussi à ouvrir la porte.
10. Comme elle a changé ! Je ne la reconnais plus.
11. Ta tension a monté, tu devrais appeler le médecin.
12. Nous avons vécu des moments difficiles.
13. Vos conseils n'ont servi à rien.
14. Les prix ont baissé depuis le début de l'année.

2. Andare – stare – venire

■ Ils peuvent avoir fonction d'auxiliaire : ce sont alors des semi-auxiliaires.

Andare et **venire**, suivis du participe passé, peuvent remplacer *essere* à la forme passive, uniquement aux temps simples du semi-auxiliaire :

La nave *andò* distrutta.
Le navire fut détruit.
Il bambino *venne* sottoposto a una cura energica.
L'enfant fut soumis à une cure énergique.

Andare suivi du participe passé donne souvent au verbe une nuance d'obligation ou de devoir moral :

Questo lavoro *va* fatto subito.
Ce travail doit être fait immédiatement.

Andare, stare et **venire** suivis du gérondif marquent la progression (*cf.* p. 150) :

- **Stare** correspond à la forme progressive *être en train de* :
Che cosa *stai facendo* ? *Sto leggendo*.
Qu'est-ce que tu fais ? Je suis en train de lire.
- **Andare** et **venire** insistent sur le déroulement graduel :
Il malato *andava* migliorando.
L'état du malade s'améliorait peu à peu.
Maria si *veniva* accorgendo che il figlio non studiava.
Maria s'apercevait peu à peu que son fils ne travaillait pas.

Stare suivi de **per** et de l'infinitif marque le futur proche (*cf.* p. 134) :

Sto per andare a Roma.
Je vais aller à Rome.

■ Outre leur fonction de semi-auxiliaire, ils ont aussi une valeur autonome.

Andare *aller* - **venire** *venir*

- Suivis d'un infinitif, ils imposent la préposition **a** entre eux et l'infinitif, même si ce dernier est éloigné dans la phrase :
Va *a* trovare Luca. *Il va voir Luc.*
Vieni con la macchina *a* prendermi alla stazione !
Viens me prendre en voiture à la gare !

EXERCICES

La nave **andò** distrutta. **Viene** sottoposto a una cura.
Questo lavoro **va** fatto subito. Il malato **andava** migliorando.
Sto leggendo. Sto per andare a Roma.

XXIII*. *Traduire en employant les semi-auxiliaires **andare**
et **venire** :*

1. Les coutumes doivent être respectées.
2. Cet impôt doit être payé d'ici décembre.
3. Les lois sont discutées au Parlement.
4. Il fut transporté à l'hôpital.
5. Les dessins doivent être joints au projet.
6. La barque fut retournée par les vagues.
7. Le fer doit-il être battu à froid ou à chaud ?
8. Des villes d'art comme Venise, Florence et Rome sont
   visitées par des voyageurs provenant du monde entier.

XXIV. *Traduire à la forme progressive :*

1. Nous étions en train de dîner quand l'orage éclata.
2. Je n'entends plus rien. Qui sait ce que Pierre est en train de
   préparer !
3. Que fait ce petit garçon ? Il est en train d'observer les fourmis
   dans l'herbe.
4. La pluie tombait de plus en plus fort.
5. Le guide est en train de commenter un tableau du xve siècle
   florentin.
6. Nous sommes en train de préparer nos valises pour aller à
   la mer.
7. Il répétait sans cesse que tout était perdu.
8. Avec le temps, les villes se transforment petit à petit.

XXV*. *Traduire les phrases au futur proche :*

1. Sarah était sur le point de partir quand sa mère lui téléphona.
2. Attention ! Tu vas dire un mensonge !
3. Une guêpe allait le piquer quand il se réveilla.
4. Il allait crier quand il reconnut le chien de Micol.
5. Le bateau allait sombrer quand les secours arrivèrent.

- Avec **andare** on forme les expressions :

   andare su *monter* - **andare giù** *descendre* - **andare su e giù** *faire les cent pas* - **andare avanti** *avancer* - **andare indietro** *reculer* - **andare pazzo per** *raffoler de* - **andare a monte** *tomber à l'eau* - **andare per le lunghe** *traîner en longueur* - **andare a ruba** *se vendre comme des petits pains...*
   Questa storia non *mi va a genio*.
   Cette histoire ne me plaît pas.

- Avec **venire** se forment :

   venire avanti *s'avancer* - **venir bene** *réussir* - **venire giù** *tomber* - **venire su** *pousser, grandir* - **venire a sapere** *apprendre (une nouvelle)* - **venir meno** *s'évanouir* - **venire via** *sortir, se détacher...*
   Ci *viene incontro*. *Il vient à notre rencontre.*

Stare

- Il indique l'endroit où l'on est, où l'on habite :
   Dove *stai* di casa? - *Sto* in via Garibaldi.
   Où habites-tu? - J'habite rue Garibaldi.

- Il exprime la santé au sens de *aller* - *se porter bien ou mal* :
   Come *stai*? *Sto* benissimo.
   Comment vas-tu? Je vais très bien.

- Il marque la convenance esthétique ou morale :
   Ti *sta* bene questo vestito. *Cette robe te va bien.*
   Non *sta* bene bestemmiare. *Ce n'est pas bien de jurer.*

- Sous une forme impersonnelle suivie d'un complément d'objet indirect introduit par **a** et de l'infinitif sans préposition, il équivaut aux impersonnels **tocca a**, **spetta a** :
   ***Sta* a te decidere.** *C'est à toi de décider.*

- Suivi d'un adjectif ou d'un complément d'attitude, il indique un état, une attitude : **stare attento** *faire attention* - **stare buono** *être sage* - **stare calmo** - **stare tranquillo** *rester tranquille* - **stare zitto** *se taire* - **stare a bocca aperta** *être médusé* - **stare in piedi** *être debout* - **non stare in sé** *ne pas pouvoir se contenir...*
   ***Sta* sulle sue.**
   Il reste sur son quant-à-soi.

Stato, participe passé de **stare**, est devenu celui de l'auxiliaire **essere**.

EXERCICES

Va a trovare Luca. - **andare su** - **andare giù** ...
Dove **stai**? - Come **stai**? - Ti **sta** bene questo vestito.
Sta a te decidere. - **stare attento** – **stare zitto** ...
Vieni a prendermi. – **venire su** – **venire giù** ...

XXVI. *Compléter les phrases :*

1. Crede che i suoi compagni ... (andare) a divertirsi e non sa
   che ... (stare) in casa tutto il giorno.
2. Speriamo che tutto ... (andare) bene.
3. ... (stare) attenta a non cadere, Signora!
4. Vorrei che tu ... (stare) più attenta a quello che fai.
5. Per un po' ... (stare) in silenzio poi si mise a gridare.
6. Signore, ... (andare) pure a trovare il direttore!

XXVII*. *Traduire en employant les expressions idiomatiques formées avec* **andare, stare** *et* **venire** *:*

1. Cette histoire traîne en longueur.
2. Il tombait une petite pluie fine.
3. C'est bien fait pour toi!
4. Reste tranquille!
5. On s'est arraché son dernier livre.
6. Il raffole de la glace au chocolat.
7. Il répète partout que tu es un voleur.
8. Ne le dérange pas, il est en train de faire un travail délicat!
9. Dis-moi qui tu fréquentes et je te dirai qui tu es.
10. J'ai appris qu'ils allaient se marier.
11. Ce n'est pas bien de bâiller en public.
12. Peu m'importe qu'il reste ici ou qu'il s'en aille.
13. Le projet est tombé à l'eau.
14. La feuille s'est détachée du cahier.
15. Mon portefeuille est dans le tiroir du bureau.
16. La photo est bien réussie.

3. *Les verbes serviles :* **dovere – potere – sapere – volere**

Ces verbes, qui se conjuguent normalement avec **avere**, sont appelés serviles quand ils précèdent un autre verbe à l'infinitif.

■ Ils se conjuguent alors aux temps composés avec l'auxiliaire de l'infinitif qu'ils précèdent[1] :
Maria *ha* dovuto studiare (**studiare** se conjugue avec **avere**).
Marie a dû étudier.
Maria *è* dovuta partire (**partire** se conjugue avec **essere**).
Marie a dû partir.
« **Non *ha* mai voluto mangiare, non *è* mai voluta venire** » (Manzoni).
Elle n'a jamais voulu manger, elle n'a jamais voulu venir.

■ S'ils sont suivis d'un verbe réfléchi ou pronominal, deux constructions sont possibles aux temps composés :
- avec **avere**, le pronom réfléchi se soude à l'infinitif :
Maria *ha* voluto lavarsi.
Marie a voulu se laver.
- avec **essere**, le pronom réfléchi précède le verbe servile :
Maria si *è* voluta lavare.

Dans cette deuxième tournure, le participe passé s'accorde avec le sujet.

■ S'ils sont suivis de **essere**, ils se conjuguent généralement avec **avere** aux temps composés :
Non *ho* voluto essere indiscreto.
Je n'ai pas voulu être indiscret.

---

(1) Cette construction, fréquente avec **potere, dovere, volere,** l'est moins avec **sapere.**

EXERCICES

Maria **ha** dovuto studiare. - Maria **è** dovuta partire.
Maria **ha voluto lavarsi.** - Maria **si è voluta lavare.**

XXVIII. *Transformer les phrases en déplaçant le pronom réfléchi sur le modèle :*

Maria ha voluto lavarsi → Maria si è voluta lavare.

1. Lina non ha voluto proteggersi dal sole e ora ha mal di testa.
2. Avevo voluto trasferirmi a Roma.
3. I medici avrebbero potuto accorgersi prima che era inutile operare.
4. Avete voluto comprarvi una villa al mare.
5. Non hanno potuto sistemarsi bene.
6. Luigina ha dovuto assentarsi dal lavoro.
7. Non ho potuto sottopormi all'analisi.
8. Luca avrebbe potuto comportarsi meglio.
9. Avevano dovuto arrangiarsi alla meglio.
10. Nessuno avrà potuto lamentarsi di lui.

XXIX*. *Remplacer les infinitifs par des formes du passé composé :*

1. Ieri io non ... (potere) andare al liceo.
2. L'altra settimana noi ... (dovere) chiamare il medico.
3. Marisa non ... (potere) uscire, perché ... (dovere) preparare un compito.
4. I bambini non ... (volere) rimanere soli in casa.
5. Loro non ... (potere) capirsi.
6. Il condannato non ... (volere) rispondere.
7. Chiara, perché non ... (volere) venire con me ?
8. Voi ... (dovere) passare davanti alla chiesa.
9. Tu non ... (potere) arrivare in tempo.
10. Che cosa ... (potere) succedere ?

4. *Les verbes réfléchis et les verbes pronominaux*

▮ Les verbes réfléchis sont tous transitifs, accompagnés des pronoms **mi**, **ti**, **si**, **ci**, **vi** et se conjuguent avec **essere**.

On distingue :

– les verbes réfléchis propres (les pronoms réfléchis COD coïncident avec le sujet).

Aux temps composés, le participe passé s'accorde en genre et en nombre avec le sujet :

> **I ragazzi *si lavano*. I ragazzi *si sono lavati*.**
> *Les enfants se lavent. Les enfants se sont lavés.*

– les verbes réfléchis apparents (les pronoms réfléchis ne sont pas COD mais COI).

Aux temps composés, le participe passé peut s'accorder avec le sujet ou avec le complément direct :

> **Lia *si lava* le mani. Lia *si è lavata*** ou ***lavate* le mani.**
> *Lia se lave les mains. Lia s'est lavé les mains.*

▮ Les verbes fondamentalement pronominaux sont tous intransitifs, accompagnés des pronoms **mi**, **ti**, **si**, **ci**, **vi** qui n'ont pas de valeur réfléchie mais font partie indissociable du verbe. Ils se conjuguent avec **essere** aux temps composés et le participe passé s'accorde en genre et en nombre avec le sujet :

> **Lucia *si ammala* facilmente; *si è ammalata*.**
> *Lucie tombe facilement malade; elle est tombée malade.*

▮ Certains verbes sont pronominaux en italien et ne le sont pas en français; ils se conjuguent avec **essere :**

> **ammalarsi** *tomber malade* - **arrampicarsi** *grimper* - **degnarsi** *daigner* - **congratularsi con uno** *féliciter quelqu'un* - **evolversi** *évoluer* - **prendersi la libertà** - *prendre la liberté de* - **tuffarsi** *plonger* - **vergognarsi** *avoir honte...*
> **Si *è congratulato* con me.**
> *Il m'a félicité.*

EXERCICES

Lisa **si ammala.** - Lisa **si è ammalata.**
Il direttore **si è congratulato** con me.
Hanno litigato. - Il sole **è tramontato.**

XXX. *Mettre au passé composé :*

1. Tutti i nostri sogni crollano.
2. La civiltà si evolve nel corso dei secoli.
3. Il gatto si arrampica sull'albero.
4. La ragazza si vergogna a sentire simili bugie.
5. Col caldo i fiori appassiscono rapidamente.
6. La nave svanisce in lontananza.
7. Il popolo insorge contro il dittatore.
8. Passeggio col cane lungo il fiume.
9. Sbaglia a trattarlo così male.
10. Quando vedo Tina, ho voglia di ridere.
11. Si tuffa dalla barca e nuota verso di noi.
12. Mi sorge un dubbio.
13. Il cliente si dimentica gli occhiali sul tavolino.
14. Mario e io litighiamo per motivi di denaro.

XXXI*. *Traduire les phrases suivantes :*

1. Au signal ils plongèrent dans le fleuve.
2. Elle s'est évanouie de fatigue.
3. Taisez-vous !
4. Ils se promenaient du matin jusqu'au soir.
5. Le vieil homme est tombé malade vers la fin de l'hiver.
6. Comment ! s'écria-t-il, vous n'avez pas encore fini !
7. Tu te trompes, ma chère.
8. En hiver, le soleil se couche tôt.
9. Attention ! Nous nous sommes trompés de route.
10. Elle a enfin daigné me recevoir.
11. Les ponts se sont effondrés à la suite de l'inondation.
12. Je te félicite pour ton succès.

■ Certains verbes pronominaux en français ne le sont pas en italien.

- Se conjuguent avec **avere** :
  diffidare *se méfier* - **esclamare** *s'écrier* - **litigare** *se disputer* - **passeggiare** *se promener* - **sbagliare** *se tromper* - **tacere** *se taire*
  Hanno litigato.
  Ils se sont disputés.

- Se conjuguent avec **essere** :
  annegare *se noyer* - **appassire** *se faner* - **crollare** *s'écrouler* - **evadere** *s'évader* - **insorgere** *s'insurger* - **sorgere** *se lever* (astres) - **scappare** *s'échapper* - **svanire** *s'estomper* - **svenire** *s'évanouir* - **tramontare** *se coucher* (astres)
  Il sole è tramontato.
  Le soleil s'est couché.

5. *Les verbes impersonnels*

Ils s'emploient à la 3ᵉ personne du singulier.

■ Ce sont

- des verbes indiquant un phénomène atmosphérique : **piove** *il pleut* - **nevica** *il neige* - **tuona** *il tonne* - **grandina** *il grêle* - **annotta** *la nuit tombe...*

- des verbes indiquant un événement : **accade** - **succede** - **capita**, *il arrive...*

- des verbes ou locutions indiquant une appréciation ou une nécessité :
  pare, **sembra** *il semble* - **può darsi** *il est possible* - **bisogna**, **occorre** *il faut* - **basta** *il suffit* - **è chiaro** *il est clair* - **è facile** *il est facile* - **è meglio** *il vaut mieux...*

suivis d'un infinitif sans préposition ou d'une proposition complétive le plus souvent au subjonctif :
  È utile parlare una lingua straniera.
  Il est utile de parler une langue étrangère.
  È utile che voi parliate l'italiano.
  Il est utile que vous parliez l'italien.

EXERCICES

XXXII*. *Traduire les phrases suivantes :*

1. Quelques difficultés ont surgi au dernier moment.
2. « Que c'est beau ! » s'écrièrent-ils.
3. Il s'est disputé avec son frère.
4. Les détenus ont réussi à s'évader.
5. « Tais-toi » : ainsi commence *La Pluie dans la pinède* de Gabriele d'Annunzio.
6. Ils ne savaient pas nager et ils se sont noyés.
7. Les fleurs que j'ai achetées sont déjà fanées.
8. Méfie-toi de ceux qui te font des compliments exagérés.
9. Le brouillard s'est dissipé.
10. En apprenant la nouvelle, il s'est écroulé sur sa chaise.

Piove – È meglio.
È utile parlare l'italiano – È piovuto.

XXXIII. *Former une phrase à un temps composé en employant les verbes impersonnels suivants :*

Ex. : *tuonare.*
Réponse : *è tuonato.*

tuonare - nevicare - occorrere - partire rapidamente - bastare - succedere - essere difficile - gelare - essere opportuno - lampeggiare - essere evidente - risultare.

■ En italien, tout verbe peut être employé impersonnelle-ment ; il est alors précédé de **si** et se conjugue à la 3ᵉ personne du singulier :

Si **vive.**
On vit.
Si **dorme.**
On dort.
Si **racconta che...**
On raconte que...

Pour la forme impersonnelle des verbes réfléchis et pronomi-naux qui se construisent déjà avec **si**, on ajoute la particule **ci** et on obtient le groupe **ci si** *on se* :

Ci si **alza.**
On se lève.
Ci si **annoia.**
On s'ennuie. (*cf. On* p. 222)

■ Les temps composés des verbes impersonnels se forment avec **essere**[1].

- Aux temps composés des verbes impersonnels, le participe passé reste invariable :
  È piovuto.
  Il a plu.
  È bastato accettare.
  Il a suffi d'accepter.

- Aux temps composés des verbes employés impersonnelle-ment, le participe passé est invariable si le verbe se conjugue avec **avere** à la forme personnelle :
  Si è **dormito** (forme personnelle : **abbiamo dormito**).
  On a dormi.

Si le verbe se conjugue avec **essere** à la forme personnelle, le participe passé se met au pluriel :

Si è **partiti** (forme personnelle : **siamo partiti**).
On est parti.
Ci si è **annoiati** (forme personnelle : **ci siamo annoiati**).
On s'est ennuyé. (*cf. On* p. 220 - 222)

---

(1) Les verbes indiquant un phénomène atmosphérique admettent aussi l'auxi-liaire **avere** si l'on veut insister sur la durée du phénomène : *Ha* **piovuto tutta la notte.** *Il a plu toute la nuit.*

EXERCICES

Ci si alza – **Ci si** annoia.
Si è dormito – **Si è partiti.**
Ci si è annoiati.

XXXIV. *Traduire :*

1. On se lève de bonne heure.
2. On s'apercevait qu'il avait neigé.
3. On a marché, on s'est reposé et puis on est reparti.
4. On a raconté qu'il vivait en Amérique.
5. Quand il pleuvait, il préférait rester dans sa chambre.
6. On s'est occupé de lui et de ses enfants.
7. On a prévu de revenir en avion.
8. On a chanté, il a plu.
9. Comme on s'ennuyait, on a préféré revenir en ville.
10. A-t-on jamais entendu un tel bruit !

XXXV*. *Traduire :*

1. On doit travailler en silence.
2. On partira de bonne heure et on reviendra avant midi.
3. En arrivant à l'hôtel, à qui s'adresse-t-on ?
4. Que présente-t-on comme pièce d'identité ?
5. On avait dit de ne pas le faire.
6. Pourquoi n'a-t-on pas fait venir un ouvrier plus habile ?
7. On ne doit pas s'effrayer pour si peu.
8. On s'est levé à neuf heures et on est parti à dix heures.
9. On s'obstine pour rien.
10. On s'achemina tous ensemble vers le village.
12. On était si épuisé qu'on a dormi toute la journée.

XXXVI. *Traduire :*

« Ci si sveglia un mattino che è morta l'estate » (C. Pavese).
« Bisogna stare sulla nuda terra come se si fosse già morti »
(S. Tamaro).

D. *Valeurs particulières des modes et des temps*

L'INDICATIF

1. Le futur :

■ Outre sa valeur propre il peut exprimer l'incertitude (futur hypothétique) :
Domani pioverà. *Il pleuvra demain.*
Che ore saranno? *Quelle heure peut-il être?*

■ La subordonnée hypothétique qui dépend d'une principale au futur, est également au futur : (*cf.* p. 160) :
Se Mario avrà fame, mangerà.
Si Mario a faim, il mangera.

■ Le futur proche (*aller, être sur le point de*) ne se construit jamais avec le verbe **andare** qui exprime un mouvement.

Il peut se rendre par

- le verbe **stare** suivi de la préposition **per** et de l'infinitif :
Sto per partire. *Je suis sur le point de partir.*

- le futur, ou plus familièrement le présent, associé aux adverbes ou locutions de temps **ora, adesso, fra poco** :
Arriverà fra poco. *Il va arriver.*
Ora te lo dico. *Je vais te le dire.*

- Il existe d'autres possibilités moins courantes, parmi lesquelles :

essere/stare lì lì per *être à deux doigts de* qui insiste sur l'imminence :
Era lì lì per cadere.
Il allait tomber.

essere in procinto di qui indique qu'il y a eu préparation :
Era in procinto di partire per l'Italia.

essere vicino a qui correspond à une proximité relative et est suivi d'un nom :
Era vicina alla partenza.

essere in punto di ou **essere sul punto di** sont du registre de la langue parlée.

EXERCICES

Che ore **saranno**? **Se avrà** fame, **mangerà.**
Sto per partire. Arriverà fra poco.

XXXVII*. *Traduire les phrases suivantes avec le futur proche et fra poco :*

1. Vous allez jouer au ballon avec Philippe.
2. Ils vont boire une bière.
3. Il va tomber de bicyclette.
4. Tu vas manger un fruit.
5. Elle va commencer à travailler.
6. Le chat va se lécher.
7. Il va attacher son cheval à l'arbre.
8. Je vais décrocher le téléphone.
9. Nous allons lire cette lettre.
10. Ils vont mettre leur nez dans cette affaire.

XXXVIII*. *Traduire les phrases de l'exercice précédent, en employant stare per.*

XXXIX. *Traduire les phrases suivantes :*

1. J'entends des pas dans le jardin, qui cela peut-il bien être?
2. Il va pleuvoir, je vais dans l'entrée prendre mon parapluie.
3. Si tu viens, je resterai à la maison.
4. Que peut-il bien faire?
5. Où sont-ils donc?
6. Si tu racontes cette histoire, je ne te dirai plus rien.
7. Il allait voir son oncle et il était sur le point de partir.
8. Si tu manges ce gâteau, tu verras comme il est bon!
9. S'il paye l'addition, nous pourrons nous en aller.
10. Quel âge peut-il avoir? Il doit avoir la cinquantaine.

2. Le passé

– Le passé simple et le passé composé :

Comme en français, le **passato remoto** (passé simple) exprime un fait limité et achevé dans le passé sans relation avec le présent, c'est surtout un temps de l'écrit :

Dante nacque nel 1265.
Dante naquit en 1265.

et le **passato prossimo** (passé composé) indique un fait achevé du passé qui reste en contact avec le présent :

Ieri mi sono alzato tardi.
Hier je me suis levé tard.

Cependant, dans le Sud, le passé simple est souvent employé à la place du passé composé.

– Le passé proche (ou immédiat) (*cf.* p. 180) :

Il ne se construit jamais avec le verbe **venire**.

Il s'exprime

• par rapport à un temps présent, par le passé composé précédé des adverbes ou locutions de temps **ora, or ora, proprio ora, poco fa** ou accompagné de **appena** qui s'intercale entre auxiliaire et participe.
È tornato ora. È tornato or ora. È tornato proprio ora.
È tornato poco fa. È appena tornato.
Il vient de rentrer.

• par rapport à un temps passé, par le plus-que-parfait précédé des adverbes ou locutions de temps **allora, proprio allora, poco prima** ou accompagné de **appena** qui s'intercale entre auxiliaire et participe.
Era tornato allora. Era tornato proprio allora.
Era tornato poco prima. Era appena tornato.
Il venait de rentrer.

EXERCICES

Dante **nacque** nel 1265. Ieri **mi sono alzato** tardi.
È tornato ora/or ora/proprio ora/poco fa.
Era tornato allora/proprio allora/poco prima.
È appena tornato. Era appena tornato.

XL*. *Traduire les phrases suivantes :*

1. L'autre jour, je l'ai vu passer.
2. Au xve siècle Botticelli peignit *Le Printemps*.
3. Michel-Ange travailla à Rome pour les papes Jules II et Paul III.
4. Christophe Colomb découvrit l'Amérique en 1492.
5. Boccace naquit en 1313 et mourut en 1375. Il vécut à Florence mais aussi à Naples. Il écrivit le *Décaméron*.
6. J'ai lu ce livre hier, mon amie voudra le lire, je le lui donnerai demain.
7. Ce jour-là, je lui dis que j'avais faim et il me répondit que le repas était prêt.
8. Je venais de le rencontrer quand il sentit qu'il n'allait pas bien.

XLI. *Transformer les phrases suivantes en passant du plus-que-parfait au passé composé :*

1. Era arrivato poco prima.
2. Erano entrati proprio allora.
3. Avevamo appena finito di mangiare.
4. L'avevate scorta allora.

Le Conditionnel

1. Dans la principale, il sert à exprimer :

- un fait incertain, un désir spontané, un conseil :
  Secondo la radio ci sarebbero già dieci morti.
  Selon la radio, il y aurait déjà dix morts.
  Mi piacerebbe incontrarlo. *J'aimerais le rencontrer.*
  Dovresti pensare alla zia. *Tu devrais penser à ta tante.*

- un fait dont la réalisation est considérée comme la conséquence d'une condition.

Le conditionnel présent exige le subjonctif imparfait dans
l'hypothétique :

   Mangerebbe, se avesse fame. *Il mangerait, s'il avait faim.*

Le conditionnel passé exige le subjonctif plus-que-parfait dans
l'hypothétique :

   Avrebbe mangiato, se avesse avuto fame.
   Il aurait mangé, s'il avait eu faim.

2. Dans la subordonnée, le conditionnel passé exprime le futur
dans le passé, alors que le français utilise le conditionnel présent :

   Pensavo che sarebbe venuto. *Je pensais qu'il viendrait.*

☞ L'emploi du conditionnel est moins large qu'en français.
Au conditionnel français correspond le subjonctif italien dans

- une relative qui vient après une comparaison :
  Cammina come uno che abbia bevuto troppo.
  Il marche comme quelqu'un qui aurait trop bu.
  ou qui a valeur hypothétique, consécutive ou finale :
  Conosci uno che lo sappia fare ?
  Connais-tu quelqu'un qui saurait (sache) le faire ?
  Cerco un meccanico che mi aggiusti la macchina.
  Je cherche un mécanicien qui réparerait (qui répare) ma voiture.
  (Dans ces 2 cas, le subjonctif est également possible en français).

- une concessive introduite par les pronoms ou adjectifs indéfinis
  chiunque, qualunque, qualsiasi :
  Chiunque bussasse alla porta, non aprirei.
  Quiconque frapperait à la porte, je n'ouvrirais pas.

- une hypothétique introduite par **caso mai, nel caso che, qualora,
  semmai** *au cas où* (mais on peut aussi avoir en français *si jamais*
  suivi de l'indicatif) :
  Caso mai venisse, sarei contenta.
  Au cas où il viendrait (si jamais il venait), je serais contente.

EXERCICES

Mi piacerebbe incontrarlo. **Mangerebbe se avesse** fame.
Pensavo che sarebbe venuto.
Cammina **come uno che abbia** bevuto
Conosci uno **che lo sappia** fare.
Cerco un meccanico **che mi aggiusti** la macchina.
Chiunque **bussasse** alla porta, non **aprirei.**
Caso mai **venisse, sarei** contenta.

XLII. *Compléter les phrases suivantes avec la forme qui convient :*

1. Qualsiasi cosa ... (accadere), non si muoverà.
2. Chiunque venisse a farmi visita, mi ... (trovare) a casa.
3. I suoi genitori credevano che Bruno ... (tornare) un po' più tardi.
4. Qualunque domanda io gli ... (rivolgere), non mi risponde mai.
5. Si poteva pensare che Luisa ... (arrivare) l'indomani.
6. Se non fosse per la mamma, tu ... (essere) già partita.
7. Se avesse perso il treno, ... (mandare) un telegramma.
8. Anche se fosse venuto prima, voi non ... (potere) fare nulla.
9. Se tu venissi, noi ... (potere) parlare.

XLIII*. *Traduire :*

1. Si nous faisions nos devoirs aujourd'hui, nous serions libres dimanche.
2. Ils espéraient que vous viendriez le lendemain.
3. Vous dévoriez comme des personnes qui n'auraient pas mangé depuis huit jours.
4. Tu serais content, si tu les voyais.
5. Il te parle comme quelqu'un qui te connaîtrait.
6. Si je les avais vus, je ne leur aurais pas téléphoné.
7. Même si c'était pour voir le roi, je n'irais pas.
8. Au cas où il viendrait, nous l'inviterions à rester à la maison.
9. Selon eux, il arriverait à temps.
10. Vous devriez faire un beau gâteau, Mademoiselle.
11. Si elle ne m'en avait pas parlé, je ne connaîtrais pas cette histoire.

Tous les verbes qui sont au subjonctif en français se traduisent par un subjonctif en italien, en respectant la concordance des temps (*cf.* p. 156) :

Benché cerchi non trova.
Bien qu'il cherche, il ne trouve pas.
Ci andai prima che venisse.
J'y allai avant qu'il ne vienne.

Mais l'italien utilise plus le subjonctif que ne le fait le français ; il l'emploie pour tout ce qui est subjectif, sujet à caution, tout ce qui est du domaine de la pensée.

1. Subjonctif dans la principale

Il s'emploie :

- pour prodiguer un encouragement :
  Che Dio ti assista ! *Que Dieu t'aide !*

- à la 3e personne, pour donner un ordre à la forme de politesse et remplacer l'impératif défaillant :
  Si alzi, Signore ! *Levez-vous, Monsieur !*

2. Subjonctif dans la complétive sujet

Il s'emploie après une expression impersonnelle comme : **basta che** *il suffit que*, **bisogna che, conviene che** *il faut que*, **mi dispiace che** *je regrette que*, **mi pare che, mi sembra che** *il me semble que*, **occorre che** *il faut que*, **peccato che** *dommage que*, **è possibile che** *il est possible que*, **può darsi che** *il se peut que*, **si dice che** *on dit que*, **si racconta che** *on raconte que*..., en respectant la concordance des temps :

Basta che tu venga. *Il suffit que tu viennes.*
Bisognava che tu fossi prudente.
Il fallait que tu sois prudent.
Può darsi che Paolo sia malato.
Il se peut que Paul soit malade.

EXERCICES

Benché sia venuto, non trova. Ci andai **prima che venisse.**
Che Dio ti **assista! - Si alzi,** Signore! - Magari **venisse!**
Basta che tu venga. - **Bisognava che tu fossi** prudente.
Ascolta **come se fosse** d'accordo. - **Voglio che tu scriva.**
Niente impedisce **che tu parta.**
È **più** ricco **che** (non) **si creda.**
Spero che Lia **finisca** presto.
Temo/credo che Marco **ci vada.**
Se volesse, riuscirebbe. - **Domandò che cosa io facessi.**

XLIV. *Compléter les phrases suivantes avec la forme qui convient :*

1. Bisogna che questo ragazzo ... (andare) a scuola.
2. Bastava che Lia ... (parlare).
3. Può darsi che ... (fare) bel tempo domani.
4. Occorreva che loro ... (uscire) alle sei.
5. Che Dio li ... (benedire)!

XLV*. *Compléter les phrases suivantes avec la forme qui convient :*

1. Tacque come se non ... (osare) parlare.
2. Bisogna che lui ... (pagare) l'albergo.
3. Volete che io ... (telefonare) subito, ma non posso.
4. Può darsi che tu non ... (avere) niente da fare ma non ammetto che tu non ... (lavorare).
5. Accompagna i figli a scuola in macchina affinché ... (potere) arrivare in tempo.
6. Era impossibile che si ... (trattare) della verità.
7. Prima che ... (essere) passate due ore, venne a trovarci.
8. Bastava che Lucia ci ... (pensare) prima.
9. La guida aspetta che tutti le ... (essere) attorno.
10. Occorreva che i ragazzi ... (tornare) a casa per le vacanze.

XLVI*. *Traduire les phrases suivantes :*

1. Il est probable qu'ils ne connaissent pas mon adresse.
2. Dommage que l'on doive mourir, quand enfin on peut se reposer.
3. Avant que l'autobus ne parte, il réussit à monter.
4. Pensez à moi, Madame!

3. Subjonctif dans la subordonnée conjonctive

Il s'emploie

- après un certain nombre de conjonctions de subordination (*cf.* p. 162) :
  Gli scrivo perché venga.
  Je lui écris pour qu'il vienne.
  Ascolta come se fosse d'accordo.
  Il écoute comme s'il était d'accord.

- pour exprimer l'ordre, la volonté, le désir :
  Voglio che tu scriva al nonno.
  Je veux que tu écrives à grand-père.

- après une principale négative :
  Niente impedisce che tu parta.
  Rien n'empêche que tu partes.

- dans une comparative :
  È più ricco che (non) si creda.
  Il est plus riche qu'on ne croit.

  Non peut être utilisé devant le verbe, il a alors une valeur intensive et non négative.

- après un verbe d'opinion (**credere, pensare**), de crainte (**temere**) et d'espérance (**sperare**) :
  Credo che Marco ci vada.
  Je crois que Marc y va.
  Spero che Lia finisca presto.
  J'espère que Lia finira tôt.
  Temo che Doro sia stanco.
  Je crains que Doro ne soit fatigué.

Mais on emploie cependant l'indicatif pour la certitude :
  Credo che Dio esiste.
  Je crois que Dieu existe (j'en suis sûr).

☞ Lorsque le sujet de la principale est le même que celui de la subordonnée, on emploie l'infinitif précédé de la préposition **di** (*cf.* pp. 148 et 158) :
  Credo di esserci andato. *Je crois que j'y suis allé.*

☞ Construction des verbes d'opinion **parere** et **sembrare** : *cf.* p. 158.

EXERCICES

XLVII. *Compléter avec la forme qui convient :*

1. Pareva che si ... (divertire) a guardare i pagliacci.
2. Non sapevi che lui ... (essere) vedovo.
3. Ha temuto che i figli ... (avere) un incidente.
4. Il figlio pensava che sua madre ... (volere) venire a casa sua.
5. Desideriamo che la nonna ... (venire) per Natale.
6. Nessuno sa dove lui ... (dormire).
7. Magari Gino ... (pensare) a portarmi un dolce, come sarei felice !
8. Volle che gli amici ... (arrivare) prima di lui.

XLVIII*. *Choisir la forme qui convient :*

1. Ha molto da dire, ma temo che non ...
   a) potrà.   b) può.   c) possa.
2. Gli sembra ... contento.
   a) che tu sia   b) essere   c) che lui è
3. Sembra ... partito ieri.
   a) di essere   b) che fosse   c) che sia
4. Speriamo che la sua salute ...
   a) migliora.   b) migliori.   c) migliorasse.
5. Per le vacanze, vorrei trovare un posto che ... tranquillo.
   a) sia   b) sarà   c) fosse
6. Non sapevo a che cosa Luisa ... pensato.
   a) aveva   b) avesse   c) ebbe
7. Conviene che ... questo viaggio.
   a) facesse   b) avesse fatto   c) faccia
8. Non vuole che lei ... delusa.
   a) sarebbe   b) sia   c) fosse
9. Gli pare che tutto ... bene.
   a) andasse   b) andare   c) vada
10. Non desiderava che tu ... questa ragazza.
    a) sposasse   b) sposi   c) sposassi

- pour exprimer une hypothèse ou un vœu, si la principale est au conditionnel :

au conditionnel présent dans la principale correspond le subjonctif imparfait dans la subordonnée :

Se volesse, riuscirebbe.
S'il voulait, il réussirait.

au conditionnel passé dans la principale correspond le subjonctif plus-que-parfait dans la subordonnée :

Se avesse voluto, sarebbe riuscito.
S'il avait voulu, il aurait réussi.

La principale peut être sous-entendue, c'est souvent le cas pour exprimer le souhait :

Magari venisse! (sarei contenta).
Si seulement il venait! (je serais contente).

- dans l'interrogative indirecte (*cf.* p. 160) :
Mi domandò che cosa io facessi.
Il me demanda ce que je faisais.

Le verbe peut être également à l'indicatif ou au conditionnel :
Mi domandò che cosa facevo.
Il me demanda ce que je faisais.
Mi domandò che cosa avrei fatto. (futur dans le passé)
Il me demanda ce que je ferais.

☞ Ne pas confondre l'hypothétique et l'interrogative indirecte; elles peuvent toutes deux être introduites par la conjonction **se** (*cf.* p. 160).

EXERCICES

XLIX*. *Compléter avec la forme qui convient :*

1. Non si sarebbero riconosciuti se si ... (incontrare) per la strada.
2. «Pareva che Luca ... (evitare) di incontrare i suoi sguardi come se ... (temere) qualcosa.» (Buzzati)
3. «Sembrava che qualcosa gli ... (ingorgare) la gola.» (Buzzati)
4. Si serrò il mantello attorno per timore che i ragazzi glielo ... (togliere).
5. Non sappiamo dove ... (essere) la nostra amica.
6. Nessuno sa dove lui ... (dormire).
7. Gli domandava a che cosa ... (potere) sognare.
8. Se io le ... (trovare) un lavoro, le piacerebbe.

L*. *Traduire les phrases suivantes :*

1. Je leur demandai s'ils seraient prêts pour le départ.
2. Il me semble que tu n'es pas venu depuis longtemps.
3. Tu te demandas comment il se faisait que cet homme ait tout cet argent.
4. Il pensa qu'il s'agissait d'un voleur et il appela la police.
5. Elle ne savait pas qui c'était.
6. Je crains qu'il ne comprenne pas ce que je suis en train de dire.
7. Si tu viens, nous pourrons aller voir ensemble où se trouvent ces monuments.
8. Si seulement ils disaient la vérité, nous saurions ce qu'il convient de faire.

LI. *Traduire :*

1. «Venivano a domandare se mia zia li aveste visti, se stavano bene e poi domandavano se c'era qualcosa per loro...»
   (Sciascia)
2. «Tutti volevano sapere se era vero, se ci sarebbero andate.»
   (Palazzeschi)

4. Subjonctif dans la proposition relative :

Il s'emploie :

- lorsque la principale contient **primo**, **ultimo**, **solo** ou **unico :**
  È l'unico amico di cui io mi possa fidare.
  C'est le seul ami à qui je puisse me fier.

mais l'indicatif est également possible : **... di cui mi posso fidare.**

- après un superlatif : **È il migliore amico che io abbia.**

- après une comparaison (☞ conditionnel en français) :
  Cammina come uno che abbia bevuto.
  Il marche comme quelqu'un qui aurait bu.

- après une tournure négative :
  Non c'è nessuno che lo capisca.
  Il n'y a personne qui le comprenne.

- lorsque l'antécédent contient un indéfini :
  Ogni fiume che io incontri, mi ricorda l'Arno.
  Chaque fleuve que je rencontre me rappelle l'Arno.

mais l'indicatif est possible si l'indéfini n'est pas négatif.

- lorsque la relative a une valeur consécutive, finale ou hypothétique :
  Vorrei trovare uno che mi aiutasse.
  Je voudrais trouver quelqu'un qui m'aide (m'aiderait).

Noter, dans ces cas, l'emploi possible du conditionnel en français.

L'Impératif

Il exprime l'ordre, la défense, l'exhortation ou l'invocation :
  Guarda, Aldo! *Regarde, Aldo!*

La 3ᵉ personne de l'impératif étant défaillante, on emploie le subjonctif pour la forme de politesse :
  Guardi, Signor Aldo! *Regardez, monsieur Aldo.*

☞ La 2ᵉ personne du singulier de l'impératif négatif s'exprime avec l'infinitif précédé de **non :**
  Non venire, Luisa! *Ne viens pas, Louise!*

La 2ᵉ personne du singulier répétée exprime une condition grâce à laquelle ou en dépit de laquelle quelque chose se produit :
  Cammina cammina, arrivò al lago.
  À force de marcher, il arriva au lac.

EXERCICES

È l'unico amico di cui io mi **possa** (posso) fidare.
È **il migliore** amico **che io abbia.**
Cammina **come** uno **che abbia bevuto.**
Non c'è **nessuno che** lo **capisca.**
Ogni fiume **che io incontri** (incontro), mi ricorda l'Arno.
Vorrei trovare uno **che mi aiutasse.**

LII*. *Choisir la forme qui convient parmi celles proposées :*

1. Non c'è nessuno che se la ... di dirgli la verità.
   a) senta   b) sente   c) sentisse
2. Era l'ultimo a cui ...
   a) penserei.   b) pensassi.   c) penso.
3. Mi piacerebbe incontrare qualcuno che mi ...
   a) capisse.   b) capiva.   c) capirà.
4. Sei la prima persona che io ... parlare così.
   a) sento   b) sentii   c) senta
5. Dante è il più grande poeta che l'Italia ...
   a) conosca.   b) conosce.   c) conoscerebbe.
6. Darei una ricompensa a chi mi ... il braccialetto.
   a) trovò   b) trovava   c) trovasse
7. Agisce come una persona che non ... il senso comune.
   a) abbia   b) ha   c) avrà
8. Fu il più bello dei regali che io ... mai ricevuto.
   a) ebbi   b) avevo   c) avessi

LIII*. *Traduire les phrases suivantes :*

1. Si tu venais, nous serions très contents.
2. Elle croyait que je ferais à manger pour nous trois.
3. C'était la seule maison qui avait des fleurs à la fenêtre.
4. Nous avons peur qu'il ne pense pas à faire ses devoirs.
5. J'aimerais que vous écoutiez cette chanson, Mademoiselle.
6. Il espérait que je reste avec eux pendant toutes les vacances.
7. Si seulement il pouvait m'entendre !
8. Il parle comme si tout le monde pouvait le comprendre.
9. C'est plus intéressant que vous ne pensez.
10. Il craint qu'on ne puisse pas partir.

L'Infinitif

1. L'infinitif substantivé est d'usage courant :
il calar del sole *le coucher du soleil*

2. L'infinitif précédé de **non** est utilisé comme impératif négatif de la 2ᵉ personne du singulier :
Non parlare! *Ne parle pas!*

3. Sujet d'une expression impersonnelle, l'infinitif n'est jamais précédé d'une préposition ; il s'agit d'une complétive sujet :
È vietato fumare (= fumare è vietato).
Il est interdit de fumer.

4. L'infinitif peut être introduit par différentes prépositions :

■ **a**

- quand il suit un verbe de mouvement :
È venuto a trovarmi. *Il est venu me voir.*

- quand il suit un verbe d'état :
Sono qui a pregarla. *Je suis là à la prier.*

- quand il a une valeur temporelle ou de supposition indéterminée :
« **A stare zitti non si sbaglia mai.** » (Manzoni)
Quand on se tait, on ne se trompe jamais.

■ **da** pour marquer l'usage, la destination, l'obligation, la conséquence :
C'è qualcosa da fare. *Il y a quelque chose à faire.*

■ **di** après un verbe d'affirmation (**affermare**), de déclaration (**dire, scrivere**...), d'opinion (**credere, pensare...**), de crainte (**temere**) ou d'espérance (**sperare**), lorsque principale et infinitive ont le même sujet[1] :
Affermo di esserci andato. *J'affirme y être allé.*
Giovanni mi ha detto di averlo visto.
Jean m'a dit qu'il l'avait vu.
Penso di andarci domani. *Je pense y aller demain.*

■ **per,** après le verbe **stare,** pour indiquer le futur proche (*cf.* p. 122, 134 et 196) :
Sto per partire. *Je suis sur le point de partir.*

---

(1) ☞ Si le sujet n'est pas le même dans la principale et la subordonnée, on utilise
- **che** suivi de l'indicatif pour les verbes de certitude et de déclaration :
Affermo che Marco è partito. *J'affirme que Marc est parti.*
- **che** suivi du subjonctif pour les verbes d'opinion, de crainte et d'espérance :
Penso che Marco sia partito. *Je pense que Marc est parti.*

☞ Voir la construction des verbes **parere** et **sembrare** p. 158.

EXERCICES

Il calar del sole. È vietato **fumare**. È venuto **a trovarmi**.
A stare zitti non si sbaglia. C'è qualcosa **da fare**.
Guarda, Marco! - **Non venire**, Luisa!

LIV*. *Traduire* :

1. Marc, ne parle pas ainsi à tes camarades !
2. Il est interdit de marcher sur les plates-bandes.
3. Ils pensent qu'ils sont arrivés à dix heures.
4. Il avait beaucoup de travail à faire mais il est allé manger
   chez un ami.

LV*. *Choisir la forme qui convient :*

1. Mario è andato ... fare una bella passeggiata e gli sembra
   ... stanco.
   a) a ... di essere b) ∅ ... che io sia   c) ∅ ... essere
2. È impossibile ...
   a) di parlare.   b) parlare.   c) che io parlo.
3. Spero ... fra poco.
   a) vederlo   b) di vederlo   c) che io lo veda
4. Parlando del teatro, Maria ha detto ... lunedì.
   a) di esserci andata   b) esserci andata
                   c) che ci era andata
5. È pericoloso ...
   a) da sporgersi. b) sporgersi.   c) di sporgersi.
6. Il bambino sembra ... volentieri.
   a) di parlare   b) parlare   c) che parla
7. Afferma ... fatto.
   a) di non averlo   b) che lui stesso non l'abbia
                   c) non averlo
8. Era molto superba perché sapeva ... bella.
   a) che era   b) che fosse   c) di essere
9. Vi pare interessante ...
   a) parlarne   b) di parlarne   c) che voi ne parlate
10. Occorrerebbe ... l'affitto.
    a) che tu paghi b) che tu pagassi   c) di pagare

Le Gérondif

1. Il exprime une action ou un état qui se rapporte au sujet de la principale. Il est toujours invariable.

Passando per la strada, l'ho visto.
En passant (alors que je passais) dans la rue, je l'ai vu.

2. Il peut s'employer avec **andare, stare** et **venire** pour indiquer une action qui progresse (*cf.* p. 122) :

- **stare** suivi du gérondif correspond à la forme progressive (*être en train de*) :
  L'acqua sta crescendo.
  L'eau est en train de monter.

- **andare** et **venire** suivis du gérondif, insistent sur la continuité ou la répétition lente de l'action :
  L'acqua va/vien crescendo. *L'eau ne cesse de monter.*

3. Le gérondif absolu :

Il a un sujet différent de celui de la principale, il se place en tête de proposition et il est suivi de son sujet.

Cadendo la notte, si accende la luce.
Comme la nuit tombe, on allume la lumière.

4. Le gérondif peut être précédé de **pur** qui le renforce :
Pur bevendo il caffè... *Tout en buvant le café...*

Le Participe Présent

1. Il est rare en tant que forme verbale en italien ; on le rencontre surtout

- adjectivé :
  una ragazza sorridente e ubbidiente
  une fille souriante et obéissante

- substantivé : **il cantante** *le chanteur*

- dans la langue administrative, et il s'accorde avec le nom :
  È il funzionario dirigente l'ufficio.
  C'est le fonctionnaire qui dirige le bureau.
  Sono prigionieri fruenti di un regime speciale.
  Ce sont des prisonniers qui jouissent d'un régime spécial.

2. On traduit le participe présent français par une proposition relative ou une temporelle :
  L'ho visto che/mentre passava per la strada.
  Je l'ai vu passant (lui qui passait) dans la rue.

EXERCICES

Il cantante - Una ragazza sorridente e ubbidiente.
L'ho visto **che passava** per la strada.
Passando, l'ho visto - **Cadendo** la notte, si accende la luce.
L'acqua **sta crescendo/va crescendo/vien crescendo.**

LVI*. *Dans les phrases suivantes, remplacer la proposition relative par le participe présent substantivé ou adjectivé correspondant :*

ex. : È una bambina che ubbidisce.
Réponse : È una bambina ubbidiente.

1. È una cosa che diverte.
2. È uno che canta.
3. È uno che insegna.
4. È uno che comanda.
5. È una cosa che conviene.
6. Sono persone che esitano.
7. È una ragazza che attrae.
8. È uno che crede.
9. È un luogo dove ci si ristora.
10. Sono vacanze che interessano.

LVII. *Traduire les phrases suivantes :*

1. Tout cela s'est fait séance tenante.
2. Elle resta là, regardant devant elle.
3. Nous écoutions notre ami racontant son voyage.
4. Comme son sac à main tombait, elle se pencha pour le saisir.
5. Il se reposait tout en écoutant un disque.
6. Ils étaient en train de manger quand le téléphone sonna.
7. En sortant, il l'aperçut.
8. Elle regardait les vitrines en passant dans la rue.
9. Il nous regardait en finissant de parler.
10. À quoi est-il en train de songer ?
11. Il était en train d'essayer d'éclaircir toute cette histoire.
12. Tu l'as vue partant au théâtre.

LE PARTICIPE PASSÉ

1. Il sert à former les temps composés.

Son accord dépend de l'auxiliaire :

- employé avec **avere**, il s'accorde avec le COD placé devant le verbe mais cet accord n'est obligatoire qu'avec les pronoms personnels COD : **lo, la, li, le** et **ne** :
  Mi piace la giacca che hai comprato.
  J'aime la veste que tu as achetée.
  Libri italiani ? Ne ho letti tanti.
  Des livres italiens ? J'en ai lu beaucoup.

- employé avec **essere**, il s'accorde avec le sujet :
  Maria è venuta. *Marie est venue.*

Cas particuliers :

■ Lorsque **si** correspond au français *on*, on utilise l'auxiliaire **essere** pour former les temps composés du verbe. Le participe passé s'accorde avec le COD français qui devient sujet en italien : **Si è veduta la casa.** *On a vu la maison.* S'il n'y a pas de COD français, le verbe n'a pas de sujet en italien, il est donc employé à la forme impersonnelle et le participe passé

- est invariable si le verbe se conjugue avec l'auxiliaire **avere** à la forme personnelle : **Si è mangiato tardi** (forme personnelle : **abbiamo mangiato**).

- se met au pluriel si le verbe se conjugue avec l'auxiliaire **essere** à la forme personnelle : **Si è partiti tardi** (forme personnelle : **siamo partiti**).

■ Lorsqu'un verbe est réfléchi, il se conjugue avec l'auxiliaire **essere** aux temps composés. On distingue :

- les verbes réfléchis propres (les pronoms réfléchis correspondent au sujet). Aux temps composés, le participe passé s'accorde en genre et en nombre avec le sujet :
  I ragazzi si sono lavati.
  Les enfants se sont lavés.

- les verbes réfléchis apparents (les pronoms réfléchis ne sont pas COD mais COI). Aux temps composés, le participe passé peut s'accorder avec le sujet ou avec le complément direct :
  Elena si è messa/messo il cappello.
  Hélène a mis son chapeau.

EXERCICES

Maria è **venuta**. Libri? **Ne** ho **letti** tanti.
Mi piace la giacca che hai **comprato**.
Elena si è **messo/a** il cappello.
Finita la giornata, Lia torna a casa. **Alzatasi**, Ada parlò.
Sono stanco. Questo lavoro mi **ha stancato**.

LVIII. *Choisir la forme qui convient :*

1. Questi ragazzi, non li ho mai ...
   a) visto   b) visti   c) viste
2. Si ... di casa alla nove.
   a) è uscito   b) è usciti   c) sono usciti
3. Sciando, la mamma si ... una gamba.
   a) è rotto   b) ha rotto   c) è rotta
4. Si ... a Ferrara e si ... all'albergo.
   a) è venuti ... è dormito   b) è venuto ... è dormito
                     c) è venuti ... è dormiti

LIX*. *Traduire les phrases suivantes :*

1. Des amis, ces jours-ci, j'en ai vu beaucoup, se préparant à partir en vacances.
2. Lisa a mis sa plus belle robe, pensant nous faire plaisir.
3. Des fruits? J'en ai acheté ce matin.
4. On a bien travaillé aujourd'hui.
5. On est arrivé à temps hier.
6. Ces personnes? Je les ai rencontrées il y a peu de temps.

LX. *Traduire les phrases suivantes :*

1. «Tra il dire e il fare c'è di mezzo il mare.»
2. Il Grillo Parlante è un personaggio di *Pinocchio*, il libro di Collodi.
3. «Sbagliando s'impara», dice il proverbio.
4. «Cosa fatta, capo ha.»
5. «Fare e disfare mantien l'operare.»
6. Il treno proveniente da Milano è in arrivo.

2. Le participe passé absolu

exprime une action antérieure à celle de la principale ; il remplace une proposition circonstancielle, se met en tête de la proposition participe et s'accorde avec son sujet. On fait l'enclise du pronom personnel quand il y en a un :

Finita la giornata, Lia torna a casa.

Sa journée achevée (quand sa journée est achevée), Lia rentre à la maison.

Alzatasi, Ada parlò.

Après s'être levée, Ada parla.

3. Le participe passé et l'adjectif verbal :

Certains verbes de la 1re conjugaison et un de la 3e possèdent un participe passé et un adjectif verbal (*cf.* liste p. 258).

L'adjectif verbal indique un état (auxiliaire **essere**) et le participe passé indique le résultat d'une action (auxiliaire **avere**) :

Sono stanco, questo lavoro mi ha stancato.

Je suis fatigué (las), ce travail m'a fatigué (lassé).

À la forme réfléchie, on emploie le participe passé :

Elena si è chinata.

Hélène s'est penchée.

EXERCICES

LXI. *Choisir la forme qui convient :*

1. ... l'amico, lo chiamai.
   a) avendo vistolo   b) visto   c) avendolo visto
2. ... un po' da parte, Anna aspettò.
   a) tiratasi   b) essendo tiratasi   c) tiratosi
3. ... la giacca, Luisa si sentì meglio.
   a) essendo toltasi   b) toltasi   c) avendo tolto
4. « ... il fazzoletto rosso dai capelli, glielo girò intorno al capo. »
   (De Amicis)
   a) levatosi   b) dopo essere levata   c) essendo levatosi
5. ... alla finestra, Maria scorse Luigi.
   a) affacciatasi   b) affacciatosi   c) si è affacciata
6. « Compare Alfio tornò colle mule, ... di soldoni. » (Verga)
   a) carico   b) caricato   c) incaricato
7. Sono ... poiché il gallo mi ha ...
   a) svegliato ... sveglio.   b) svegliato ... svegliato.
                c) sveglio ... svegliato.
8. L'ha ... davanti a casa sua, adesso è ... davanti a lui.
   a) fermata ... fermata   b) fermato ... ferma
              c) fermata ... ferma

LXII*. *Traduire les phrases suivantes :*

1. Ayant lu ces deux livres, je les rends à la bibliothèque.
2. Après s'être allongée sur le lit, elle ferma les yeux.
3. Le repas terminé, il regarda la télévision.
4. De retour à la maison, elle retrouve ses enfants faisant leurs
   devoirs.
5. Une fois son travail fait, Lucie aime se promener dans les
   rues.
6. Après nous être lavé les mains, nous passons à table.
7. Après s'être baignés, ils se sont habillés.
8. Les enfants sont réveillés, ce sont les cloches de Pâques qui
   les ont réveillés.
9. Il m'a sauvé, je suis donc sain et sauf.

E. *La concordance des temps*

Elle est stricte en italien. Elle dépend du temps de la principale ainsi que de la situation temporelle de la subordonnée (simultanéité, antériorité ou postériorité) par rapport à la principale.

Concordance des temps dans la complétive
(règle générale)

1. *Subjonctif* dans la subordonnée

proposition principale	*proposition subordonnée*
indicatif présent, futur ou impératif **Preferisci** **Preferirai**	■ subjonctif présent quand l'action de la subordonnée est contemporaine ou suit l'action de la principale. **che Marco venga <u>su</u>bito o dopo.** ■ subjonctif passé quand l'action de la subordonnée est antérieure à l'action de la principale. **che Marco sia venuto prima.**
indicatif passé ou conditionnel **Preferivi** **Hai preferito** **Preferiresti** **Avresti preferito**	■ subjonctif imparfait quand l'action de la subordonnée est contemporaine ou suit l'action de la principale. **che Marco venisse il giorno stesso o dopo.** ■ subjonctif passé quand l'action de la subordonnée est antérieure à l'action de la principale. **che Marco fosse venuto prima.**

2. *Conditionnel* dans la subordonnée

proposition principale	*proposition subordonnée*
indicatif présent ou futur **Sai** **Saprai**	■ conditionnel présent quand l'action de la subordonnée est contemporaine ou suit l'action de la principale. **che Luigi ci andrebbe <u>su</u>bito o dopo.** ■ conditionnel passé quand l'action de la subordonnée est antérieure à l'action de la principale. **che Luigi ci sarebbe andato prima.**
indicatif passé **Sapevi** **Sapesti** **Hai saputo** **Avevi saputo**	■ conditionnel passé (futur dans le passé) quand l'action de la subordonnée est contemporaine ou postérieure à l'action principale. **che Luigi ci sarebbe andato.**

EXERCICES

Preferisci ⎫ che Marco **venga** subito o dopo.
Preferirai ⎭ che Marco **sia venuto** prima.

Preferivi ⎫
Hai preferito ⎪ che Marco **venisse** il giorno stesso o dopo.
Preferiresti ⎬ che Marco **fosse venuto** prima.
Avresti preferito ⎭

Sai ⎫ che Luigi **ci andrebbe** subito o dopo.
Saprai ⎭ che Luigi **ci sarebbe andato** prima.

Sapevi ⎫
Sapesti ⎪ che Luigi ci **sarebbe andato.**
Hai saputo ⎬
Avevi saputo ⎭

LXIII. *Compléter les phrases suivantes avec la forme qui convient :*

1. La bambina vorrebbe che tu l'... (accompagnare) a scuola.
2. Mi dissero che mi ... (chiamare) l'indomani.
3. Voglio che voi tutti ... (fare) il compito.
4. Voleva che io ... (allontanarsi) per un po' di tempo.
5. Avrebbero voluto che tu li ... (vedere) prima.
6. Non immaginavo che la previsione ... (avverarsi) più tardi.
7. Marco vorrebbe che Lisa ... (venire) a portargli un libro domani.
8. Avrebbe desiderato che i nonni ... (arrivare) la mattina.

LXIV*. *Traduire :*

1. Vous saviez que personne ne viendrait le voir.
2. Le directeur désire que vous alliez tout de suite dans son bureau.
3. Tu avais besoin que l'on t'apporte à manger à l'instant.
4. Elle préfère qu'ils finissent leur travail le jour même.
5. J'ai voulu que tu arrives tôt.
6. Hélène voulait qu'ils partent après elle.
7. J'aimerais que tu ne sois jamais venu.
8. On dit qu'une louve a nourri Romulus et Remus et qu'elle les a sauvés.

Construction des verbes d'affirmation, de déclaration,
d'opinion, de crainte ou d'espérance (Cf. pp. 142 et 148) :

1. Si le sujet est le même dans la principale et la subordonnée, après un verbe d'affirmation (**affermare**), de déclaration (**dire, scrivere**), d'opinion (**credere, pensare...**), de crainte (**temere**) ou d'espérance (**sperare**), on utilise **di** suivi de l'infinitif :

> **Affermo di esserci andato.** *J'affirme y être allé.*
> **Giovanni mi ha detto di averlo visto.**
> *Jean m'a dit qu'il l'a vu.*
> **Penso di andarci domani.** *Je pense y aller demain.*
> **Speriamo di finire presto.** *Nous espérons finir tôt.*

2. Si le sujet n'est pas le même dans la principale et la subordonnée, on utilise

- **che** suivi de l'indicatif pour les verbes de certitude et de déclaration :
  > **Affermo che Marco ci va.** *J'affirme que Marc y va.*

- **che** suivi du subjonctif pour les verbes d'opinion, de crainte et d'espérance :
  > **Penso che Marco ci vada.** *Je crois que Marc y va.*

☞ Construction des verbes **parere** et **sembrare** :

■ quand ces verbes d'opinion sont personnels, avec ou sans complément, ils sont suivis de l'infinitif sans préposition :
> **Luca (mi) pareva giocare.** *Luc (me) semblait jouer.*

■ quand ces verbes d'opinion sont impersonnels, il y a 3 constructions :

- si principale et subordonnée se réfèrent à la même personne, **parere** et **sembrare** sont suivis de **di** et de l'infinitif :
  > **Mi pare di essere dimagrito.** *Il me semble que j'ai maigri.*

- si principale et subordonnée ne se réfèrent pas à la même personne, **parere** et **sembrare** sont suivis de **che** et du subjonctif :
  > **(Mi) pare che Marco ci vada.** *Il (me) semble que Marco y va.*

- si **parere** et **sembrare**, verbes d'état, sont suivis d'un adjectif attribut, ils forment une locution impersonnelle suivie de l'infinitif sans préposition (l'infinitif est sujet réel de l'expression impersonnelle) :
  > **(Ci) sembra superfluo vederlo.**
  > *Il (nous) semble superflu de le voir.*

EXERCICES

Affermo di esserci andato. Affermo che Marco ci va.
Giovanni mi **ha detto di averlo visto. Speriamo di finire.**
Penso di andarci. Mi pare di essere dimagrito.
Penso che Marco ci **vada.** (Mi) **pare che** Marco ci **vada.**
Luca (mi) **pareva giocare.** (Ci) **sembra superfluo vederlo.**

LXV. *Compléter les phrases suivantes avec la forme qui convient :*

1. Mi pareva che loro ... (stare) per cambiare.
2. Aveva sperato che io ... (tornare) prima di lei.
3. Ti pare che lui ... (essere) già a casa.
4. Pensavi che lei ... (amministrare) la fattoria.
5. Tu credi ancora che voi ... (potersi) correggere.
6. Sembrava incredibile che ... (succedere) una cosa simile.
7. Pensò che ... (esserci) troppa gente.
8. Temono che lui ... (essere) già andato via.
9. Speriamo che tu ci ... (fare) il piacere di rimanere un po'
   con noi.
10. Dubitate che io ... (venire) a prenderci.
11. Pensavo che mia madre ... (manifestarsi) in quell'occasione.
12. Credevamo che lui ... (allontanarsi) per un po' di tempo.

LXVI*. *Choisir la forme verbale qui convient :*

1. Speriamo che qualcuno ... questa povera donna.
   a) aiuti   b) aiuta   c) aiutasse
2. Gli pare ...
   a) tutto andar bene.   b) di tutto andar bene.
                c) che tutto vada bene.
3. Mi sembra interessante ... con lui.
   a) di parlare   b) parlare   c) che io parli
4. Pensiamo ... fra poco.
   a) partire   b) di partire   c) che noi partiamo
5. Giovanni sembra ... molto.
   a) studiare   b) che studi   c) di studiare
6. Affermano ... innocenti.
   a) di essere   b) che siano   c) essere

Tableau de l'hypothétique et de l'interrogative indirecte

Proposition hypothétique	Proposition principale	Interrogative indirecte
1. Se hai fame *Si tu as faim* **Se hai fame** *Si tu as faim*	**va' a vedere** *va voir* **vai a vedere** *tu vas voir*	⎰ **se c'è pane.** ⎱ **se ci sia pane.** *s'il y a du pain.*
2. Se avevi fame *Si tu avais faim*	**andavi a vedere** *tu allais voir*	⎰ **se c'era pane.** ⎱ **se ci fosse pane.** *s'il y avait du pain.*
3. Se avrai fame *Si tu as faim*	**andrai a vedere** *tu iras voir*	⎰ **se ci sarà pane.** ⎱ **se ci sia pane.** *s'il y a du pain.*
4. Se avessi fame *Si tu avais faim*	**andresti a vedere** *tu irais voir*	**se ci fosse pane.** *s'il y avait du pain.*
5. Se avessi avuto fame *Si tu avais eu faim*	**saresti andato a vedere** *tu serais allé voir*	**se ci fosse stato pane.** *s'il y avait/avait eu du pain.*

Se peut introduire une hypothétique ou une interrogative indirecte.

■ La subordonnée hypothétique :

- dans les deux premiers cas (1 et 2), a une valeur temporelle (*si* a le sens de *quand, toutes les fois que*) et le verbe est à l'indicatif.
- dans le 3ᵉ cas, dépend d'une principale au futur et est également au futur.
- dans les 4ᵉ et 5ᵉ cas, dépend d'une principale au conditionnel :

• principale au conditionnel présent → subordonnée au subjonctif imparfait (4)

• principale au conditionnel passé → subordonnée au subjonctif plus-que-parfait (5).

■ L'interrogative indirecte a comme mode normal le subjonctif :

Vai a vedere se ci sia pane.

mais l'indicatif est également employé lorsque la principale est à l'indicatif ou à l'impératif :

Vai a vedere se c'è pane. Va' a vedere se c'è pane!

EXERCICES

Se **hai** fame, ⎰ **va'** a vedere ⎰ se c'**è** pane !
⎱ **vai** a vedere ⎱ se ci **sia** pane.

Se **avevi** fame, **andavi** a vedere ⎰ se c'**era** pane.
⎱ se ci **fosse** pane.

Se **avrai** fame, **andrai** a vedere ⎰ se ci **sarà** pane.
⎱ se ci **sia** pane.

Se **avessi** fame, **andresti** a vedere se ci **fosse** pane.
Se **avessi avuto** fame, **saresti andato** a vedere se ci **fosse stato** pane.

LXVII. *Compléter les phrases suivantes :*

1. Se ti ... (piacere) i dolci, compratene uno !
2. Anche se ... (accorgersi) di sbagliare, non lo ammetterà.
3. Se si ... (prendere) troppe medicine, ci si rovina la salute.
4. Quel film mi sarebbe piaciuto, se ... (essere) più breve.
5. Se ... (avere) il raffreddore, sta' a casa !
6. Se l'anno scorso ... (chiedere) una borsa di studio, te la ... (dare).
7. Verrei se tu ... (volere).
8. Se tu non ... (studiare), non ... (essere) promosso.
9. Se le ... (capitare) una disgrazia, sarei molto afflitto.
10. Se qualcuno ... (decidere) di partire, vorrei sapere se la camera ... (essere) libera.

LXVIII*. *Traduire :*

1. Je leur demandai s'ils viendraient ou s'ils préféraient rester.
2. S'il n'y a pas de grève, le train pourra partir.
3. S'il allait se promener, son chien l'accompagnait.
4. Même s'il avait la force de résister, cela ne servirait à rien.
5. Si tu pars en Amérique, fais-le-moi savoir !
6. Si tu veux, nous partons tout de suite.
7. S'il t'écoutait, il serait un bon élève.
8. Si je ne lui écris pas, il ne me le pardonnera pas.

18. Les conjonctions de subordination et les propositions subordonnées

Che est la plus fréquente des conjonctions. Elle introduit :

■ une proposition complétive :

– à l'indicatif, si la principale déclare ou affirme une certitude :
Dico *che* non è venuto. *Je dis qu'il n'est pas venu.*

– au subjonctif, si la principale exprime le doute, la volonté, un sentiment ou si la certitude est niée (*cf.* p. 142 et 158) :
Ignoravo *che* fosse malata.
J'ignorais qu'elle était malade.
Vuole *che* la lezione sia studiata.
Il veut que la leçon soit apprise.

– au conditionnel, quand le fait est seulement possible :
Dico *che* andrei volentieri al cinema.
Je dis que j'irais volontiers au cinéma.

■ une proposition causale à l'indicatif, fréquente dans la langue parlée (**che** peut alors s'écrire **ché**) :
Entra *che* (*ché*) fa freddo fuori! *Entre, il fait froid dehors*

■ une proposition consécutive généralement à l'indicatif :
Fa tanto caldo *che* si suda.
Il fait si chaud que l'on transpire.

■ une proposition finale toujours au subjonctif :
State attenti *che* il bimbo non cada!
Prenez garde à ce que l'enfant ne tombe pas!

■ une proposition temporelle à l'indicatif :
Partì *che* spuntava l'alba. *Il partit quand l'aube pointait*

Che peut être sous-entendu si la complétive est au subjonctif
Penso sia già partito.
Je pense qu'il est déjà parti.

En cas de propositions coordonnées, on évite de répéter la conjonction :
Dice *che* Pietro è nato in Italia ed è emigrato a Parigi
Il dit que Pierre est né en Italie et qu'il a émigré à Paris.

Dans une suite de subordonnées, **che** ne remplace jamais une autre conjonction :
Quando fa caldo e ho tempo, viaggio.
Quand il fait chaud et que j'ai le temps, je voyage.

EXERCICES

Dice **che** Luigi è venuto.
Ignoravo **che** fosse malata.
Dico **che** andrei volentieri al cinema.
Entra, **ché** fa freddo fuori.
State attenti **che** il bambino non cada.

I. *Écrire les verbes entre parenthèses aux temps et mode convenables :*

1. Aspettate che loro vi ... (dire) di entrare.
2. Preferirei che con questa nebbia tu non ... (uscire).
3. Bisogna che tu ... (finire) in tempo.
4. Mi spiacerebbe che voi ... (ripartire) senza visitare la città.
5. Si dice che quell'uomo ... (possedere) tante terre.
6. Affrettiamoci, ché il treno ... (stare) per partire !
7. Ci auguriamo che tu ... (ottenere) quanto desideri.
8. Voglio che tu ... (andare) a Roma.
9. Venite che io vi ... (spiegare) come funziona il frullatore.
10. Tutti sanno che i Romani ... (porre) le basi del diritto.
11. Si spera che presto gli uomini ... (potere) arrivare su Marte.
12. È indispensabile che i freni ... (funzionare).

II*. *Traduire les phrases suivantes :*

1. Je te promets que je t'emmènerai chez ta grand-mère.
2. La route est dangereuse, je crois que tu l'as remarqué toi aussi.
3. Viens, je veux te montrer les photos de notre voyage.
4. Parle à voix basse, pour qu'on ne t'entende pas !
5. Il lui avait semblé que son fils étudiait moins bien.
6. Dépêche-toi, ils sont pressés !
7. J'espérais que tu ne lui cacherais pas la vérité.
8. Il n'est pas encore arrivé : je suppose qu'il a raté le train.
9. Je ne dis pas qu'il a volé ; je dis qu'il n'est pas honnête.
10. Croyez-vous que ce malheureux mange tous les jours ?
11. Quand le temps est beau et que la mer est calme, je nage longtemps.
12. Je ne pense pas qu'il participerait au voyage, si je l'invitais.

Les principales propositions subordonnées sont :

1. Les *causales,* à l'indicatif et, si la cause est niée, au subjonctif ; elles sont introduites par
dato che, giacché *étant donné que* - **siccome** *comme* -
perché *parce que* - **che** ou **ché** *car* - **poiché** *puisque...*

> **Piange *perché* ha paura e non *perché* sia triste.**
> *Elle pleure parce qu'elle a peur et non parce qu'elle est triste.*

☞ Ne pas confondre **perché** + indicatif (cause) *parce que* et
  perché + subjonctif *pour que* (but *cf.* p. 168).

☞ Ne pas confondre **siccome** (cause) *comme, étant donné
  que* et **come** (comparaison *cf.* ci-dessous) *comme* (manière
  cf. ci-après 9 p. 170) *comme - comment*
  ***Siccome* insisteva, ho accettato il suo invito.**
  Comme il insistait, j'ai accepté son invitation.

2. Les *comparatives*

- si elles marquent la supériorité ou l'infériorité, elles sont à
  l'indicatif et plus souvent au subjonctif, sans grande différence de sens ; elles sont introduites par :
più ... che (non) - **più ... di quanto** - **più ... di quello che**
- meno ... che (non) - **meno ... di quanto** - **meno ... di
quello che**

> **Questo film è *più* bello *di quanto* pensavo/(*non*) pensassi.**
> *Ce film est plus beau que je ne le pensais.*

☞ **Non** dans la proposition comparative perd sa valeur négative, comme la négation française en même position.

- si elles donnent une idée d'égalité, elles sont à l'indicatif
  quand l'action est sentie comme certaine et au conditionnel
  quand l'action est sentie comme possible ; elles sont introduites par :
(così) ... come - (tanto) ... quanto - (tale) ... quale

> **Ho lavorato *quanto* ho potuto.**
> *J'ai travaillé autant que j'ai pu.*
> **Questo vestito non è *(tale) quale* lo vorrei.**
> *Cette robe n'est pas comme je la voudrais.*

EXERCICES

Siccome insisteva, ho accettato l'invito.
Piange **perché** ha paura, **non perché** sia triste.
È **più** bello **di quanto** pensavo / **(non)** pensassi.
Ho lavorato **quanto** ho potuto.

III. *Mettre les verbes entre parenthèses au temps convenable :*

1. Giacché tutti ... (arrivare), poterono cominciare subito.
2. Vado in montagna perché l'aria ... (essere) buona e non tanto perché mi ... (piacere) lo sci.
3. Ti offrirò tanti fiori quante stelle ... (esserci) nel cielo.
4. Qui le piante crescono a stento perché ... (mancare) il sole.
5. L'insuccesso fu meno doloroso di quanto si ... (aspettare).
6. Siccome ... (piovere), siamo rimasti in casa.
7. Il suo lavoro lo trattiene all'estero più di quanto ... (volere).
8. Tacevano, non perché ... (essere) indifferenti ma perché ... (essere) troppo commossi per parlare.
9. Dato che Mara non ... (scrivere), i genitori si preoccupavano.
10. Ha abbandonato gli studi perché non gli ... (piacere).

IV*. *Traduire :*

1. Comme ses mains tremblaient, il laissa tomber sa cuillère.
2. Je ne peux pas travailler parce que je suis tombé malade.
3. Comme elle était très attachée à son village, elle ne le quittait que rarement.
4. Tu as apporté plus de livres qu'il n'était nécessaire.
5. Elle s'amuse comme elle ne s'était jamais amusée.
6. Je ne l'achète pas, parce que c'est trop cher et non parce que cela ne me plaît pas.
7. Puisque vous avez dix-huit ans, vous pouvez voter.
8. Il est comme tu l'avais jugé.
9. Rome a moins d'habitants que je ne pensais.
10. Nager est plus facile que tu ne crois.

3. Les *concessives* toujours au subjonctif et introduites par :
- **ancorché** - **benché** - **nonostante** (**che**) - **sebbene** - **per quanto** - **quantunque** *bien que* - *quoique*

Per quanto sia ricco, vive modestamente.
Bien qu'il soit riche, il vit modestement.
Per quanti sforzi io faccia, i risultati sono insufficienti.
Quelques efforts que je fasse, les résultats sont insuffisants.

☞ Dans la locution **per quanto, quanto** s'accorde s'il renvoie à un nom.

☞ Ne pas confondre avec **per quanto** + indicatif (valeur limitative) :
per quanto **mi riguarda** *en ce qui me concerne*

- **per** suivi d'un adjectif et de **che :**
Per prudente che fosse, non riuscì ad evitare lo scontro.
Bien qu'il fût prudent, il ne parvint pas à éviter la collision.

- les pronoms ou adjectifs indéfinis comme **chiunque** :
Chiunque telefoni, non rispondere!
Qui que ce soit qui téléphone, ne réponds pas!

4. Les *conditionnelles* ou *hypothétiques* introduites par :
- **se** *si*

suivi du présent de l'indicatif, si la principale est à l'indicatif présent :
Se vuoi, posso venire a trovarti.
Si tu veux, je peux venir te voir.

suivi du futur de l'indicatif, si la principale est à l'indicatif futur :
Se vorrai, potrò venire a trovarti.
Si tu veux, je pourrai venir te voir.

suivi du subjonctif imparfait, si la principale est au conditionnel présent et du subjonctif plus-que-parfait si la principale est au conditionnel passé (*cf.* p. 160) :
Se tu volessi, potrei andare a trovarti.
Si tu voulais, je pourrais aller te voir.
Se tu avessi voluto, sarei potuto andare a trovarti.
Si tu avais voulu, j'aurais pu aller te voir.

EXERCICES

Per quanto sia ricco, vive modestamente.
Per prudente **che** fosse, non riuscì a evitare lo scontro.
Chiunque telefoni, non rispondere!
Se vuoi, posso venire. **Se** vorrai, potrò venire.
Se tu volessi, potrei... **Se** tu avessi voluto, sarei potuto andare.

V*. *Mettre les verbes entre parenthèses au temps convenable :*

1. Sebbene non ... (esserci) granché nel frigorifero, trovò due uova e si fece una frittata.
2. Nonostante non ... (stare) bene, partirà lo stesso.
3. Benché lo ... (chiamare) zio, non erano sue nipoti.
4. Per colto che ... (essere), conosceva male la letteratura del Cinquecento.
5. Chiunque ... (volere) parlare, lasciatelo esprimersi!
6. Qualunque risposta ... (dare) i ragazzi, il padre non ci credeva.
7. Sebbene le nuvole ... (coprire) la luna, la notte era chiara.
8. Qualsiasi vestito ... (comprare), Lina lo prende troppo stretto.

VI. *Choisir la forme qui convient :*

1. Se ... meglio, Pietro potrebbe tornare a scuola.
   a) stia   b) stesse   c) sta
2. Se tua sorella ... nel negozio, entrerai anche tu.
   a) entra   b) entrava   c) entrerà
3. Se ..., mi avrebbero già telefonato.
   a) erano arrivati   b) arriverebbero   c) fossero arrivati
4. Se tu ... (volere) cogliere una rosa, non devi temere gli spini.
   a) vuoi   b) vorrai   c) voglia
5. Ti porterei alla stazione, se io ... libero.
   a) sono   b) fossi   c) sia

VII*. *Former au moins 4 propositions hypothétiques pour chaque phrase :*

1. Se tu ... (gridare), tutti ti ... (sentire)
2. Se ... (uscire) col vento, egli ... (ammalarsi).
3. Voi ... (perdere) il treno se non ... (affrettarsi)

- les conjonctions et locutions conjonctives, toutes suivies du subjonctif, alors que le français emploie souvent le conditionnel (*cf.* p. 138) :

nel caso che - qualora - caso mai - semmai *au cas où, si jamais*
quand'anche *quand bien même*
a patto che, **purché** *pourvu que*
a meno che *à moins que*

    Qualora ci fossero difficoltà, telefoneresti.
    Au cas où il y aurait des difficultés, tu téléphonerais.

5. Les *consécutives* souvent à l'indicatif ou, si la conséquence est seulement possible, au subjonctif ou au conditionnel ; elles sont introduites par

- des adverbes ou des locutions conjonctives comme
così ... che - tanto ... che *si ... que*

☞ Ne pas confondre avec **così ... come - tanto ... quanto** (comparatif)

sicché *si bien que*
in modo che *de façon que* - **a tal punto che** *à tel point que*

    È *così* stanco *che* non si può alzare.
    Il est si fatigué qu'il ne peut se lever.
    Si misero a parlare piano *di modo che* nessuno sentisse.
    Ils se mirent à parler bas de manière que personne n'entende.
    È *così* buono *che* non ucciderebbe una mosca.
    Il est si bon qu'il ne tuerait pas une mouche.

- des adjectifs comme **tale, simile ... che**
    La sua fragilità era *tale che* il bicchiere si ruppe.
    Sa fragilité était telle que le verre se brisa.

6. Les *finales* toujours au subjonctif et introduites par :
perché *pour que*

☞ Ne pas confondre avec **perché** + indicatif (cause *cf.* **1**)
    parce que
affinché - acciocché *afin que*
    Lavora *affinché* il figlio possa studiare.
    Il travaille afin que son fils continue ses études.

EXERCICES

Qualora ci fossero difficoltà, telefoneresti.
È **così** stanco **che** non si può alzare.
Si misero a parlare **di modo che** nessuno sentisse.
Lavora **affinché** il figlio possa studiare.

VIII. *Conjuguer les verbes entre parenthèses :*

1. Purché non ... (stare) male, il soggiorno vi piacerà.
2. Il film era così lungo che io ... (tornare) dopo mezzanotte.
3. Ha spiegato pazientemente, sicché noi ... (riuscire) a capire.
4. Glielo dico perché lo ... (sapere).
5. Insistevano affinché le ragazze ... (partire) subito.
6. Qualora queste scarpe non ... (piacere) a mia figlia, io le metterei.
7. Chiuse la porta a chiave perché nessuno lo ... (disturbare).
8. Sei troppo poco convincente perché io ti ... (credere).
9. L'oratore parlava con voce forte affinché tutti lo ... (udire).
10. Provai una tale paura che non ... (potere) più muovere.

IX*. *Traduire les phrases suivantes :*

1. Au cas où il gèlerait, il viendrait par le train et non en voiture.
2. La route était si dangereuse que des accidents se produisirent.
3. Ils étaient si loin de l'arrivée qu'ils ne virent pas leur champion.
4. Je m'adresse à vous, Monsieur, pour que vous m'aidiez.
5. Je lui ai donné cette robe pour qu'elle la repasse et non pour qu'elle la fripe.
6. Nous viderons l'armoire pour que vous suspendiez les vêtements.
7. Mon frère est venu pour que je l'aide à résoudre un problème.
8. Au cas où tu aurais des nouvelles, avertis-moi !
9. Ils le disaient clairement pour que la chose se sache.
10. La mine de soufre était si profonde que personne ne voulait s'y aventurer.

7. Les *interrogatives indirectes* introduites par
les pronoms, adjectifs, conjonctions ou adverbes interrogatifs :
chi - quale - quanto - come - dove - quando - se ...

- Comme l'interrogative indirecte exprime un doute ou une incertitude, elle est de préférence au subjonctif :
  Gli domandò *se* conoscesse l'indirizzo di Sofia.
  Il lui demanda s'il connaissait l'adresse de Sophie.

- Mais l'emploi de l'indicatif est fréquent, notamment dans la langue familière, si la principale est à l'indicatif ou à l'impératif :
  Dimmi *quanto* costa! *Dis-moi combien ça coûte!*

- On peut aussi trouver le conditionnel :
  Mi sto chiedendo *se* mi piacerebbe vivere in Africa.
  Je me demande si j'aimerais vivre en Afrique.

8. Les *locatives* à l'indicatif ou au subjonctif ; elles sont introduites par :
dove *où* - **dovunque** *partout où - où que*
  Lo seguirò *dovunque* andrà /vada.
  Je le suivrai où qu'il aille.

9. Les *modales*

- à l'indicatif quand le fait est certain ; elles sont introduites par des conjonctions ou des locutions conjonctives comme :
come *comme - comment*
nel modo che - nel modo in cui *de façon que*
secondo che *selon que*
  Agirò *come* crederò opportuno.
  J'agirai comme je le croirai bon.

- au subjonctif quand il s'agit d'une possibilité ; elles sont introduites par :
comunque - in qualsiasi modo che *de quelque façon que*
come se *comme si...*
  Comunque vadano le cose, non mi abbandonerà.
  Quoi qu'il en soit, il ne m'abandonnera pas.

- au conditionnel :
  Ha risposto *come* avrebbe risposto Livio.
  Il a répondu comme aurait répondu Livio.

EXERCICES

Gli domandò **se** conoscesse l'indirizzo.
Dimmi **quanto** costa.
Scoprì **dove** si era nascosto. Lo seguirò **dovunque** vada/andrà.
Agirò **come** crederò opportuno.
Comunque vadano le cose, non mi abbandonerà.

X. *Compléter les phrases :*

1. Vi chiedo se ... (avere) freddo.
2. Vorrei sapere quanto ... (costare) questa macchina.
3. Si stava chiedendo come Franco ... (potere) fare un errore simile.
4. Dovunque loro ... (arrivare), era lo stesso spettacolo.
5. Non saprei dire se io ... (essere) arrabbiato o no.
6. Mia sorella mi chiese che cosa io ... (fare) in salotto.
7. Non riesco a ricordare dove io lo ... (incontrare).
8. Il lavoro è stato fatto come ... (volere) tu.
9. Comunque ... (stare) le cose, ora è il momento di agire.
10. Fateci sapere qualcosa di modo che noi ... (sapere) regolarci !
11. Comunque io ... (agire), mi fai sempre tanti rimproveri.
12. Non capivano in che cosa ... (consistere) i loro errori.

XI*. *Traduire les phrases :*

1. Je ne comprends pas pourquoi personne n'essaie de l'aider.
2. Tu nous expliqueras comment est arrivé l'accident.
3. Il se demanda s'il n'y avait pas une erreur.
4. On ne sait pas pour qui il fait tant de sacrifices.
5. Pouvez-vous me dire, s'il vous plaît, où habite Madame Rossi ?
6. Personne ne savait pourquoi Jean n'était pas encore arrivé.
7. Il dirige l'entreprise comme l'aurait fait son père.
8. Je lui demandais s'il voulait que je l'aide.
9. Téléphonez-moi de manière que je vienne à la gare !
10. Je ne sais pas comment conduit Maryse, mais elle a déjà eu deux accidents.
11. On ne savait pas où il était, où il était allé et d'où il venait.

10. Les *restrictives* à l'indicatif (réalité) ou au subjonctif (possibilité et hypothèse) et introduites par :
a meno che, *à moins que* - **eccetto che** - **salvo che** - **tranne che** *sauf que...*

> **Domani uscirà *a meno che* piova.**
> *Demain il sortira, à moins qu'il ne pleuve.*

11. Les *temporelles* à l'indicatif et au subjonctif :

- si l'action de la principale et celle de la subordonnée sont simultanées, la proposition temporelle est à l'indicatif et introduite par :
quando - **come** *quand* - **allorché** *alors que* - **mentre** *pendant que* - **nel momento in cui** *au moment où...*

> **Pioveva *quando* volle partire.**
> *Il pleuvait quand il voulut partir.*

- si l'action de la principale est postérieure à celle de la subordonnée, la proposition temporelle est à l'indicatif et introduite par **dopo che** :

> ***Dopo che* fu partita non ha più scritto.**
> *Après qu'elle fut partie, elle n'a plus écrit.*

- si l'action de la temporelle est antérieure à celle de la subordonnée, la proposition temporelle est au subjonctif et introduite par **prima che** :

> ***Prima che* Luigi vada via, andranno a salutarlo.**
> *Avant que Louis ne parte, ils iront lui dire au revoir.*

- Les conjonctions ou locutions conjonctives **dacché** - **da quando** *depuis que* - **(non) appena** *dès que* - **ogni volta che** *chaque fois que* - **man mano che** *au fur et à mesure que*... régissent l'indicatif :

> **Gliene parlerà *non appena* la vedrà.**
> *Il lui en parlera dès qu'il la verra.*

- Les conjonctions ou locutions conjonctives **finché** - **finché non** - **fino a quando** *jusqu'à ce que, tant que* régissent l'indicatif si le fait est certain et le subjonctif si le fait est seulement possible :

> ***Finché* c'è vita c'è speranza.**
> *Tant qu'il y a de la vie, il y a de l'espoir.*
> **Aspetterà *finché non* lo abbiano / (avranno) pagato.**
> *Il attendra jusqu'à ce qu'ils l'aient payé.*

EXERCICES

Domani uscirà **a meno che** piova.
Pioveva **quando** volle partire.
Dopo che fu partita, non scrisse più.
Prima che vada via, andranno a salutarlo.
Gliene parlerà **non appena** lo vedrà.
Aspetterà **finché non** lo avranno/ (abbiano) pagato.

XII*. *Transcrire la forme correcte :*

1. È venuto senza che nessuno lo ...
   a) chiama   b) chiamasse   c) chiamò
2. A meno che Dora ... andare al cinema, può restare a casa.
   a) volesse   b) vuole   c) voglia
3. Verrei solo, a meno che lei ... per accompagnarmi.
   a) insistesse   b) insiste   c) insistette
4. Possiamo uscire a meno che il tempo non lo ...
   a) permettesse   b) permetta   c) permette

XIII. *Compléter les phrases suivantes :*

1. Non appena ... (finire), vi raggiungeremo.
2. Comprate la carne prima che la macelleria ... (chiudere).
3. Dopo che ... (mangiare), andò a letto.
4. Mentre voi ... (leggere), io dormivo.
5. Man mano che ... (arrivare), falli sedere.
6. Finché ... (durare) il temporale, sarà impossibile ascoltare la radio.

XIV*. *Traduire les phrases suivantes :*

1. Après que tout le monde fut parti, je suis allé me coucher.
2. Pendant que vous vous reposiez, j'ai réussi à finir le travail.
3. Avant qu'ils n'aient pu le découvrir, il avait fui à l'étranger.
4. Dès qu'il arrive chez lui, il allume le téléviseur.
5. Avant que le film commence, nous bavardions devant le cinéma.
6. Tant qu'il ne réagira pas, il ne pourra pas guérir.
7. Depuis qu'ils sont en France, nous ne les avons plus revus.
8. Bien des jours passeront avant qu'il ne revoie son pays.
9. Chaque fois que j'y pense, j'éprouve une impression de malaise.

19. Les conjonctions de coordination

Elles relient des mots ou des propositions

1. pour ajouter ou pour retrancher :

e *et,* **anche** *aussi,* **nonché** *ainsi que,* **pure** *aussi*
né *ni,* **neanche, nemmeno, neppure** *pas même :*
   Ragazzi *e* ragazze andavano *e* venivano.
   Des garçons et des filles allaient et venaient.
   Pedro non è italiano, *neanche* Ali.
   Pedro n'est pas italien, Ali non plus.

■ **e** se transforme en **ed** devant une voyelle, surtout devant **e** :
   Io *ed* Elena siamo sorelle.
   Hélène et moi nous sommes sœurs.

e s'emploie dans les tournures idiomatiques formées avec :
- **tutto** suivi d'un chiffre : **tutti *e* due** *tous les deux*
- **bello** suivi d'un participe (**bello** s'élide au singulier) :
   È *bell' e* fatto.
   C'est bel et bien fait.

■ **anche** se place devant le mot auquel il se rapporte et s'élide
devant un pronom personnel commençant par une voyelle :
   Lea vive a Roma, *anch'* io.
   Lea vit à Rome, moi aussi.

■ Les conjonctions négatives précèdent le verbe sans autre
négation dans la phrase ; si elles le suivent, on ajoute la négation
non :
   Neanche **lei ha mangiato.**
   Non **ha mangiato** *neanche* **lei.**
   Elle non plus n'a pas mangé.

2. pour exprimer l'alternative :

o *ou,* **oppure, ossia, ovvero** *ou bien,* **altrimenti** *sinon -*
autrement :
   Puoi comprare un dolce *oppure* un gelato.
   Tu peux acheter un gâteau ou bien une glace.

EXERCICES

Neanche lei ha mangiato. **Non** ha mangiato **neanche** lei.
Puoi comprare un dolce **oppure** un gelato.
Non l'ho trovato : **infatti** era già uscito.
Non avevo il tuo indirizzo, **perciò** non ti ho scritto.
Sta male, **anzi** malissimo.

I. *Ajouter les conjonctions de coordination appropriées :*

1. Il treno parte alle quattro, ... fra un quarto d'ora.
2. ... Carlo ... Luigi sono in ritardo.
3. Ho incontrato Marco e ... Francesca.
4. Vuoi telefonargli subito ... aspettare domani ?
5. Credeva di aver ragione, ... aveva torto.
6. Non aveva studiato, ... rispondeva bene.
7. Vi parlerò dell'autore di «*Mastro don Gesualdo*», ... di Giovanni Verga.
8. ... che tu venga, ... che tu non venga, io ci andrò lo stesso.
9. Ho sbagliato, ... devo ricominciare.
10. Non ho visto ... Carla ... Dora.

II*. *Traduire :*

1. C'est un Américain, en effet je le reconnais à sa prononciation.
2. Veux-tu rester au lit ou bien venir avec nous à la montagne ?
3. Je ne connais pas les faits, donc je ne peux pas juger.
4. Il disait qu'il parlait plusieurs langues, mais il ne connaît même pas l'italien.
5. Il pleut à verse et pourtant je dois sortir quand même.
6. Je peux te l'assurer : il est bel et bien arrivé hier.
7. Franca n'est pas sérieuse, en effet elle ne vient presque jamais au lycée.
8. Il mange trop, c'est pourquoi il a mal à l'estomac.
9. Tu disais qu'elle était déjà partie, mais elle est encore là.
10. J'aime la cuisine italienne, c'est-à-dire les pâtes, la pizza, l'huile d'olive et le vin.

3. pour introduire une explication :

cioè, vale a dire *c'est-à-dire*
difatti, infatti, in effetti *en effet*
　　Non l'ho trovato : *infatti* era già uscito.
　　Je ne l'ai pas trouvé : en effet il était déjà sorti.

4. pour introduire une conclusion, une conséquence :

dunque *donc*, **quindi** *par conséquent*, **perciò** *c'est pourquoi*
　　Non avevo il tuo indirizzo, *perciò* non ti ho scritto.
　　Je n'avais pas ton adresse, c'est pourquoi je ne t'ai pas écrit.

5. pour marquer une restriction, une opposition ou pour renforcer :

ma *mais*
tuttavia *toutefois*
però *cependant*
eppure *et pourtant*
invece *au contraire*
bensì *mais plutôt*
anzi *et même, au contraire ...*
　　Non mi dispiace, *anzi* mi fa piacere.
　　Cela ne me déplaît pas, au contraire ça me fait plaisir.
　　Sta male, *anzi* malissimo.
　　Il va mal, et même très mal.

☞ Attention aux pléonasmes du type : **ma però - ma invece** :
　　l'une de ces deux conjonctions est suffisante.

6. pour établir une corrélation :

e ... e *et ... et*
né ... né *ni ... ni*
sia ... sia *soit ... soit*
così ... come / tanto ... quanto *aussi ... que, autant ... que*
non solo ... ma anche *non seulement ... mais aussi*
　　Qualcuno risponde sempre, *sia* di giorno, *sia* di notte.
　　Il y a toujours quelqu'un qui répond, soit de jour, soit de nuit.

EXERCICES

III*. *Traduire :*

1. Est-ce que tu sors ou est-ce que tu restes chez toi ?
2. Il est parti, par conséquent, c'est inutile d'aller chez lui.
3. Ce tableau est très connu, pourtant il ne me plaît pas.
4. Je le connais depuis longtemps et même nous avons grandi ensemble.
5. Cette maison n'est ni grande ni somptueuse, mais elle est très confortable.
6. Je n'ai pas pu le rencontrer ni même lui téléphoner.
7. Je ne vous demande pas une bière, mais un café.
8. La situation économique n'est pas bonne, et même elle s'aggrave de jour en jour.
9. La circulation était particulièrement difficile, c'est pourquoi nous sommes arrivés en retard à la conférence.
10. Il est malade et pourtant il sort.
11. Ils ont rencontré quelques personnes mais ils n'ont pas osé leur parler.
12. « *Marcovaldo ou les saisons à la ville* » est le titre complet d'un livre d'Italo Calvino.

IV. *Traduire :*

1. En effet, il avait raison.
2. Je ne le crois pas intelligent, je dirais même qu'il est complètement idiot.
3. Je pense, donc j'existe.
4. Je n'étais pas au spectacle, c'est pourquoi je ne peux rien vous dire.
5. C'est un homme bourru et pourtant il est sympathique.
6. L'été est bel et bien fini.
7. J'étais fatigué, c'est pourquoi je suis allé me coucher.
8. Je le croyais honnête, au contraire, c'est une fripouille.
9. Ils voulaient visiter le musée, ils sont donc partis de bonne heure.
10. Son devoir n'était pas brillant, pourtant il a été reçu.
11. Je l'ai bel et bien lu dans le journal.
12. Veux-tu déjeuner à la maison ou bien aller au restaurant ?
13. Leonardo Sciascia a écrit « *Candide ou bien un rêve fait en Sicile* ».

20. Les adverbes

1. Les adverbes et locutions de manière

On distingue :

■ les adverbes en **-mente** formés à partir de l'adjectif féminin auquel on ajoute **-mente** :
   lento → **lentamente** - **veloce** → **velocemente**

Exception : **violento** → **violentemente**

- Les adjectifs en **-le** ou en **-re**, ainsi que **benevolo, leggero** et **ridicolo** perdent leur voyelle finale :
   facile → **facilmente** - **volgare** → **volgarmente**

- Deux adverbes ont une formation irrégulière :
   parimenti *également* et **altrimenti** *autrement.*

■ les adverbes en **-oni** indiquant une attitude ou une allure, qui dérivent d'un nom ou d'un verbe :

   la bocca *la bouche* → **bocconi** *à plat ventre*
   il ginocchio *le genou* → **ginocchioni** *à genoux*
   cavalcare *chevaucher* → **a cavalcioni** *à califourchon*
   ruzzolare *dégringoler* → **ruzzoloni** *en dégringolant*
   saltellare *sautiller* → **saltelloni** *en sautillant*
   tastare *tâter* → **tastoni** *à tâtons*
   tentare *tenter* → **tentoni** *à tâtons* ...
   Il bambino cadde *bocconi.* *L'enfant tomba à plat ventre.*

■ certains adjectifs employés adverbialement : **chiaro** *claire-ment* - **forte** *vite* - **diritto** *droit* - **giusto** *justement*...
   Paolo ha visto *giusto.* *Paul a vu juste.*

■ un certain nombre d'adverbes souvent d'origine latine :
bene *bien*, **male** *mal*, **così** *ainsi*, **come** *comme*, **insieme** *ensemble*, **volentieri** *volontiers*.
   Abbiamo mangiato *male*.
   Nous avons mal mangé.

■ des locutions adverbiales formées de :

- prépositions et adjectifs : **alla svelta** *rapidement* - **d'improvviso** *tout à coup*...

- prépositions et substantifs : **a caso** *au hasard* - **in fretta** *à la hâte*...

- l'adjectif répété : **pian piano** *tout doucement* ...

EXERCICES

lento → **lentamente** - veloce → **velocemente**
facile → **facilmente** - volgare → **volgarmente**
violento → **violentemente**
parimenti – altrimenti – bocconi
ginocchioni – a cavalcioni

I. *Former les adverbes de manière à partir des adjectifs :*

vero	utile	stanco	debole
paziente	sottile	violento	attuale
amaro	cortese	leggero	saldo
veloce	improvviso	probabile	sapiente

II. *Donner le contraire des adverbes suivants :*

male	pesantemente	tristemente
passivamente	altrimenti	volgarmente
anticamente	poveramente	raramente
facilmente	stupidamente	forte

III*. *Traduire :*

1. Il téléphone fréquemment pour avoir des nouvelles.
2. Il refit soigneusement le pli de son pantalon.
3. À califourchon sur le mur, nous regardions passer les coureurs.
4. Il agit toujours aveuglément.
5. Il est descendu à tâtons dans la cave.
6. Il marchait pesamment.
7. Il s'est mis à quatre pattes pour chercher la lettre qui était tombée.
8. Parle doucement pour ne pas réveiller le bébé !
9. Il était assis sur le petit mur, les jambes pendantes.
10. Il travaille avec acharnement.
11. Malheureusement le malade ne put être sauvé.
12. La grêle endommage souvent gravement les cultures.
13. La situation s'est notablement aggravée.
14. Les avions ne volent pas librement dans le ciel : ils suivent des routes précises.
15. Les écoliers ont repris allégrement le chemin de l'école.

2. Les adverbes et locutions de temps

ieri *hier*, **oggi** *aujourd'hui*, **domani** *demain*
ora, adesso *maintenant*, **allora** *alors*, **presto** *tôt*, **tardi** *tard*
prima *avant*, **poi** *puis*, **dopo** *ensuite*, **ancora** *encore*
sempre *toujours*, **mai** *jamais*, **spesso** *souvent*
poco fa *récemment*, **poco prima** *peu avant*
fra poco *d'ici peu*, **poco dopo** *peu après*
ogni tanto *de temps en temps*
ora ... ora *tantôt ... tantôt*
d'ora in poi *dorénavant*

■ **ora, or ora, proprio ora, poco fa, appena** associés au passé composé marquent le *passé immédiat* par rapport au présent ; ils suivent le verbe, sauf ***appena*** intercalé entre auxiliaire et participe (*cf.* p. 136) :

È tornato *ora* - **È tornato *poco fa*** - **È *appena* tornato.**
Il vient de rentrer.

■ **allora, proprio allora, poco prima, appena** associés au plus-que-parfait marquent le *passé immédiat* par rapport au passé ; ils suivent le verbe, sauf ***appena*** qui s'intercale entre auxiliaire et participe :

Era tornato *allora* - **Era tornato *poco prima*** - **Era *appena* tornato.** *Il venait de rentrer.*

■ **ora, adesso, fra poco** associés au présent ou au futur marquent le *futur immédiat* par rapport au présent :
(*cf.* aussi ***stare per*** et l'infinitif pp. 122 et 134)

***Ora* te lo dico.** *Je vais te le dire.*
Arriverà *fra poco*. *Il va arriver.*

■ **mai** *jamais*

- s'il suit le verbe, il impose la négation **non** dans la phrase ; s'il le précède, la négation **non** est omise :
   Non è *mai* stato fedele. *Mai* è stato fedele.
   Il n'a jamais été fidèle.

- Dans une proposition hypothétique, il peut perdre sa valeur négative :
   Se *mai* (*semmai*) venite ... *Si jamais vous venez ...*

- Dans une phrase interrogative ou exclamative, il perd sa valeur temporelle pour renforcer l'interrogation ou l'exclamation :
   Come *mai* non viene ? *Comment se fait-il qu'il ne vienne pas ?* **Come *mai* !** *Comment donc !*

EXERCICES

È tornato **ora**. È **appena** tornato. È tornato **poco fa**.
Era tornato **allora**. Era **appena** tornato.
Era tornato **poco prima**.
Ora te lo dico. Arriverà **fra poco**.
Non è **mai** stato fedele. **Mai** è stato fedele – come **mai** – se **mai**

IV. *Traduire :*

1. Quand Louis est arrivé, Françoise était déjà là.
2. Comment se fait-il qu'il n'y ait pas de pain?
3. Tu peux lui dire dès maintenant que je n'accepterai jamais.
4. Avez-vous jamais mangé des spaghetti aussi bons?
5. Et maintenant, que vais-je faire?
6. Elle est très indécise : tantôt elle accepte, tantôt elle refuse.
7. Si jamais je gagne à la loterie, je vous invite tous.
8. Dorénavant je rentrerai à dix-huit heures trente et non à dix-huit heures.
9. De temps à autre nous allons au restaurant avec des amis.
10. Jamais je ne recommencerai.

V*. *Traduire :*

1. Je viens de rencontrer la sœur de Maxime.
2. Il venait de s'asseoir quand il entendit sonner le téléphone.
3. Je viens d'arriver de Rome et je t'apporte les dernières nouvelles.
4. On vient de me dire que votre frère part pour la Sicile.
5. Mes enfants, soyez sages! je vais vous raconter une belle histoire.
6. Vous allez nous expliquer les raisons de votre absence, Monsieur.
7. Il venait de passer le pont quand il se mit à pleuvoir.
8. Ils venaient de finir le déjeuner quand Charles arriva.
9. Je ne suis pas encore prête : je vais préparer ma valise.
10. Nous venions de sortir quand nos amis arrivèrent.
11. Il va quitter Florence par avion.
12. Attends-moi un instant! je vais venir tout de suite.
13. Je viens de lui téléphoner et d'ici peu il va rappeler.
14. Nous venons de nous quitter.
15. Son roman venait de sortir quand il mourut.

3. Les adverbes et locutions de lieu

■ **qui**, **qua** *ici*, **quaggiù** *ici-bas*, **quassù** *ici en haut*, **lì**, **là** *là*, **laggiù** *là-bas*, **lassù** *là-haut*, **accanto**, **vicino** *à côté*, **lontano** *loin*, **dentro** *dedans*, **fuori** *dehors*, **davanti** *devant*, **dietro** *derrière*, **intorno** *autour*, **sotto** *dessous*, **sopra** *au-dessus*, **su** *en haut*, **giù** *en bas*, **altrove** *ailleurs*, **dappertutto**, **dovunque** *partout*...

    Laggiù c'è una casa bianca.
    Là-bas il y a une maison blanche.

■ **ci** et **vi** *y* - **ne** *en, de cet endroit* suivent la règle de **ci**, **vi**, **ne** pronoms personnels

    Conosci Roma? Sì, *ne* torno adesso; *ci* vado spesso.
    Connais-tu Rome? Oui, j'en reviens, j'y vais souvent.

Ci accompagne aussi :

    essere pour former **c'è** - **ci sono** *il y a* (*cf.* p. 218)
    volere pour former **ci vuole** - **ci vogliono** *il faut* (*cf.* p. 214)
    entrare pour former **non c'entro** *je n'y suis pour rien*.

■ **di qua** *de ci* - **di là** *de là* - **per di qua** *par ici* - **per di là** *par là* ...

4. Les adverbes et locutions de quantité

■ les indéfinis de quantité (*cf.* p. 84) ayant valeur d'adverbes s'ils modifient un verbe, un adjectif ou un autre adverbe :

poco *peu*, **alquanto** *un peu*, **parecchio** *pas mal*, **molto** *beaucoup*, **tanto** *tant, beaucoup*, **altrettanto** *autant*, **troppo** *trop*
    Hanno mangiato *troppo*. *Ils ont trop mangé.*

Tanto, **quanto** et **altrettanto** aident à former le comparatif d'égalité (*cf.* p. 34)

■ des adverbes originaux : **abbastanza** *assez*, **almeno** *au moins*, **assai** *très*, **circa** *environ*, **così** *ainsi*, **piuttosto** *plutôt*, **quasi** *presque* ...

    Abbiamo *quasi* finito. *Nous avons presque fini.*

■ des locutions : **all'incirca** *environ*, **così così** *couci couçà*, **press'a poco**, **a un di presso**, **su per giù** *à quelque chose près*, **sempre più** *de plus en plus*, **sempre meno** *de moins en moins*...

    Siamo *press'a poco* della stessa età.
    Nous sommes à peu près du même âge.

EXERCICES

Laggiù c'è una casa bianca. **Ci** vado.

VI*. *Exprimer le contraire en modifiant l'adverbe de lieu :*

1. Erano tutti dentro.
2. La casa è giù a valle.
3. Davanti c'è il giardino.
4. Fuori fa freddo.
5. Francesca viene da lontano.
6. Là è nevicato.

VII*. *Traduire en employant les adverbes de lieu* **ci** *et* **ne** *:*

1. Il habite à Venise et il s'y trouve bien.
2. Ils s'en allèrent immédiatement.
3. Il n'y a vraiment rien à voir.
4. La place d'Espagne à Rome est très belle et nous y passons tous les jours.
5. Pourquoi parlez-vous déjà de vous en aller ?
6. Je ne resterai que quelques jours ici, je n'y reste jamais longtemps.
7. La maison semblait vide, pourtant il en sortit une petite fille.
8. Connaissez-vous Florence ? Oui, nous y sommes allés le mois dernier.
9. Je cherche de l'huile, mais il n'y en a pas.

Hanno mangiato **troppo**. Siamo **press'a poco** della stessa età.

VIII. *Traduire (l'exercice mêle adjectifs indéfinis et adverbes de quantité) :*

1. Le réseau routier devient de plus en plus dense.
2. Il lit beaucoup et il regarde peu la télévision.
3. Tu dors trop peu, c'est pourquoi tu es si fatigué.
4. Même si tu as très soif, ne bois pas trop.
5. C'est une femme très énergique.
6. Je n'aime pas beaucoup les films romantiques.
7. Tes enfants n'aiment pas beaucoup les carottes.
8. Même si vous êtes très pressés, vous devez être patients.
9. Soyez très prudents au volant : il y a beaucoup d'accidents.
10. Bien des gens se plaignent du bruit.
11. Ce livre est très long, il y en a peu d'aussi denses.
12. Si vous êtes très riche, vous suscitez bien des jalousies.
13. Qui trop embrasse mal étreint.

5. Les adverbes et locutions d'affirmation, de négation, de doute

■ Affirmation :

sì *oui,* **affatto** *tout à fait,* **appunto** *précisément,* **certo** *sûrement,* **davvero** *vraiment,* **già** *bien sûr,* **precisamente** *précisément,* **proprio** *tout à fait,* **senz' altro** *évidemment,* **senza dubbio** *sans aucun doute,* **sicuro** *sûrement...*
　Ha scelto *appunto* **quel giorno per incontrarti.**
　Il a choisi justement ce jour-là pour te rencontrer.

☞ **affatto** renforce l'affirmation dans une phrase affirmative :
　È *affatto* **incapace di parlare.**
　Il est tout à fait incapable de parler.

Dans une phrase négative, il renforce la négation et signifie *pas du tout* :
　Non l'ho visto *affatto.* *Je ne l'ai pas vu du tout.*

☞ **già** marque une forte affirmation dans une phrase affirmative :
　Sei d'accordo? Già! *Tu es d'accord? Bien sûr!*

Dans une phrase négative, il atténue la négation :
　Non già che io rifiuti, ma non posso venire.
　Ce n'est pas que je refuse, mais je ne peux pas venir.

■ Négation :

no *non,* **nè** *ni,* **neanche, nemmeno, neppure** *non plus,* **mai** *jamais (cf.* p. 180), **mica** *pas,* **per niente** *pas du tout,* **neanche per sogno** *jamais de la vie*
　Non lo vedo mai. *Je ne le vois jamais.*

☞ Ne pas confondre **no** *non,* réponse négative à une question, et **non** *ne ... pas* introduisant la forme négative :
　Vuoi venire? No, non voglio.
　Veux-tu venir? Non, je ne veux pas.

- **mica** *mie,* qui à l'origine est un nom, a pris valeur d'adverbe renforçant la négation :
　Non ci vedo mica. *Je n'y vois goutte.*

- **neanche, nemmeno, neppure** *même pas, non plus* placés après le verbe exigent l'emploi de **non** dans la phrase ; s'ils précèdent le verbe, **non** est omis.
　Non viene neanche lei - Neanche lei viene.
　Elle ne vient pas non plus.

■ Doute :

eventualmente *éventuellement,* **forse** *peut-être,* **magari** *peut-être, au moins,* **circa** *approximativement ...*
　Forse **ho fatto male a dirglielo.**
　J'ai peut-être mal fait de le lui dire.

EXERCICES

Ha scelto **appunto** quel giorno. Sei d'accordo? **Già.**
È **affatto** incapace di parlare. Non l'ho visto **affatto**.
Non viene **neanche** lei. **Neanche** lei viene.

IX*. *Traduire :*

1. J'ai décidé de me mettre vraiment au travail.
2. Je ne suis pas du tout guérie.
3. Il n'a même pas répondu à ma lettre.
4. C'est un enfant vraiment misérable.
5. Vous ne me dérangez nullement.
6. Les faits se sont déroulés exactement de la façon suivante.
7. Connais-tu la place Saint Marc? Bien sûr, elle est très célèbre.
8. Est-il muet? Il n'a même pas dit un mot.
9. Peut-être ai-je eu tort de ne pas les inviter.
10. Elles viendront sans aucun doute.
11. Parfois le public n'est pas stupide du tout.
12. Il était midi quand tu as téléphoné? Oui, précisément midi.

X. *Traduire :*

1. Il a peut-être oublié le rendez-vous que vous lui aviez donné.
2. Savez-vous lire? Evidemment!
3. Est-ce que tu aimes le chocolat? Bien sûr!
4. Maintenant que je me suis reposé, je me sens vraiment bien.
5. Je n'ai pas du tout envie d'aller me coucher.
6. Si tu n'y vas pas, je n'y vais pas non plus.
7. Est-ce que je peux aller au cinéma? Absolument pas!
8. Viendrez-vous à la réunion? Sans aucun doute.
9. Je ne sais pas répondre, mais eux, ils ont peut-être une explication.
10. Est-ce que tu me laisses partir seul? Jamais de la vie!
11. Ce n'est pas vrai du tout.
12. C'est une villa vraiment magnifique.

6. Comparatifs et superlatifs adverbiaux

■ La plupart des adverbes de manière, quelques adverbes de lieu (**lontano, vicino**), de temps (**presto, tardi, spesso**) et de quantité (**molto, poco**) ont un comparatif

- de supériorité : **più spesso** *plus souvent*

- d'infériorité : **meno spesso** *moins souvent*

- d'égalité : **così spesso** *aussi souvent*

Ces comparatifs se construisent comme les comparatifs des adjectifs (*cf.* p. 34)

Va al cinema *più* spesso *di* me.
Il va au cinéma plus souvent que moi.

■ Ils ont aussi un superlatif

- relatif qui se forme sans article à la différence du français :
Luigi è l'amico che invito *più volentieri*.
Louis est l'ami que j'invite le plus volontiers.

☞ *plus, le plus, davantage, moins, le moins* modifiant un verbe se traduisent par **di più, di meno** :
Pietro mangia *di più*. *Pierre mange davantage.*

- absolu, formé avec **molto, tanto, assai,** et parfois en répétant l'adverbe : **molto spesso** *très souvent* - **piano piano** *très doucement*.

■ Quelques adverbes ont des formes irrégulières au comparatif et au superlatif :

	comparatif	superlatif
bene	**meglio**	**ottimamente**
male	**peggio**	**pessimamente**
molto	**più**	**moltissimo**
poco	**meno**	**minimamente**
grandemente	**maggiormente**	**massimamente** ou **sommamente**

7. Les adverbes se placent généralement

- devant l'adjectif : **È *proprio* simpatico.**
Il est vraiment sympathique.

- devant l'adverbe : **Leo guida *molto* forte.**
Leo conduit très vite.

- derrière le verbe : **Egli parlava *lentamente*.**
Il parlait lentement.

EXERCICES

più spesso – **meno** spesso – **così** spesso
molto spesso – **piano piano**
Luigi è l'amico che invito **più volentieri.**

XI*. *Traduire :*

1. Parle plus doucement : ton petit frère dort !
2. Mes enfants, apprenez vos leçons plus sérieusement !
3. Ma grand-mère habite tout près, c'est pourquoi je vais la voir très facilement.
4. Vous parlez très vite, Monsieur, je ne comprends rien de ce que vous dites.
5. Il écoute très attentivement les explications.
6. Madame, je vous parle très sincèrement.
7. Qu'est-ce qui vous dérange le plus, Mademoiselle ? Le bruit.
8. Tes enfants jouent bien mieux au tennis que les miens.
9. Notre voiture est tombée en panne hier ; cela arrive très souvent.
10. En ce moment, les affaires vont plus mal qu'autrefois.
11. Il vaut mieux ne rien dire.
12. Nous partirons demain matin très tôt.

XII. *Traduire :*

1. Les enfants sont davantage sujets aux maladies infectieuses.
2. Comment va-t-il ? Très mal.
3. En ce moment, il vient nous voir très souvent.
4. Ils rentrent toujours très tard.
5. Il a dormi longtemps, et s'il pouvait, il dormirait davantage.
6. Nous nous sommes assez reposés.
7. Ce qui frappe le plus, ce sont ses yeux.
8. Aimez-vous les chocolats ? Énormément.
9. Il a très peu neigé cet hiver.

XIII. *Traduire le proverbe :*

Chi più arde più splende.

21. Les prépositions

Les prépositions simples

Elles se combinent pour la plupart avec l'article défini qui les suit (*cf.* p. 16) mais de très nombreuses locutions usuelles n'utilisent pas l'article après la préposition :

Vado a teatro. Esce di scuola.
Je vais au théâtre. Il sort de l'école.

On rétablit l'article, lorsque l'expression est déterminée :

Vado al teatro San Carlo. Esce dalla scuola elementare.

1. a

■ devient souvent **ad** devant une voyelle :
Cominciano *ad* arrivare. *Ils commencent à arriver.*

■ s'emploie pour

- l'attribution : **Parlo *a* Paolo.** *Je parle à Paul.*
- le lieu où l'on est : **Sono *a* Roma.** *Je suis à Rome.*
- le lieu où l'on va : **Vanno *ad* Ancona.** *Ils vont à Ancône.*
- la distance : *a* **dieci metri** *à dix mètres*
- la mesure : **Va *a* cento chilometri l'ora.**
  Il va à cent kilomètres à l'heure.
- la forme : **la scala *a* chiocciola** *l'escalier en colimaçon*
- la manière :
  le procédé : **dipinto *ad* olio** *peint à l'huile*
  l'attitude : **Rimane *a* bocca aperta.** *Il reste bouche bée.*
- la distribution : **uno *a* testa** *un par personne*
  Camminano *a* due *a* due. *Ils marchent deux par deux.*
- le temps : **Mangia *a* mezzogiorno.** *Il mange à midi.*
- le moyen : **È una nave *a* vapore.** *C'est un bateau à vapeur.*
- le but : **un cane *a* difesa della casa**
  un chien pour défendre la maison

■ s'emploie devant l'infinitif qui suit un verbe de mouvement :
Vado *a* mangiare. *Je vais manger.*

■ introduit l'infinitif de narration :
E tutti *a* parlare. *Et tout le monde de parler.*

EXERCICES

Sono **a** Roma. Vanno **ad** Ancona. Una scala **a** chiocciola.
Un quadro dipinto **ad** olio. Rimane **a** bocca aperta.
Camminano **a** due **a** due. Vado **a** mangiare...

I*. *Traduire les phrases suivantes :*

1. Je vais au théâtre, tu vas au cinéma.
2. Turin est au nord, Palerme est au sud.
3. Je viens te voir demain.
4. Il gagne 100 euros par jour.
5. Nous sommes allés au restaurant.
6. Tu vas lui rendre visite pour jouer aux cartes.
7. Il rêve les yeux ouverts.
8. Attends ! Je cours acheter du pain.
9. À l'école c'est un excellent élève.
10. Au fur et à mesure, il arrive à comprendre.

II. *Traduire :*

1. Ils vont le retrouver à Cagliari.
2. « ... grenouilles aussitôt de sauter dans les ondes... »
(La Fontaine)
3. Il vend ce produit à 10 euros le kilo.
4. Sa sœur va au lycée technique.
5. Ils s'approchent de la fenêtre en marchant pieds nus.
6. À cette nouvelle, il se mit à pleurer.
7. Il va à pied au lac où se trouve sa barque à moteur.
8. Je me réveille à l'aube pour aller me baigner.

III*. *Traduire :*

1. Il vit à Milan mais va souvent à Vérone.
2. Il court prendre un vêtement.
3. Les soldats défilent quatre par quatre.
4. Nous sommes à Gênes et demain nous partirons pour Venise.
5. Elle va à la mer trois fois par mois.
6. C'est un article fait main.
7. J'ai un rendez-vous à dix heures et demie.

2. con

s'emploie pour désigner :

- l'union, l'accompagnement, la relation :
  Beve tè *con* limone. *Il boit du thé au citron.*
  Passeggio *con* Michele. *Je me promène avec Michel.*
  Hai una casa *con* giardino. *Tu as une maison avec jardin.*

- la manière : **Lavori *con* piacere.** *Tu travailles avec plaisir.*
  Va *con* la testa alta. *Il va la tête haute.*

- le moyen : **Cammina *col* bastone.**
  Il marche avec une canne.
  Arriva *col* treno delle cinque.
  Il arrive par le train de cinq heures.

- le signe distinctif :
  L'uomo *con* i baffi è suo nonno.
  L'homme avec les moustaches est son grand-père.

- la cause : ***Col* bel tempo tornano le cicogne.**
  Avec le beau temps les cigognes reviennent.

3. da

■ ne s'élide jamais devant voyelle.

■ indique :

- l'éloignement, c'est-à-dire l'origine dans le temps ou dans
  l'espace, le lieu par où l'on passe, la différence :
  Vengo *da* Venezia. *Je viens de Venise.*
  ***Da* quanto tempo sei a Roma ?**
  Depuis quand es-tu à Rome ?
  L'uccello entra *dalla* finestra.
  L'oiseau entre par la fenêtre.
  È diverso *dagli* altri.
  Il est différent des autres.

- la description, le détail caractéristique :
  un bimbo *dai* capelli biondi *un bébé aux cheveux blonds*

mais : **un bimbo *di* un'indole facile** *un bébé au caractère
facile.*

- la valeur, le prix : **una cosa *da* nulla** *une chose de rien*
  una moneta *da* due euro *une pièce de deux euros*

mais on dira : **un quadro *di* valore** *un tableau de valeur*
(estimation).

EXERCICES

Beve tè **con** limone. Ti alleni **con** accanimento.
Va **con** la testa alta. Arriva **col** treno delle cinque.
L'uomo **con** i baffi. **Col** bel tempo tornano le cicogne.

IV*. *Traduire les phrases suivantes :*

1. Je ferai ce voyage avec mes amis.
2. Tu pars en Sicile par l'avion de midi.
3. Les hirondelles s'en vont avec les premiers froids.
4. Elle avance toujours, les yeux baissés.
5. Elle a un appartement avec vue sur la mer.
6. Il frappe sur l'enclume avec le marteau.
7. La fille avec le chapeau est une amie.
8. Avec cette chaleur on n'a pas envie de travailler.
9. Je vais me baigner avec un camarade.
10. Tu le regardes avec attention.

Vengo **da** Roma. **Da** quanto tempo sei a Venezia?
L'uccello entra **dalla** finestra. È diverso **dagli** altri.
Un bimbo **dai** capelli biondi. Una cosa **da** nulla.
Ha qualcosa **da** bere. Fa un caldo **da** morire.
Fa **da** mangiare **da** bravo cuoco. Fu preso **dai** carabinieri.
Vado **da** Elena...

V*. *Traduire :*

1. Achète à boire et à manger !
2. L'homme aux lunettes de soleil sort du stade.
3. Le service à café est dans la salle à manger.
4. Il construit sa maison et fait tout par lui-même.
5. Tout jeune, c'était déjà une personne au cœur d'or.
6. Il m'a servi de père.
7. Il a acheté une voiture de vingt mille euros.
8. Je le traite en ami car il se comporte toujours en galant homme.
9. Sors par la porte, ne passe pas par la fenêtre !
10. Par le froid qu'il fait, il ne sort plus de chez lui.

- l'usage, la destination :
  Ha qualcosa *da* bere. *Il a quelque chose à boire.*
  la sala *da* pranzo *la salle à manger*

mais il y a des cas où l'on emploie **di**, comme :
  il salotto *di* ricevimento *le salon de réception*

et si le nom complément est précédé de l'article :
  il cestino *del* pane *la corbeille à pain*

- l'obligation : **Ho *da* studiare.** *J'ai à étudier.*

- la conséquence :
  Fa un caldo *da* morire.
  Il fait une chaleur à mourir.

- le moyen :
  Giudica le persone *dai* fatti.
  Il juge les personnes à leurs actions.

en particulier devant un pronom personnel renvoyant au sujet ou devant **solo/a** :
  Ci vado *da* solo.
  J'y vais par mes propres moyens/tout seul.

- la manière, la qualité (dans certaines expressions contenant une comparaison implicite) :
  un passo *da* gigante *un pas de géant*
  Era vestito *da* borghese. *Il était en civil.*

- la cause : **Piangeva *dalla* gioia.** *Il pleurait de joie.*

mais sans l'article défini on dira : **Piangeva *di* gioia.**

- la période de vie considérée, devant un adjectif ou un nom :
  ***Da* giovane era bella.** *Dans sa jeunesse elle était belle.*
  ***Da* bambino ci pensavo già.** *Enfant, j'y pensais déjà.*

■ introduit le complément d'agent :
  Fu preso *dai* carabinieri. *Il fut pris par les gendarmes.*

■ traduit *chez* :
  Vado da Elena. *Je vais chez Hélène.* (= a casa di Elena)
  Da noi, per Natale, si fa il presepe.
  Chez nous, à Noël, on fait la crèche.

mais crée parfois des ambiguïtés :
  Lo fa da sé signifie *Il le fait tout seul* et non pas *Il le fait chez lui.*

EXERCICES

VI. *Traduire :*

1. C'est une lettre qui vient de Venise, elle a été envoyée par mes parents.
2. Ce train vient de Milan.
3. Il prend un ton de sermon pour nous parler.
4. Il sort de l'eau et il tremble de froid.
5. Elle a oublié sa brosse à dents chez sa sœur.
6. Je ne réussis pas à l'arracher de la télévision.
7. L'avion de Palerme apparaît à l'horizon.
8. Il m'attend chez le libraire.

VII*. *Employer* **a,** **con** *ou* **da** *dans les phrases suivantes et former l'article contracté si nécessaire :*

1. Fa un caldo ... morire.
2. Viene ... Roma e va ... Milano.
3. Porta ... mangiare ... la nonna.
4. Vengono ... trovarci ... Sorrento dove siamo in vacanza ... una settimana.
5. ... dieci anni vive ... Torino ... la moglie.
6. Viaggia spesso ... l'aereo.
7. È accompagnato ... la zia e entra ... la porta del giardino.
8. Lo fa ... solo e non ... un altro.
9. Guarda ... la finestra gli alberi del viale ... il tronco ruvido.
10. Gli piace il caffè ... latte.
11. ... vecchio il nonno è andato a vivere ... la figlia.
12. Vengo ... la macchina ... corsa di mio fratello.
13. Agisce ... bravo ragazzo.
14. ... questo freddo non dovrebbe uscire ... capo scoperto ma ... un cappello.
15. Voglio qualcosa ... bere e ... mangiare ... mezzogiorno.
16. « Son ricchi ... fare spavento. » (Sciascia)

4. Di

■ peut s'élider devant une voyelle :
la carta d'Italia *la carte d'Italie*

■ indique :

- la possession, l'appartenance :
Di chi è questo libro? È di Pia.
À qui est ce livre? Il est à Pia.

- la matière : **Questo vestito è di lana.**
Ce vêtement est en laine.

- la qualité : **un biglietto *di* prima classe**
un billet de première classe

- le contenu, la mesure : **la tazza *di* caffè** *la tasse de café*

☞ Ne pas confondre avec : **una tazza *da* caffè**
une tasse à café

- le temps : ***D'estate si sta bene.*** *En été on est bien.*

- l'origine si le nom n'est pas déterminé ou si ce n'est pas un nom propre :
Esco *di* casa. *Je sors de chez moi.*

mais : **Esco *dalla* casa di Cecilia**
et : **Vengo *da* Roma.** *Je viens de Rome.*

- la progression :
di est en corrélation avec **in** :
***di* casa in casa** *de maison en maison*

- la façon : **Arrivo *di* corsa.** *J'arrive en courant.*

- la cause si le nom n'est pas précédé de l'article défini :
Trema *di* paura. *Il tremble de peur.*

mais on dira : **Trema *dalla* paura.**

- l'estimation : **un quadro *di* valore** *un tableau de valeur.*

■ introduit :

- le deuxième terme du comparatif de supériorité ou d'infériorité si celui-ci est un nom ou un pronom non précédé d'une préposition (*cf.* p. 34) :
È più bello *di* te. *Il est plus beau que toi.*

- la subordonnée infinitive qui dépend d'un verbe d'affirmation, de déclaration, d'opinion, de crainte ou d'espérance (*cf.* pp. 148 et 158) :
Penso *di* vederlo. *Je pense le voir.*

EXERCICES

Di chi è questo libro? Un vestito **di** lana.
Un biglietto **di** prima classe. Arrivo **di** corsa. **Di** casa **in** casa.
Un quadro **di** valore. È più bello **di** te. Penso **di** vederlo...

VIII. *Traduire :*

1. Ce vêtement est à Cécile.
2. Lisa est moins gourmande que Pia.
3. Il a bu un verre de lait.
4. De jour en jour ce bébé devient plus intéressant.
5. Il manque de courage et il tremble de peur.
6. Je suis plus maigre que lui.
7. Le mont Blanc est plus haut que le mont Rose.
8. C'est la voiture de mon père.
9. Ce bijou en or et en diamant est un objet de luxe.
10. Cette robe d'été est à la mode.
11. Le David de Michel-Ange est à la galerie de l'Académie, à Florence.

IX.* *Utiliser* **di** *ou* **da** *suivant le cas et former l'article contracté si nécessaire :*

1. Ha comprato delle tazze ... caffè ... porcellana.
2. Indossa un cappotto ... lana che è un vestito ... inverno.
3. ... inverno, la montagna è bellissima ... queste parti.
4. ... bambino, voleva già lasciare il paese natio, ... giovane è andato all'estero e ... vecchio è tornato in patria.
5. ... ora in poi, non accetterò più niente ... lui.
6. ... giorno in giorno, si fece tanto bella ... fare impazzire tutti gli uomini.
7. Tremava ... la febbre ed era tutto madido ... sudore.
8. Quando esce ... scuola, va ... la nonna.
9. Penso ... incontrarlo fra poco.
10. Lo stretto ... Messina separa la Sicilia ... la Calabria.
11. Se l'è cavata ... solo, senza l'aiuto ... la famiglia.
12. La sua amica ... Milano è una bella ragazza ... gli occhi azzurri.
13. Per Carnevale Luca era mascherato ... pagliaccio e Lisa aveva un vestito ... seta.

5. In

s'emploie pour indiquer :
- le lieu où l'on est, la situation :
  Abito *in* via Garibaldi. *J'habite rue Garibaldi.*

- le mouvement : **Va *in* giardino.** *Il va au jardin.*

- le temps déterminé ou nécessaire pour une action :
  ***in* gennaio** *en janvier*
  nel 1926 *en 1926*

- la situation :
  Vive nella miseria. *Il vit dans la misère.*

- la façon, la manière :
  ***in* quattro e quattr'otto** *en moins de deux*

- la quantité de personnes formant un groupe, devant un numéral ou un indéfini :
  Vanno *in* due a teatro, sono *in* pochi.
  Ils vont à deux au théâtre, ils sont peu nombreux.

- parfois la matière :
  Questo libro è rilegato *in* cuoio. *Ce livre est relié en cuir.*

6. Per

■ traduit toujours *pour* :
  Parte *per* Roma. *Il part pour Rome.* (destination)
  Compro un cane *per* la caccia.
  J'achète un chien pour la chasse. (but)
  Finirò *per* domani. *Je finirai pour demain.* (temps)
  Fu condannato *per* furto.
  Il fut condamné pour vol. (cause)
  C'è un regalo *per* te. *Il y a un cadeau pour toi.* (attribution)
  L'acquistò *per* dieci euro.
  Il l'obtint pour dix euros. (prix)

■ indique :
- la durée : **Viene *per* un mese.** *Il vient pour un mois.*

- le lieu par où l'on passe et traduit *à travers*, *par* :
  Va *per* monti e *per* valli. *Il va par monts et par vaux.*

- le moyen : **Manda la lettera *per* via aerea.**
  Il envoie la lettre par avion.

- la distribution : **in fila *per* tre** *en rangs par trois.*

■ placé entre **stare** et l'infinitif, sert à former le futur proche :
  Sto *per* partire. *Je suis sur le point de partir.*

EXERCICES

Abito **in** via Garibaldi. Va **in** giardino. È nato **nel** 1926.
Vive **nella** miseria. L'ha fatto **in** quattro e quattr'otto.
Vanno **in** due a teatro. Il libro è rilegato **in** cuoio...

X*. *Traduire :*

1. Nous le reverrons au mois de juillet, en vacances.
2. En été, il vit à la campagne ou à la montagne.
3. Léonard de Vinci naquit en 1452 et mourut en 1519.
4. Il s'est mis dans une situation difficile.
5. Elle a coupé le pain en quatre morceaux.
6. Ils étaient nombreux à aller à l'église.
7. Nous terminerons ce travail en trois mois.
8. En peu de temps la situation s'est améliorée.
9. Il viendra en habit de soirée.
10. Ils sont tous sur la place où ils se sont rendus en toute hâte.
11. Ils viennent à quatre me chercher pour aller à la piscine.
12. Je rentre en Italie en septembre.

Parte **per** Roma. Compro un cane **per** la caccia.
Finirò **per** domani. Fu condannato **per** furto.
C'è un regalo **per** te. L'acquistò **per** 10 000 lire.
Viene **per** due giorni. Va **per** monti e **per** valli.
Mando una lettera **per** via aerea. In fila **per** tre.
Sto **per** partire.

XI*. *Traduire :*

1. Il passe par Florence pour aller à Rome.
2. Il a travaillé toute sa vie pour sa famille.
3. Jour après jour, il y pense.
4. Deux fois deux font quatre.
5. Il a versé 50 euros pour réserver une chambre pour la nuit.
6. C'est trop beau pour être vrai.
7. La représentation va commencer.
8. Il se promène à travers champs.

7. Tra ou fra

■ traduisent *entre, parmi* :
un pranzo *tra* amici *un repas entre amis*

dans, d'ici, temporel :
Sarò a casa *fra* un'ora. *Je serai chez moi dans une heure.*

■ indiquent la distance à parcourir :
Fra cento metri sarò a casa.
Dans cent mètres je serai chez moi.

☞ La préposition **di** peut s'intercaler entre **tra** ou **fra** et un pronom personnel fort : *tra **di** noi/tra noi*

Les autres prépositions simples

Les plus courantes sont :

contro *contre*	**avanti** *avant*
dentro *dans*	**eccetto, salvo, tranne** *sauf*
dietro *derrière*	**durante** *pendant*
dopo *après*	**entro** *dans, d'ici, avant*
senza *sans*	**lungo** *le long de*
su, sopra *sur*	**mediante** *au moyen de*
sotto *sous*	**nonostante, malgrado** *malgré*
verso *vers*	**oltre** *outre*

Corre *lungo* il fiume. *Il court le long de la rivière.*

Remarques :

- Si les prépositions **contro, dentro, dietro, dopo, senza, sopra, sotto, su, verso** précèdent un pronom personnel fort, elles sont suivies de la préposition **di** :
Il gatto è *contro di* lei. *Le chat est contre elle.*

mais : **Il gatto è *contro* la donna.**
Le chat est contre la dame.

- **su** peut également marquer l'approximation et se combine avec l'article :
Pesa sui cento chili. *Il pèse environ cent kilos.*

- **avanti** n'est plus utilisé que dans l'expression **avanti Cristo** *avant Jésus-Christ*

- **entro** indique la limite de temps à ne pas dépasser :
Devi recapitare questo lavoro entro la fine del mese.
Tu dois rendre ce travail avant (d'ici) la fin du mois.

EXERCICES

Un pranzo **tra** amici. Sarò a casa **fra** un'ora.
Fra cento metri sarò a casa. Corre **lungo** il fiume.
Il gatto è **contro** la donna; è **contro di** lei.

XII*. *Traduire :*

1. Entre eux tout va bien.
2. Dans quelques minutes il sera parmi nous.
3. Dans deux kilomètres on apercevra la coupole de Saint-Pierre.
4. C'est une rencontre entre collègues.
5. Ils arriveront chez toi dans trois jours.
6. Entre Noël et l'Épiphanie il y a le Nouvel An.

XIII. *Traduire les proverbes suivants :*

1. Di Carnevale, ogni scherzo vale.
2. Oggi a me, domani a te.
3. A caval donato non si guarda in bocca.
4. Chi fa da sé fa per tre.
5. A goccia a goccia si scava la pietra.

XIV*. *Choisir la forme qui convient :*

1. I responsabili del disastro saranno puniti ... autorità.
   a) dalle   b) per le   c) delle
2. ... le vacanze, ho ricevuto una lettera ... Brasile.
   a) Per ... fin da   b) Mentre ... del   c) Durante ... dal
3. Maria è una bella bambina ... occhi verdi.
   a) degli   b) agli   c) dagli
4. Caterina preferisce andare ... campagna e non ... mare.
   a) in ... a   b) in ... al   c) alla ... in
5. Arriverà ... aereo ... dieci.
   a) per l' ... dalle   b) con l' ... delle   c) per ... alle
6. ... lui non si può contare ... nessuno.
   a) Senza ... sopra   b) Senza di ... su   c) Senza ... su di

Les prépositions composées

Les plus courantes sont :

accanto a, vicino a *à côté de*
davanti a *devant*
di fronte a *en face de*
fin da, sin da *à partir de, dès*
fino a, sino a *jusqu'à*
in fondo a *au fond de*
intorno a *autour de*
invece di *au lieu de*
lontano da *loin de*
per mezzo di *au moyen de*
fuori di *hors de*
prima di *avant de...*
in mezzo a, nel mezzo di *au milieu de*

> Marco è *accanto* alla porta.
> *Marc est à côté de la porte.*
> ***Fin da*** gio̲vane andò per il mondo.
> *Dès sa jeunesse, il alla de par le monde.*

EXERCICES

Marco si trova **accanto alla** porta.
Fin da giovane andò per il mondo.

XV*. *Choisir la forme qui convient :*

1. Ha lasciato la macchina ... strada.
   a) in mezzo alla   b) a mezzo della   c) in mezzo della
2. La casa si trova in fondo ... strada, ... una fontana.
   a) della ... in fronte a   b) alla ... di fronte a
                   c) dalla ... in fronte di
3. ... suo arrivo devo preparare la casa.
   a) Prima del   b) Avanti il   c) Prima il
4. ... scuola Livia è seduta ... Marco e Anna.
   a) A ... in mezzo di   b) Alla ... nel mezzo di
                   c) A ... tra
5. ... qualche giorno sarà ... zio, ... nostra città.
              a) Fra ... dallo ... lontano dalla
   b) In ... da ... lontano di   c) In ... dello ... lontano la
6. Si trova ... finestra, ... Claudia.
   a) accanto alla ... dietro   b) accanto della ... davanti
                   c) vicino alla ... fra
7. ... piazza ci sono alberi ed ce n'è anche uno ... vicolo.
              a) Intorno la ... nel fondo al
              b) Lungo della ... in fondo del
              c) Intorno alla ... in fondo al
8. ... casa, c'è un cancello ... ferro.
   a) Davanti la ... in   b) Avanti alla ... da
                   c) Davanti alla ... di
9. Vanno a spasso ... il lago ... quella cappella.
   a) lungo ... fino a   b) lungo del ... fino
                   c) il lungo del ... fine.

22. Les interjections

Ce sont :
- des voyelles suivies de **h** pour éviter la confusion avec les voyelles pures : **ah! eh! ih! oh! uh!**
- des monosyllabes : **ahi! ehi! ohi! uhi! beh! ehm! mah!**
- des disyllabes composés de deux mots accolés : **ahimé! ohimé!** *hélas!* **ohibò!** *fi donc!* **ehilà** *hé là!* ...
- des noms :
  Accidenti! *sapristi!* **Aiuto!** *Au secours!* **Coraggio!** *Courage!* **Forza!** *Vas-y!* **Guai!** *Malheur! Gare!* **Pazienza!** *Tant pis!* **Peccato!** *Dommage!*
- des adjectifs dont certains s'accordent avec la personne à qui l'on s'adresse :
  Attento/a/i/e! *Attention!* **Bravo/a/i/e!** *Bravo!* **Zitto/a/i/e!** *Chut!* **Pronto!** *Allô!*
- des verbes :
  Basta! *Ça suffit!* **Ferma!** *Halte!* **Figurati!** *Penses-tu!*
- des adverbes :
  Avanti! *Entrez!* *Courage!* **Bene!** *Bien!* **Certo!** *Bien sûr!* **Ecco!** *Voilà!* **Fuori!** *Dehors!* **Piano!** *Doucement!* **Presto!** *Vite!* **Via!** *Hors d'ici!*
- des locutions : **Dio mio!** *Mon Dieu!* **Perbacco!** *Parbleu!* **Per amor di Dio!** *Pour l'amour du ciel!* **Poveri noi!** *Pauvres de nous!* **Al diavolo!** *Au diable!* **In bocca al lupo!** *Bonne chance!* **Beati voi!** *Quelle chance vous avez!*

Elles expriment :
- l'approbation : **Bene!** *Bien!* **Bravo!** *Bravo!*
- l'encouragement : **Animo!** *Courage!* **Dai!** *Vas-y!* **Su!** *Allons!*
- la joie : **Viva! Evviva!** *Vive!* **Urrà!** *Hourra!*
- la douleur : **Ahi! Ohi!** *Aïe!* **Ahimè! Ohimè!** *Hélas!*
- le dégoût : **Ih! Puah!** *Pouah!*
- la surprise : **Oh!** *Oh!* **Diamine!** *Diable!* **Caspita!** *Peste!*
- le doute : **eh! hum! mah!** *qu'y faire!* **chissà!** *Qui sait!*
- l'ennui, l'énervement : **Uffa!** *quelle barbe!*
- la menace : **Abbasso!** *A bas!* **Guai!** *Gare!* **Ohé!** *Holà!*
- un salut : **Ciao! Salve!** *Salut!* **Arrivederci!** *Au revoir!*

EXERCICES

ahi! beh! mah! ahimè! evviva! orsù!
Accidenti! Aiuto! Forza! Pazienza! Peccato!
Attento! Bravo! Pronto! Zitto!
Avanti! Ecco! Piano! Presto! Via!
Mamma mia! Perbacco! Poveri noi!

I*. *Traduire :*

1. Allô! Qui est à l'appareil?
2. Aïe! J'ai une écharde dans le doigt!
3. Pouah! Un ver dans la salade!
4. Vive la liberté!
5. Hélas! Quel malheur!
6. Que diable êtes-vous en train de combiner?
7. Allez! Courage!
8. Seront-ils arrivés? Qui sait?
9. Quelle barbe! Ce film est vraiment ennuyeux!
10. Vive les mariés!
11. Courage, les enfants!
12. Où diable est-il donc passé?

II. *Traduire :*

1. Hélas! Qu'ai-je fait?
2. Ouste! Laisse-moi travailler tranquillement!
3. Ne cours pas! Doucement!
4. Tu crois que tu seras reçu? Penses-tu!
5. Qu'a-t-il bien pu devenir?
6. Gare à toi si tu recommences!
7. Pouah! C'est dégoûtant!
8. Vive les vacances!
9. Ecartez-vous! Les coureurs arrivent!
10. Doucement, sinon tout se casse!
11. Écartez-vous! Laissez passer le cortège!
12. Parbleu! Vous auriez dû m'avertir.
13. Quel dommage!
14. Holà! Pas si vite!

23. La forme de politesse

Le vouvoiement français se rend par la personne de politesse **(dare del Lei a qualcuno)**.

1. Le verbe

- Il est à la 3ᵉ personne :
  Può venire, Signore? *Pouvez-vous venir, Monsieur?*
- L'impératif défaillant est remplacé par la 3ᵉ personne du subjonctif présent; on ne fait pas l'enclise du pronom personnel :
  Entri pure, Signore! *Entrez donc, Monsieur!*
  Mi scusi, Signora! *Excusez-moi, Madame!*

2. Les pronoms personnels sont ceux de la 3ᵉ personne du féminin car ils remplacent **Vostra Signoria** *Votre Seigneurie*.

■ Sujet : **Lei**, souvent sous-entendu :
  Lei può venire. *Vous pouvez venir.*

■ Compléments :

- Forme faible :
  COD **La** : **La vedrò.** *Je vous verrai.*

  Complément d'attribution **Le** :
  Le telefonerò. *Je vous téléphonerai.*

  Réfléchi **Si** : **Si alzi, Signore!** *Levez-vous, Monsieur!*

- Forme forte :
  Complément **Lei** : **Penso a Lei.** *Je pense à vous.*
  Réfléchi **Sé** :
  Non pensa a Sé. *Vous ne pensez pas à vous-même.*

■ Les possessifs sont ceux de la 3ᵉ personne :
  Lei è a casa Sua, Signore. *Vous êtes chez vous, Monsieur.*

■ L'attribut et le participe passé :

Bien que **Lei** soit un pronom féminin, le participe passé et l'attribut s'accordent en genre et nombre avec la personne à qui l'on s'adresse :
  Lei è stato comprensivo, Signore.
  Vous avez été compréhensif, Monsieur.
  Lei è stata comprensiva, Signora.
  Vous avez été compréhensive, Madame.

EXERCICES

Lei non **può** venire, Signore,
non **La** vedrò ma **Le** telefonerò a casa **Sua**.
Lei è stato comprensivo, Signore.
Non **pensa** a **Sé**, ma io penso a **Lei**. **Mi scusi**, Signore, **si alzi**!

I. *Remplacer le tutoiement par la forme de politesse dans les phrases suivantes :*

1. Guardati!
2. Ti ho visto e ti ho parlato, Leo.
3. Vieni a trovarmi!
4. Parlami un po'!
5. Pensaci!
6. Scrivimi subito!
7. È la tua borsetta.
8. Dove vai?
9. Sei molto alto, Carlo.
10. Hai scritto a Paola.

II*. *Remplacer le tutoiement par la forme de politesse dans les phrases suivantes :*

1. Fidati di me!
2. Fai tutto a modo tuo.
3. Ti piace questo quadro?
4. Vacci e fallo in fretta!
5. Vuoi giocare con me?
6. Pensavi a farti bella.
7. Sono qua per aiutarti.
8. Potresti tornare a casa tua?
9. Sei stato felice, Aldo?
10. Bisogna che tu vada a salutarlo.

III. *Utiliser la forme du pronom personnel qui convient à la personne de politesse dans les phrases suivantes :*

1. ... offro questo libro, Signore?
2. ... avverto che non ... posso aiutare, Signora.
3. ... telefonerò e ... potrò incontrare, Signor Rossi.
4. ... faccia portare in macchina, se ... non può venire a piedi.
5. Mi piacerebbe parlar..., Signor Direttore.
6. Mi rivolgo a ..., Signore.

☞ La majuscule pour le pronom est préférable mais de moins en moins courante, elle est rare pour le possessif et le réfléchi.

On emploie toujours **voi** dans la langue commerciale.

À l'époque fasciste, le **voi** fut imposé à la place du **Lei**.

Bien que maintenant on lui préfère nettement le **voi**, la forme de politesse existe également au pluriel. On a donc :

Loro possono venire, Signori?
Pouvez-vous venir, Messieurs?
Entrino pure, Signori!
Entrez donc, Messieurs!
Mi scusino, Signore!
Excusez-moi, Mesdames!
Sono a casa Loro, Signori.
Vous êtes chez vous, Messieurs.
Loro sono stati comprensivi, Signori.
Vous avez été compréhensifs, Messieurs.
Loro sono state comprensive, Signore.
Vous avez été compréhensives, Mesdames.

Tableau comparatif : *tu/Lei*

		Dare del tu	Dare del Lei
Verbes Impératif		Puoi venire, Ivo.	Può venire, Signor Ivo.
		Scusami, Ivo!	Mi scusi, Signor Ivo!
Pronoms personnels	Faibles :		
	Sujet	Tu vieni, Ivo.	Lei viene, Signor Ivo.
	COD	Ti vedo, Ivo.	La vedo, Signor Ivo.
	C. att.	Ti telefono, Ivo.	Le telefono, Signor Ivo.
	Réfléchi	Alzati, Ivo!	Si alzi, Signor Ivo!
	Forts :		
	Compl.	Penso a te, Ivo.	Penso a Lei, Signor Ivo.
	Réfléchi	Tu pensi a te, Ivo.	Lei pensa a Sé, Sig. Ivo.
Possessifs		È la tua casa, Ivo.	È la Sua casa, Sig. Ivo.
Attribut et part. passé		Sei stato buono, Ivo.	Lei è stato buono, Sig. Ivo.

EXERCICES

IV*. *Choisir la forme qui convient :*

1. ... un momento, Lei !
   a) Aspettate   b) Aspetta   c) Aspettano   d) Aspetti
2. ... da bere, cameriere !
   a) Portaci   b) Ci porti   c) Portateci   d) Ci portino
3. Signorina, Lei ... dirmi tutto.
   a) deve   b) devi   c) dovete   d) debba
4. Signor Rossi, ... vedo e ... parlo.
   a) Le ... La   b) Lo ... Gli   c) Le ... Gli   d) La ... Le
5. Signore, ..., ... chiamano al telefono !
   a) venga, La   b) viene, La   c) venga, Lo   d) viene, Le
6. Signorina, ... un piacere !
   a) facciami   b) mi faccia   c) mi fare   d) fammi
7. ... prego di aspettarmi, Signora, colla ... macchina.
   a) Le ... Vostra   b) Le ... Sua   c) La ... Sua   d) La ... Vostra
8. ... molto ..., Signore.
   a) Voi siete ... allegro   b) Lei siete ... allegra
          c) Lei è ... allegra   d) Lei è ... allegro

V*. *Traduire à la forme de politesse les phrases suivantes :*

1. Aimez-vous ces bonbons, Monsieur ?
2. Pensez-vous souvent à votre mère, Mademoiselle ?
3. Allez chercher votre livre, Madame, et faites-le-moi voir !
4. Je vous écoute, je vous répondrai ensuite, Monsieur.
5. Comment allez-vous, Madame ? Entrez donc et mettez-vous à l'aise !
6. Madame, irez-vous à Rome chez votre tante ?
7. Soyez très attentifs, Messieurs !
8. Garçon, apportez-moi l'addition pour que je puisse vous payer !
9. Ce vêtement vous va très bien, Mademoiselle.
10. Pensez-y et décidez-vous vite !
11. Préparez-nous à manger, vous êtes un bon cuisinier !
12. Je ne peux pas croire à ce qu'on dit contre vous et je suis sûr que vous n'avez rien à voir avec tout ceci.
13. Madame, vous devez manger votre gâteau, il vous plaira.

24. Traduction
de différentes expressions françaises

Traduction de aimer

L'italien possède plusieurs traductions de *aimer*.

1. *Aimer une personne*
se traduit par :
- **amare** :
  Ti amo. *Je t'aime.*
  Ama molto la mamma. *Il aime beaucoup sa mère.*

Il convient aussi pour un idéal :
  Amano la patria. *Ils aiment leur patrie.*

- **voler bene** : (☞ verbe irrégulier)
Le complément d'objet direct français devient complément d'attribution en italien :
  Gli *vuole* un gran *bene*. *Il l'aime beaucoup.*
  A nessuno *voglio bene* come a te.
  Je n'aime personne autant que toi.

2. *Aimer quelque chose*
se traduit par **piacere** (☞ verbe irrégulier)

Le complément d'objet direct français devient sujet postposé en italien et le verbe s'accorde avec son sujet ; le sujet français devient complément d'attribution en italien :
  Le *piace* il tennis. *Elle aime le tennis.*
  A Sandra *piace* il tennis. *Sandra aime le tennis.*
  A Ivo *piacciono* gli spaghetti. *Ivo aime les spaghetti.*
  Gli *sono piaciuti* questi dolci. *Il a aimé ces gâteaux.*

☞ *Je n'aime pas* se traduit par **non mi piace/non mi piacciono**.
  mi dispiace signifie *je regrette*.

3. *Autres traductions*
- *aimer mieux, préférer* se traduisent par **preferire** :
  ***Preferisce* dirgli tutto.** *Il aime mieux lui dire tout.*

- *aimer beaucoup, raffoler de* se traduisent par **andare pazzo/matto per** :
  ***Va pazzo per* questo dolce.** *Il raffole de ce gâteau.*

EXERCICES

Ama la mamma. A nessuno voglio bene come a te.
Gli vuole bene. Le/a Sandra piace il tennis.
A Ivo piacciono gli spaghetti.
Gli sono piaciuti i dolci.

I*. *Choisir parmi les formes proposées celle qui convient :*

1. Non ... gli sport violenti.
   a) voglio bene   b) mi piacciono   c) amo
2. Signorina, ... questo concerto?
   a) Le è piaciuto   b) ha voluto bene a   c) è amata
3. Vi ... i musei di Firenze.
   a) è piaciuto   b) hanno piaciuto   c) sono piaciuti
4. Romeo ... Giulietta.
   a) voleva bene   b) amava   c) piaceva
5. Ti ... il parmigiano e la ricotta.
   a) vuoi bene   b) ami   c) piacciono
6. ... quella recita.
   a) Mi è piaciuta   b) Ho voluto bene a c) Ho amato a
7. ... restare a casa.
   a) amo meglio   b) preferisco   c) mi piace meglio
8. ... questo quadro.
   a) Gli dispiace   b) Non gli piace   c) Non vuole bene
9. ... per questo cantante.
   a) Sono pazzo   b) Vanno pazzi   c) Vogliono pazzi
10. Signora, non ... questa musica?
   a) Le dispiace   b) Le piace   c) va pazzo per

II. *Traduire les phrases suivantes :*

1. *C'eravamo tanto amati* è il titolo di un film di Ettore Scola.
2. « Chi ben ama, ben castiga », dice il proverbio.

Traduction de aller (voir **andare** et **stare** p. 122)

Traduction de arriver

1. *Arriver* (quelque part) pour les personnes se rend par
arrivare ou **giungere** :
Mio padre è *giunto/arrivato* a Firenze ieri sera.
Mon père est arrivé à Florence hier soir.

Venire peut avoir le sens de *arriver* lorsque l'on se situe par rapport à une autre
personne :
Vengo subito! *J'arrive tout de suite!*

2. *Arriver* (verbe impersonnel) pour les événements se traduit
par :
- **avvenire** qui correspond à un événement important et est
  assez littéraire :
  Avvenne un giorno che incontrò il Principe.
  Il arriva un jour qu'elle rencontra le Prince.
- **succedere** qui s'utilise pour un événement ordinaire :
  Che cosa *succede*?
  Qu'est-ce qui arrive? (Qu'est-ce qu'il se passe?)
- **accadere** peut correspondre à un événement désagréable :
  È *accaduta* una disgrazia.
  Un malheur est arrivé (s'est produit).

3. *Arriver* par hasard pour les personnes et pour les événe-
ments se rend par **capitare** (impersonnel pour les événe-
ments) :
Capitò male. *Il tomba mal.*
Gli *capita* di dormire molto.
Il lui arrive de dormir beaucoup.

4. Si *arriver* correspond à *réussir, obtenir un résultat, arriver
à quelque chose,* il se traduit par **riuscire** ou plus familièrement par **farcela** :
Non ci *riesco*./Non *ce la faccio*. *Je n'y arrive pas.*

5. Pour un moyen de transport on utilisera **essere in arrivo** :
Il treno è *in arrivo* sul binario 3.
Le train arrive à la voie 3.

☞ Tous ces verbes, sauf **farcela**, se conjuguent avec **essere**
aux temps composés.

EXERCICES

Mio padre è **giunto/arrivato** a Firenze. **Vengo** subito !
Avvenne un giorno... Che cosa **succede**?
È **accaduta** una disgrazia.
Capitò male. Gli **capita** di dormire molto.
Non ci **riesco**/Non **ce la faccio**. Il treno è **in arrivo**.

I*. *Choisir la forme qui convient :*

1. Sono cose che ...
   a) vengono   b) arrivano   c) succedono
2. Che cosa ti è ...?
   a) giunto   b) capitato   c) arrivato
3. È ... una bella confusione !
   a) successa   b) venuta   c) arrivata
4. Ogni tanto gli ... di passare tutta la notte fuori.
   a) arriva   b) capita   c) viene
5. Ho avuto tanto lavoro in questi ultimi mesi, non ... più.
   a) ce la faccio   b) non ci capito   c) ci arrivo
6. L'aereo da Milano ... quando l'uomo ... all'aeroporto Leonardo da Vinci.
      a) stava arrivando ... successe b) veniva ... fu in arrivo
               c) era in arrivo ... giunse
7. Ecco quello che ... due giorni fa.
   a) è arrivato   b) si è prodotto   c) è successo
8. Ho fatto tutto il possibile, adesso ... quel che Dio vuole !
   a) avvenga   b) venga   c) arrivi
9. ... che i nostri amici non ... in tempo.
   a) È giunto ... sono successi
   b) È arrivato ... sono avvenuti
   c) È successo ... sono giunti
10. Non ... a capire quel che gli ...
    a) posso... sia arrivato   b) riesco ... sia capitato
               c) arrivo ... sia successo

Traduction de c'est, c'est moi, c'est moi qui,
c'est à moi, c'est à moi de

1. *C'est, ce sont* suivis d'un nom

On emploie la 3ᵉ pers. sing. de **essere** avec un nom au singulier : **È un amico.** *C'est un ami.*
et la 3ᵉ pers. plur. avec un nom au pluriel :
Sono amici. *Ce sont des amis.*

Pour insister, on ajoute le démonstratif qui s'accorde avec le nom :
Questa è una ragazza sincera. *C'est là une fille sincère.*

2. *C'est moi... c'est toi...*

On emploie **essere** suivi du pronom sujet, verbe et pronom sont à la même personne :
Sono io. *C'est moi.* **Siamo noi.** *C'est nous.*

3. *C'est moi qui..., c'est moi que..., c'est Marc qui....*

- L'italien supprime la tournure idiomatique *c'est ... qui, c'est .... que* et emploie le verbe exprimant l'action, suivi de son sujet à la même personne :
  Parlo io. *C'est moi qui parle.*
  L'ha fatto Marco. *C'est Marc qui l'a fait.*

- L'italien emploie **essere** au temps de la relative française, le fait suivre de son sujet (pronom ou substantif), puis de la préposition **a** et de l'infinitif :
  Sono io a parlare. *C'est moi qui parle.*
  È stato Marco a farlo. *C'est Marc qui l'a fait.*

4. *C'est à moi... à toi... à mon père...* (appartenance) (*cf.* p. 44 et p. 194) :
Di chi è questo? Non è mio, è di mio padre.
À qui est-ce? Ce n'est pas à moi, c'est à mon père.

5. *C'est à moi, à toi.... de* suivi d'un infinitif :

L'italien emploie les impersonnels **toccare** et **spettare** suivis de la préposition **a**, et du pronom fort ou du substantif ; l'infinitif qui suit se construit sans préposition :
Tocca (ou **spetta**) **a me parlare.** *C'est à moi de parler.*
Tocca al cliente pagare in tempo.
C'est au client de payer en temps voulu.

EXERCICES

È un amico. Sono amici.
Sono io. Siamo noi. Parlo io. L'ha fatto Marco.
È stato Marco a farlo. **Di chi è**? Non **è** mio, è **di** mio padre.
Tocca a me parlare. **Toccava al** cliente pagare in tempo.

I. *Traduire :*

1. Aujourd'hui c'est moi qui conduis, demain ce sera toi.
2. C'est toi qui commences.
3. Mes enfants, c'est vous qui irez à la gare chercher votre grand-père.
4. Est-ce toi qui as écrit cette lettre ?
5. C'est ce que tu fais qui importe.
6. C'est de cela qu'il faut que nous parlions.
7. C'est lui qui a payé.
8. C'est le petit garçon qui l'a écrit tout seul.
9. C'est toujours toi qui parlais.
10. Qui est entré le premier ? C'est toi ?

II*. *Traduire :*

1. Ce n'est pas à vous de répondre, Monsieur, c'est au directeur.
2. C'est à chacun de se renseigner.
3. Qui a cassé le vase ? – Ce n'est pas moi, c'est le chat.
4. C'était à vous de m'avertir, Mademoiselle.
5. C'était le père qui avait parlé et non la mère.
6. Aujourd'hui, c'est à Marie de faire le marché, demain ce sera à son frère.
7. Ce sont les enfants qui se sont amusés le plus.
8. Ce n'est pas nous qui vous refuserons cette faveur.
9. C'est aux parents d'élever leurs enfants.
10. C'est le directeur qui nous a appelés.
11. Qui a demandé trois places pour le spectacle de ce soir ? – C'est nous.
12. Ce n'est pas moi qui dirai le contraire.

Traduction de il faut

1. *Il faut* suivi d'un verbe se traduit par :

- **bisogna** + infinitif   ***Bisogna* partire.** *Il faut partir.*
  occorre   "   ***Occorre* partire.**

- **bisogna** + che + sub.   ***Bisogna* che io parta.**
  occorre   "   ***Occorre* che io parta.**
                                Il faut que je parte.

Formes du verbe et concordance des temps :

Présent	**bisogn*a*/occorr*e***	che io **parta**
Imparfait	**bisogn*ava*/occorr*eva***	che io **partissi**
Futur	**bisogn*erà*/occorr*erà***	che io **parta**
Cond.	**bisogn*erebbe*/occorr*erebbe***	che io **partissi...**

Le passé simple est peu usuel ainsi que les temps composés qui sont conjugués avec **essere**.

2. *Il faut* suivi d'un nom se traduit par :

- **ci vuole** + nom singulier : ***Ci vuole* forza.**
  occorre   "   ***Occorre* forza.**
                                   Il faut de la force.

- **ci vogliono** + nom pluriel : ***Ci vogliono* soldi.**
  occorrono   "   ***Occorrono* soldi.**
                                   Il faut de l'argent.

Le complément d'objet direct français devient sujet post-posé en italien et le verbe s'accorde avec son sujet.

Présent	**Ci vuole/occorre**	forza
Imparfait	**Ci voleva/occorreva**	forza
Passé simple	**Ci volle/occorse**	forza
Futur	**Ci vorrà/occorrerà**	forza
Conditionnel	**Ci vorrebbe/occorrerebbe**	forza
Passé comp.	**Ci è voluta/è occorsa**	forza
Présent	**Ci vogliono/occorrono**	soldi
Imparfait	**Ci volevano/occorrevano**	soldi
Passé simple	**Ci vollero/occorsero**	soldi
Futur	**Ci vorranno/occorreranno**	soldi
Conditionnel	**Ci vorrebbero/occorrerebbero**	soldi
Passé comp.	**Ci sono voluti/sono occorsi**	soldi

EXERCICES

Bisogna/occorre partire. **Bisogna/occorre che** io parta.
Ci vuole/occorre forza. **Ci vogliono/occorrono** soldi.
Mi *ci* vuole una casa.

I. *Utiliser* **bisogna** *ou* **ci vuole/ci vogliono** *selon le cas :*

1. ... parlare ad alta voce.
2. ... salire al secondo piano.
3. ... un biglietto da 10 000 lire.
4. ... sempre aspettarlo.
5. ... tre ore per fare questo lavoro.
6. ... tornare a casa presto.
7. ... prendere la macchina per andarci.
8. ... un po' di comprensione.
9. ... poco tempo per capire quello che dice.
10. ... fare un bel regalo a Mario.

II*. *Traduire par* **bisognare** *ou* **volerci** *selon le cas :*

1. Il faudrait qu'il arrive maintenant.
2. Il fallait venir à Rome.
3. Il faut que je reste à la maison.
4. Il faudrait en parler.
5. Il faudra qu'il comprenne rapidement.
6. Il faut qu'il y aille.
7. Il faudra une semaine de vacances.
8. Il fallait qu'elle soit là.
9. Il faut quatre mois pour faire ce travail.
10. Il fallait trois jours de voyage pour pouvoir le voir.

III*. *Remplacer* **occorrere** *par* **bisognare** *ou* **volerci** :

1. Occorre studiare molto.
2. Occorreva una bicicletta per le vacanze.
3. Occorrerebbero tanti soldi per soddisfarlo.
4. Occorrerebbe aspettare la coincidenza.
5. Occorrerà pensare ai figli.
6. Gli occorrono venti minuti per andarci.
7. Occorreva parlargli.
8. Occorrevano due uomini per spingere la macchina.

Avec **volerci**, le pronom personnel complément d'attribution précède **ci** sans modification de forme :
   Mi *ci vuole* una casa. *Il me faut une maison.*

3. **Dovere** *devoir*

remplace très souvent **bisognare** et **occorrere** suivis d'un verbe :
   ***Devo* partire** signifie : *Je dois partir* ou *Il faut que je parte.*
   Si *dovrebbero* piantare alberi.
   On devrait/Il faudrait planter des arbres.
(pour l'accord du verbe *cf.* Traduction de *on* par **si** p. 220)

4. *Il ne faut pas* + verbe s'exprime de deux façons

- avec un sens d'obligation :
   non bisogna (sens physique)
   ***Non bisogna* parlare.** *Il ne faut pas parler.*
   non si deve (sens moral)
   ***Non si deve* mentire.** *Il ne faut pas mentir.*

- avec un sens de nécessité :
   non occorre *(il n'est pas nécessaire)*
   ***Non occorre* che tu venga.**
   Il n'est pas nécessaire que tu viennes.

Ces nuances d'obligation ou de nécessité existent également à la forme affirmative, elles sont cependant plus nettes à la forme négative.

5. Traduction de *peu s'en faut* :

- **poco manca** suivi de **che** et du subjonctif.
- **per poco** suivi de l'indicatif
   ***Poco mancò* che non cadesse.** *Peu s'en fallut qu'il ne tombât.*
   ***Per poco* non cadde.*   "   "

6. Traduction de *comme il faut* :

- portant sur un verbe :
   a modo, a dovere ou **come si deve**
   Ti sei comportato *come si deve*.
   Tu t'es conduit comme il faut.

- portant sur un nom :
   a modo, a dovere ou **per bene**
   È un uomo *per bene*. *C'est un homme comme il faut.*

EXERCICES

Devo partire. **Si dovrebbero** piantare alberi.
Non bisogna parlare. **Non si deve** mentire.
Non occorre che tu venga. **Poco mancò** che non cadesse.
Per poco non cadde. Ti sei comportato **come si deve**.
È un uomo **per bene**.

IV*. *Transformer les phrases suivantes en utilisant le subjonctif à la place de l'infinitif* (la personne est indiquée entre parenthèses) :

1. Occorre mangiare. (io)
2. Occorreva venire a fargli visita. (loro)
3. Occorre andare a Roma. (tu)
4. Occorrerà fare questo lavoro. (lui)
5. Occorrerebbe salire le scale. (noi)

V*. *Transformer les phrases suivantes en utilisant **dovere** à la place de **occorrere*** :

ex. : Occorre fare i compiti.
Réponse : Si devono fare i compiti.

Attention à l'accord du verbe.

1. Occorre andare a Firenze.
2. Occorreva lavorare.
3. Occorre pensare ai più poveri.
4. Occorrerà costruire case in questa zona.
5. Occorrerebbe leggere libri interessanti.

VI. *Traduire les phrases suivantes :*

1. Il ne faut pas fumer à l'école.
2. C'est une fille comme il faut.
3. Tu as agi comme il faut.
4. Il faut être raisonnable.
5. Il fallut une échelle pour le rejoindre.
6. Il ne me faut pas des milliers de lires.
7. Il lui a fallu une journée de travail.
8. Combien de temps faut-il pour y aller ?
9. Il fallut de nombreux jours de mer avant que Christophe Colomb n'arrive en Amérique.

Traduction de il y a

1. Sens quantitatif

- *Il y a* suivi du singulier : **c'è** suivi du sujet singulier :
  C'è una nuvola nel cielo. *Il y a un nuage dans le ciel.*
- *Il y a* suivi du pluriel : **ci sono** suivi du sujet pluriel :
  Ci sono nuvole nel cielo. *Il y a des nuages dans le ciel.*

L'expression se conjugue à tous les temps :
  C'erano nuvole. *Il y avait des nuages.*
  Temo che non *ci sia* **nessuno.**
  Je crains qu'il n'y ait personne.

Pour traduire *il y en a*, la règle des pronoms groupés s'impose : **ci** ou **vi** *y* se modifient en **ce** ou **ve** devant **ne** *en* ; **ne** s'élide devant voyelle :
  Nuvole? *Ce n'erano* **ieri e** *ce ne sono* **oggi.**
  Des nuages? Il y en avait hier et il y en a aujourd'hui.

2. Sens temporel

■ Si l'action est totalement achevée,

- par rapport au présent, on emploie l'expression de temps suivie de **fa** :
  È partito un'ora *fa*. *Il est parti il y a une heure.*
- par rapport au passé, on emploie l'expression de temps suivie de **prima**, qui correspond alors à *auparavant* :
  Era partito un'ora prima.
  Il était parti une heure auparavant.

■ Si l'action dure encore *(il y a ... que = depuis)* :

- par rapport au présent, on emploie
  • **da** suivi de l'expression de temps :
  Aspetto *da* **un' ora.**
  Il y a une heure que j'attends.

  • **essere** (3ᵉ personne singulier ou pluriel) suivi de l'expression de temps :
  Sono **due ore che aspetto.**
  Il y a deux heures que j'attends.

- par rapport au passé, on modifie le temps du verbe
  Aspettavo *da* **due ore ou** *Erano* **due ore che aspettavo.**
  Il y avait deux heures que j'attendais.

EXERCICES

C'è una nuvola. **Ci sono** nuvole.
Nuvole? Sì, **ce ne sono** e **ce n'erano**.
È partito un'ora **fa. Era** partito un'ora **prima**.
Aspetto **da** due ore. **Sono** due ore **che** aspetto.
Aspettavo **da** due ore. **Erano** due ore **che** aspettavo.

I*. *Traduire :*

1. Il n'y a encore personne dans la salle.
2. Quand je suis revenu, il y avait beaucoup de circulation.
3. L'an dernier, il y a eu des orages terribles.
4. Il y a eu un tremblement de terre et il y aurait dix mille morts.
5. Il n'y a rien à ajouter.
6. Est-ce qu'il y avait de la neige en montagne?
7. Il y aurait beaucoup à dire.
8. Il me semble qu'il y a quelqu'un dans le jardin.
9. S'il y a un nouvel orage, l'eau montera encore.
10. Je voudrais qu'il y ait un beau soleil pour ma fête.

II. *Répondre aux questions sur le modèle :*
   C'è pane? Sì, ce n'è.

1. C'è acqua nella vasca? No, ...
2. Ci sono libri nella biblioteca? Sì, ...
3. Ci saranno ancora posti a sedere? Sì, ...
4. C'erano tanti invitati? No, ...
5. C'era molta neve sullo Stelvio? Sì, ...
6. Ci sono stati buoni risultati? No, purtroppo ...
7. Temete che ci siano vittime? Sì, purtroppo ...
8. Ci sarà una cerimonia? Sì, infatti ...
9. C'era una guida per la visita? Sì, meno male ...

III*. *Traduire :*

1. Il y a un mois, vous visitiez l'Italie.
2. Il y avait un mois que je n'ouvrais pas un journal.
3. Il y a quelques minutes que ton père est arrivé.
4. Il y a longtemps que je ne l'ai plus vu.
5. Il y a quelques années, il y a eu un tremblement de terre en Sicile.

Traduction de on

1. Traduction de *on* par **si** :

■ S'il n'y a pas de COD français, le verbe est employé impersonnellement et se met à la 3ᵉ personne du singulier :
   Si sente cantare. *On entend chanter.*

S'il y a un COD français, celui-ci devient sujet en italien et le verbe s'accorde avec ce sujet postposé :
   Si vede la casa. *On voit la maison.*
   Si vẹdono le case. *On voit les maisons.*

L'accord se fait même si un infinitif s'intercale entre le verbe et son sujet :
   Si vẹdono passare i treni. *On voit passer les trains.*

■ Aux temps composés on utilise l'auxiliaire **essere** et il faut faire attention à l'accord du participe passé (*cf.* p. 152) :

– S'il y a un COD français, celui-ci devient sujet en italien et le participe passé s'accorde avec lui :
   Si è veduta la casa. *On a vu la maison.*

– S'il n'y a pas de COD français, le participe passé est au masculin pluriel si le verbe se conjugue avec **essere** à la forme personnelle et reste invariable si le verbe se conjugue avec **avere** à la forme personnelle :
   Si è andati a Roma. (forme personnelle : *siamo* **andati**)
   Si è mangiato **tardi.** (forme personnelle : *abbiamo* **mangiato**)

■ **Si** précède immédiatement le verbe et les autres pronoms personnels compléments de forme faible (sauf **ne**) se placent devant lui (*cf.* p. 68) :
   Gli si **parla.** *On lui parle.*
   Lo si **prepara.** *On le prépare.*

☞ Ne pas confondre :
   Lo si **prepara (il pranzo).** *On le prépare (le repas).*
et *Se lo* **prepara (il pranzo).** *Il se prépare (le repas).*

Si le pronom employé avec **si** est **ne**, le groupe formé est alors **se ne** :
   Se ne **parla.** *On en parle.*

EXERCICES

Si vede la casa. **Si vedono** le case. **Si vedono** passare i treni.
Si è contenti della **propria** sorte. **Si è mangiato** tardi.
Si è andati a Roma. **Se ne** parla. **Ci si** prepara. **Lo si** prepara.

I. *Choisir la forme qui convient :*

1. Quando ... il passato.
   a) si è vecchi, ci si ricorda   b) si è vecchio, si ricorda
              c) si sono vecchi, si ricordano
2. ... in giardino.
   a) Ci si va   b) Si va   c) Si vanno
3. ... begli alberi.
   a) Si piantavano   b) Si pianta   c) Si piantava
4. Cose inutili, ... comprano tante !
   a) se ne   b) ne si   c) ne se
5. ... nuove terre.
   a) Si sono scoperte   b) Si è scoperto   c) si scoprì
6. ... cantare gli uccelli.
   a) Si sente   b) Si sentono   c) Si sentirà
7. ... ricorda bene.
   a) Lo si   b) Si lo   c) Lo se
8. ... cadere la pioggia e la neve.
   a) Si vediamo   b) Si vede   c) Si vedono

II*. *Traduire* on *par* **si** *:*

1. On entendait les voix habituelles.
2. On vit arriver les enfants.
3. On naît, on vit, on meurt.
4. À quelle heure déjeunera-t-on ?
5. On y pense souvent trop tard.
6. On a autre chose à faire avec son argent.
7. Quand on travaille beaucoup on est souvent fatigué.
8. On n'y voit rien.
9. On se croit important et on est peu de chose.
10. On regardait beaucoup la télévision.
11. On va et on vient.
12. On est parti à cinq en Italie et on a beaucoup voyagé.

■ Lorsque la tournure est réellement réfléchie *(on se)*, on emploie le groupe **ci si** (et moins fréquemment **vi si**) :
Ci si vede. *On se voit.*

☞ L'association **ci si (vi si)** peut avoir différentes valeurs et seul le contexte permet de ne pas les confondre :
Ci si vede.
On se voit. On y voit. On nous voit. Il/elle s'y voit.

■ L'attribut de la tournure impersonnelle est toujours au pluriel bien que le verbe soit au singulier :
Si è contenti. *On est content.*

■ La négation précède **si** ou le groupe de pronoms l'incluant :
Non se ne parla. *On n'en parle pas.*

■ Le seul possessif que l'on puisse employer est **il proprio**... :
Si è contenti del*la propria* sorte.
On est content de son sort.

2. Traduction de *on* par la 1re personne du pluriel

est possible si celui qui parle peut participer à l'action :
Siamo sulla terra per soffrire.
On est sur la terre pour souffrir.

3. Traduction de *on* par la 3e personne du pluriel

est possible si celui qui parle ne participe pas à l'action :
Mi *hanno detto* che dovevi partire.
On m'a dit que tu devais partir.

4. Traduction de *on* par **uno**

(*cf.* p. 88)
Uno è ricco quando si accontenta.
On est riche quand on sait se contenter.

5. Emploi du passif :
La porta *è chiusa* alle otto.
On ferme la porte à huit heures.

Mais le passif est impossible si le verbe français n'a pas de COD capable de devenir sujet en italien.

EXERCICES

III. *Transformez les phrases des exercices suivants en utilisant* **si** *:*

1. Mangiamo la pasta.
2. Compriamo gli spaghetti.
3. Non facciamo errori.
4. Amiamo i genitori.
5. Sentiamo gridare i compagni.
6. Ci vedremo domani.
7. Le vediamo allegre.
8. Parliamo loro.
9. Siamo saliti sui monti.
10. Non abbiamo fatto i compiti.
11. Siamo contenti perché siamo promossi agli esami.
12. Non parliamo forte perché non vogliamo risvegliare i bambini.

IV*. *Même exercice :*

1. Guardano il paesaggio.
2. Illumineranno le strade.
3. Fanno un bel fuoco d'artificio.
4. Pensano solo alla loro famiglia.
5. In Africa, fanno la guerra.
6. Ne discutono a lungo.
7. Hanno bevuto troppo.
8. Ne mangiano spesso.
9. Sono usciti prima della notte.
10. Offrono bei regali.
11. Vivevano come bestie.
12. Si fanno la barba.

V*. *Transformez les phrases suivant le modèle :*

La cena fu fatta. → Si fece la cena.

1. La lezione è studiata e i compiti sono fatti.
2. L'italiano è parlato in questo negozio.
3. La luce sarà spenta di notte.
4. In Italia, i dialetti sono ancora parlati.
5. Questa commedia fu recitata nel 1935 per la prima volta.
6. Su questi monti, tanti alberi furono piantati.

Traduction de regretter

Le verbe *regretter* se traduit par différents verbes suivant les nuances qu'il veut exprimer.

1. Regretter une action ou un fait se rend par :
- **dispiacere** qui équivaut à une simple formule de politesse *(être désolé)* :
  Mi dispiace doverti lasciare.
  Je regrette de devoir te quitter.

- **rincrescere** qui est plus fort *(être sincèrement désolé)*
  Mi rincresce di non essere potuto venire.
  Je regrette (sincèrement) de ne pas avoir pu venir.

- **dolere** est vieilli :
  Mi duole vederLa malato, Signore.
  Je regrette de vous voir malade, Monsieur.

☞ Noter la construction de ces verbes qui sont employés à la forme impersonnelle et donc se conjuguent avec **essere** aux temps composés.
Mi è dispiaciuto non averti visto.
J'ai regretté de ne pas t'avoir vu.

2. Regretter une personne ou une chose (du passé ou lointaine) se traduit par **rimpiangere** :
Rimpiango la mia giovinezza perduta.
Je regrette ma jeunesse perdue.

3. Regretter une faute, dans le sens de *se repentir de*, se traduit par **rammaricarsi di** (**il rammarico** *le remords*) :
Aldo si rammarica della sua sciocchezza.
Aldo regrette (se repent de) sa bêtise.

Annexes

L'alphabet

Il est composé de 21 lettres :
5 voyelles : **a – e – i – o – u**
16 consonnes : **b** bi - **c** tchi - **d** di - **f** effe - **g** dgi - **h** acca -
l elle - **m** emme - **n** enne - **p** pi - **q** qu - **r** erre - **s** esse - **t** ti
- **v** vi ou vu - **z** zeta
auxquelles s'ajoutent : **j** i lunga - **k** kappa - **vv** vu doppia - **x**
ics - **y** ipsilon dans les mots étrangers, **j** et **x** pouvant se rencontrer aussi dans quelques patronymes italiens : **Ojetti –
Bixio.**

Toutes les lettres se prononcent, sauf le **h** signe graphique.

Les voyelles

a et **i** se prononcent comme en français.
e n'est jamais muet.
En position accentuée, **e** se prononce
■ ouvert comme dans le français *mère,* dans :
- les mots tronqués : **il caffè – il tè**
- les diphtongues : **il piede – viene – i miei – niente**
- un certain nombre de terminaisons :
    -ello/a : **il fratello – la sorella**...
    -enza : **l'innocenza – la potenza**...
    -ema : **il poema – lo schema**...
    -etico (origine grecque) : **alfabetico – estetico**...
    -eca (origine grecque) : **la biblioteca**...
- les ordinaux réguliers ou non : **undicesimo – terzo**...
- le pronom personnel **lei**
- les 3 personnes des passés simples en **-etti** : **vendetti –
  vendette – vendettero**
- la 1re, la 3e singulier et pluriel des conditionnels présents :
  parlerei – metterebbe – capirebbero
- les participes présents en **-ente** : **presente – seguente**...
- les gérondifs ou les formes verbales en **-endo** : **leggendo –
  io accendo,** et les adjectifs ou les noms qui en dérivent :
  stupendo – la leggenda...
■ fermé comme dans le français *été,* dans
- un certain nombre de terminaisons :
    -ezza : **la bellezza – la giovinezza**...
    -etto : **il libretto – gli spaghetti**...

-eto/a : **il frutteto – la pineta**...
-ese : **borghese – francese**...
-eccio/a -eggio/a : **peschereccio – la breccia – il noleggio** ...
-evole : **piacevole**...
- les démonstratifs : **questo – quello**
- les pronoms personnels : **egli – esso – me – te** ...
- la 2ᵉ personne pluriel de l'indicatif présent et de l'impératif régulier des verbes en -ere : **tenete** ...
- les terminaisons des imparfaits de l'indicatif et du subjonctif : -evo, -evi... – -essi, -esse...
- les terminaisons des passés simples réguliers de la 2ᵉ conjugaison : -ei – esti – é – emmo – este – erono...
- les adverbes en -mente : **abitualmente**...
- toutes les conjonctions composées avec **che** : **perché – poiché**...

En position accentuée, **o** se prononce

■ ouvert, comme dans le français *port,* dans

- les diphtongues : **il cuoco – nuocere**...
- un certain nombre de terminaisons :
  -orio/a : **il conservatorio – la gloria**...
  -otto/a : **il giovanotto – la grotta**...
  -occio/a : **il cartoccio – grassoccia**...
  -occhio : **il ginocchio**...
  -orico/a : **storico –**...
  -ologo -ometro -ografo : **il geologo – il chilometro – il tipografo** ...
  -ogico -onico -otico : **analogico – ironico – caotico**
- la 1ʳᵉ personne singulier des futurs : **parlerò – prenderò – capirò**
- la 3ᵉ personne singulier du passé simple de la 1ʳᵉ conjugaison : **parlò**

■ fermé, comme dans le français *poteau,* dans

- un certain nombre de terminaisons :
  -one/a : **il padrone – la poltrona**...
  -ione : **la passione – l'opposizione**...
  -ore/a : **il professore – la signora** ...
- les pronoms personnels : **noi – voi – loro**
- les démonstratifs : **coloro – costoro**
- les adverbes en -oni : **ginocchioni**...

C'est l'aperture du **e** et du **o** qui permet de distinguer certains homographes :

la **pésca** *la pêche (des poissons)* - la **pèsca** *la pêche (fruit)*
vénti *vingt* - i **vènti** *les vents*
la **ménte** *l'esprit* - egli **mènte** *il ment*
il **fóro** *le trou* - il **fòro** *le forum*
rósa *rongée* - la **ròsa** *la rose*
il **vólto** *le visage* - **vòlto** *tourné*

- en position atone, **e** et **o** se prononcent toujours fermés : **penetrare** – **il motorista**

- **u** se prononce comme le français *ou* : **il fumo**

- Les nasales n'existent pas en italien. Le **m** et le **n** se prononcent donc sans modifier le son de la voyelle derrière laquelle ils sont placés : **ampio** se prononce **a-mpio** ; il en est de même pour **tanto** – **il senso** – **l'invito** – **il convento** ...

Les diphtongues sont des groupes de deux voyelles qui se prononcent d'une seule émission de voix : **pieno** – **l'uomo**
Les triphtongues sont des groupes de trois voyelles qui se prononcent d'une seule émission de voix : **i miei** – **i tuoi** – **copiai**

Les consonnes

1. **c** et **g** ont un son *dur*, comme dans le français *car - gare*, devant **a** – **o** – **u**
  la **casa** – la **cosa** – la **cura** – la **gara** – la **gola** – la **figura**
Pour obtenir le même son devant **e** et **i**, on intercale un **h** :
  che – il **chilo** – il **ghetto** – la **ghirlanda**
c et **g** ont un son *doux*, comme dans *tchèque - djellabah*, devant **e** et **i** :
  la **cena** – il **cibo** – il **gelo** – il **giro**
Pour obtenir le même son devant **a** – **o** – **u**, on intercale un **i** :
  ciao – il **cioccolato** – la **ciurma** – **già** – **giovedì** – **giù**

2. Le groupe **gl** se prononce comme en français :
  il **gladiatore** – la **gleba** – la **negligenza** – la **gloria** – il **glucosio**

Le groupe **gli** suivi d'une voyelle se prononce mouillé et d'une seule émission de voix comme le français *lieu* :
  la **famiglia** – **cogliere** – il **figlio** – **tagliuzzare**

3. Le groupe **gn** se prononce toujours comme dans le français *campagne* :

    la vergogna – l'agnello – ogni – ignorante – ignudo

4. Le **h** est muet : il ne représente aucun son.

- il sert à distinguer le verbe **avere** à l'indicatif présent (**ho – hai – ha – hanno**) de la conjonction **o**, de la préposition **a**, de l'article contracté **ai** et du nom commun **anno.**
- il rend guttural le son des lettres **c** et **g** devant **e** et **i** (voir plus haut 1.) : **che – chi – il ghetto – la ghirlanda**
- il donne valeur d'interjection aux voyelles : **ah ! – eh ! – ih ! – oh ! – uh !**

5. *A l'initiale*, le **s** se prononce :

- sourd, comme dans le français *soi*, s'il est suivi d'une voyelle ou des consonnes sourdes **c – p – t – f – q** :
    suo – la scala – sperare – strano – la sfera – la squadra
- sonore, comme dans le français *rose*, s'il est suivi des consonnes sonores **b – d – g – l – m – n – r – v** :
    sbadato – sdentato – lo sgomento – slegato – la smania snello – sveglio

Dans le corps d'un mot, le **s** se prononce :

- sourd comme dans le français *passion*
    s'il est précédé d'une consonne :
    la borsa – insomma – ipsilon...
    s'il est double : **rosso**
- sonore comme dans le français *case*
    s'il est placé entre deux voyelles :
    la casa – il mese – il viso – la cosa – la musa
    s'il est suivi des consonnes sonores : **b – d – g – l – m – n – r – v** :
    il trasbordo – trasgredire – traslocare – risvegliare ...

6. Le groupe **sc** se prononce *dur* comme dans le français *discuter* devant **a – o – u** :

    la scatola – lo scolaro – scuro

Pour obtenir le même son devant **e** et **i**, on intercale un **h** :

    lo scheletro – la schiuma

Le groupe **sc** se prononce *doux* comme dans le français *schéma* devant **e** et **i** :

    la scena – lo sci

Pour obtenir le même son devant **a – o – u**, on intercale un **i** :
la sciarpa – sciocco – sciupare

7. Le **z** est *sonore* en début de mot, entre deux voyelles, dans le suffixe -**izzare** et ses dérivés :
la zeta – lo zero – l'azalea – organizzare

Le **z** est *sourd* comme dans le français *tsé-tsé* dans les suffixes -**anza** -**enza** -**ezza** -**izia** -**zione** : **la danza – l'influenza – la bellezza – la giustizia – l'azione**
mais les exceptions sont nombreuses.

8. Les autres consonnes se prononcent comme en français.

9. Les doubles consonnes.

Toutes les consonnes, sauf le **h**, peuvent se redoubler entre deux voyelles : **azzurro – allora – arruolare**

La consonne double a une durée plus longue que la consonne simple.

Certains mots ont un sens complètement différent suivant qu'ils s'écrivent avec une consonne simple ou double :
il papa *le pape* et **la pappa** *la bouillie*
la pala *la pelle* et **la palla** *la balle*
i pani *les pains* et **i panni** *les vêtements*
nono *neuvième* et **il nonno** *le grand-père*

Le groupe **ll** ne se prononce jamais comme dans le français *famille,* c'est une double consonne, au même titre que **mm** ou **nn**.

q est toujours suivi de la semi-consonne **u** et d'une voyelle : **quattro – quello – liquido – liquore**. **q** ne se redouble pas, sauf dans **soqquadro** ; son renforcement normal est -**cq** : **l'acqua – l'acquisto**

Les majuscules

Elles s'emploient :

- au début d'un texte et après le point, le point d'exclamation et le point d'interrogation
- pour les prénoms, les noms propres, les surnoms :
  Franco – Carlo Goldoni – Pipino il Breve

- pour les noms de pays, de villes, de mers :
  l'Italia – Firenze – il Po – il Mar Tirreno
- pour les noms de fêtes civiles ou religieuses :
  Natale – Pasqua
- pour les noms des siècles, des périodes historiques :
  il Quattrocento – il Risorgimento
- pour les noms d'habitants (alors que les adjectifs s'écrivent
  avec la minuscule) :
  gli Italiani mais **i miei amici italiani**

Toutefois, la minuscule tend à s'imposer pour les noms
d'habitants. La majuscule reste uniquement pour les noms de
peuples anciens : on fait ainsi la différence entre **i Romani** (de
l'Antiquité) et **i romani** (habitants de la Rome moderne).

- pour les noms abstraits personnifiés :
  la Libertà – la Giustizia
- pour les pronoms personnels et adjectifs possessifs de la
  forme de politesse, notamment dans les tournures épisto-
  laires :
  Abbiamo ricevuto la *Sua* lettera e *La* preghiamo di ...

L'accent

1. L'accent tonique

Selon la syllabe accentuée, on distingue :

- **le parole tronche** ou mots accentués sur la dernière syllabe : **la città – il caffè – la virtù** (*cf.* L'accent graphique,
  p. 234.)
- **le parole piane** ou mots accentués sur l'avant-dernière syllabe. Ce sont les mots les plus nombreux : **la casa – il
  mantello – il motoscafo – impoverire**
- **le parole sdrucciole** ou mots accentués sur l'antépénultième : **il tavolo – il telefono**
- **le parole bisdrucciole** ou mots accentués sur la 4e syllabe
  en partant de la fin du mot ; il s'agit surtout de formes
  verbales : **recitano – che telefonino.**

2. L'accent tonique verbal

Il existe des constantes dans l'accentuation des verbes.

- Sont **parole tronche** :
  - les formes monosyllabiques des impératifs :
    da', di', fa', sta', va'
  - les 1re et 3e personnes du singulier des futurs :
    parlerò, parlerà
  - la 3e personne singulier des passés simples réguliers :
    andò, ripeté, capì

- Sont **parole sdrucciole** :
  - la plupart des infinitifs de la 2e conjugaison, notamment ceux dont le passé simple et le participe passé sont irréguliers : **mettere – prendere**...
  - les 3e personnes pluriel des temps simples de l'indicatif (futur excepté), du subjonctif et du conditionnel : **mettono – mettevano – misero – mettano – mettessero – metterebbero**
  - la 1re personne pluriel du subjonctif imparfait : **andassimo – mettessimo – partissimo**
  - les 3 personnes singulier du présent de l'indicatif et du subjonctif des verbes formés sur un nom ou un adjectif sdrucciolo :
    l'ordine → io ordino – tu ordini – egli ordina (infinitif **ordinare**)
    il telefono → io telefono – tu telefoni – egli telefona (infinitif **telefonare**)
    valido → io convalido ... (infinitif **convalidare**)

    Ces mêmes verbes sont **bisdruccioli** à la 3e personne du pluriel du présent de l'indicatif et du subjonctif : **ordinano – telefonano – convalidano**...

- Sont **parole piane** les autres formes verbales (participe, gérondif...) et en particulier la 3e personne pluriel des futurs, en raison de sa formation (infinitif + **hanno**) :
  parleranno – metteranno – partiranno

☞ Les pronoms personnels enclitiques ne changent pas la place de l'accent tonique
  à l'infinitif : **andare – andarsene**
  à l'impératif : **lavate – lavatevi**
  au gérondif : **chiamando – chiamandolo**
  au participe passé absolu : **vestito – vestitosi**

3. L'accent graphique ou accent écrit

Il est obligatoire de l'écrire sur les finales :

- des formes verbales mentionnées en **2.** (futur et passé simple)

- des mots tronqués : **la città – la virtù**

- de certains monosyllabes pour éviter des confusions :

dà (verbe) *il donne* et **da** (préposition)
dì (nom) *jour* et **di** (préposition)
è (verbe) *il est* et **e** (conjonction)
là (adverbe) *là* et **la** (article ou
pronom personnel COD)

lì (adverbe) *là* et **li** (pronom personnel COD)
né (conjonction) *ni* et **ne** (pronom personnel)
sì (adverbe) *oui* et **si** (pronom personnel)
sé (pronom réfléchi) *se* et **se** (conjonction)

- de quelques monosyllabes terminés par une diphtongue :
ciò – già – giù – più – può – lo scià

- de mots composés dont le dernier élément est un monosyllabe :
tre → **ventitré**
re → **il viceré**
su → **lassù**
che → **perché, poiché, purché**

Il peut aussi s'écrire sur quelques mots de plus de deux syllabes, pour éviter l'homophonie, mais il n'est pas obligatoire :
leggére *légères* et **leggere** *lire*
i princìpi *les principes* et **i prìncipi** *les princes*
subìto *subi* et **sùbito** *tout de suite*
càpito *j'arrive par hasard* - **capito** *compris* et **capitò** *il arriva par hasard*

La ponctuation

Les principaux signes sont :
    il punto *le point*
    la virgola *la virgule*
    il punto e virgola *le point virgule*
    i due punti *les deux points*
    i puntini (sospensivi) *les points de suspension*
    il punto interrogativo *le point d'interrogation*
    il punto esclamativo *le point d'exclamation*
    le virgolette *les guillemets*
    le lineette *les tirets*
    il trattino *le trait d'union*
    le parentesi *les parenthèses*

■ **il punto** indique une pause longue et se place à la fin d'une phrase, même très courte :
    Si sentiva felice.

■ **la virgola** indique une pause très brève. Elle s'emploie :
- dans les énumérations, mais moins couramment qu'en français :
    Ecco il pane, il prosciutto, il formaggio, l'acqua minerale.
- pour séparer une proposition d'une autre :
    Vieni, la colazione è servita, mettiti a sedere !
- pour une incise :
    Quella sera, ti ricordi, il cane non smetteva di abbaiare.
- pour une apposition :
    Vi presento Antonio, fratello di Pietro.

■ **il punto e virgola** marque une pause plus brève que le point et plus longue que la virgule. Il s'emploie pour séparer des propositions liées par un sujet commun à l'intérieur d'une phrase longue :
    « Si mise ad aspettare accanto alla soglia, fumando ; poi s'occupò a guardare i disegni e le scritte sui muri ».
                                 (Borgese)

■ **i due punti** s'emploient :
- pour expliciter ce qui vient d'être dit :
    Ho un solo desiderio : andare al mare.

- pour introduire un discours direct :
  Mario disse : «Ho telefonato ieri ma non c'era nessuno».
- pour introduire une énumération :
  C'erano tutti : il padre, la madre, i nonni.

■ **i punti sospensivi** o **i puntini** indiquent que la phrase reste en suspens, inachevée. Ils prolongent très souvent la portée expressive d'un point d'interrogation ou d'exclamation :
  «Sì», disse, «Volevo dirti ... insomma tu sai che ...»

■ **il punto interrogativo** indique l'intonation caractéristique de l'interrogation :
  «Dove vai?»

■ **il punto esclamativo** indique l'intonation caractéristique de l'exclamation :
  «Aspetta! Riflettiamo prima!» (Tozzi)
Il est nécessaire après les interjections et les impératifs :
  Evviva! – Brindiamo!

■ **le virgolette** s'emploient :
- pour encadrer un discours direct :
  «Buon giorno», disse.
- pour une citation :
  «occhi ridenti e fuggitivi», scrive Leopardi.
- pour mettre en relief un mot ou un groupe de mots, dotés d'une valeur particulière :
  Si ricevono vestiti e scarpe «nuovi». (P. Levi)

■ **le lineette** s'emploient comme les guillemets pour encadrer le discours direct :
  - Lascialo stare – disse mia madre. (Sciascia)
ou délimitent nettement une incise, donnant un relief plus grand qu'une simple virgule :
  «Dopo tanto – a lei è sembrato proprio tanto nel sogno – arrivano in una sorta di sala rotonda». (S. Strati)

■ **il trattino** le trait d'union unit deux termes qui conservent une certaine autonomie de sens :
  il treno Roma-Napoli

■ **le parentesi** encadrent, à l'intérieur d'un texte, un élément isolé, destiné à commenter ou à préciser ce qu'on vient de dire :

« **Salutai un'ultima volta mio padre (ancora non sapevo che avrei lasciato davvero la nostra città)** ». (Pratolini)

Les suffixes

Ils modifient les noms, les adjectifs, les verbes et certains adverbes.

1. Les suffixes diminutifs modifiant noms et adjectifs :

-ino[(1)]	**il tavolo** *la table* → **il tavolino**
	brutto *laid* → **bruttino**
-ello[(1)]	**l'asino** *l'âne* → **l'asinello**
-erello	**povero** *pauvre* → **poverello**
	pazzo *fou* → **pazzerello**
-etto[(1)]	**il libro** *le livre* → **il libretto**
	piccolo *petit* → **piccoletto**
-icello	**il vento** *le vent* → **il venticello**
	grande *grand* → **grandicello**
-otto	**il ragazzo** *le garçon* → **il ragazzotto**
	pieno *plein* → **pienotto**
-acchiotto	**il lupo** *le loup* → **il lupacchiotto**
-uccio	**la bocca** *la bouche* → **la boccuccia**
	caldo *chaud* → **calduccio**
-uzzo	**la pietra** *la pierre* → **la pietruzza**

Les diminutifs se chargent souvent d'une nuance affective supplémentaire :

- délicatesse ou affection :
  la mammina *la gentille petite maman*

- faiblesse ou nuance péjorative :
  una cosuccia *une petite chose de rien du tout*

2. Les suffixes augmentatifs modifiant noms et adjectifs :

-one	**il naso** *le nez* → **il nasone**
	ghiotto *gourmand* → **ghiottone**

(1) Les noms en **-one** font leur diminutif en **-cino** ou **-cello** : il leone → il **leoncino** - il bastone → il **bastoncello**

Les noms en **-cio/-cia** dont le **-i** est atone perdent ce **i** devant les diminutifs en **-ino** ou **-etto** : la camicia → la **camicetta** - il bacio → il **bacetto**

-otto	il ragazzo *le garçon* → il ragazzotto
	giovane *jeune* → giovanotto
-occio	la carta *le papier* → il cartoccio
	grasso *gras* → grassoccio

Les noms féminins deviennent souvent masculins avec le suffixe **-one** :

la tavola *la table* → **il tavolone**

Les augmentatifs ajoutent souvent une nuance péjorative.

3. Les suffixes péjoratifs modifiant noms et adjectifs :

-accio	il ragazzo *le garçon* → il ragazzaccio
	cattivo *méchant* → cattivaccio
-azzo	l'amore *l'amour* → l'amorazzo
-iciattolo	il fiume *le fleuve* → il fiumiciattolo
-astro	il poeta *le poète* → il poetastro

On peut unir plusieurs suffixes :

-ello + ino	il fiore *la fleur*	→ il fiorellino
-etto + ino	la casa *la maison*	→ la casettina
-accio + one	l'uomo *l'homme*	→ l'omaccione
-otto + ello	grasso *gras*	→ grassottello

4. Le suffixe **-ata** modifie uniquement les noms et les transforme toujours en noms féminins.

Il indique :
- le contenu : **la bocca** → **la boccata** *la bouchée*
- le coup : **l'occhio** → **l'occhiata** *le coup d'œil*
- la durée : **il giorno** → **la giornata** *la journée*

5. L'italien emploie de nombreux autres suffixes qui indiquent des catégories très différentes :
- professions : **-aio** il libro → il libraio *le libraire*
  - **-iere** la barba → il barbiere *le barbier*
  - **-ista** il bar → il barista *le barman*
- habitants : **-ano** Venezia → il veneziano
  - **-ese** Milano → il milanese
  - **-ino** Trieste → il triestino
- objets : **-aglio** il vento → il ventaglio *l'éventail*
  - **-iera** la zuppa → la zuppiera *la soupière*
- lieux : **-aia** il riso → la risaia *la rizière*
  - **-eto** l'olivo → l'oliveto *l'oliveraie*
- ensembles : **-ame** il pollo → il pollame *la volaille*
  - **-ume** il sale → i salumi *les salaisons*
  - **-aglia** la gente → la gentaglia *la racaille*...

6. Certains noms modifiés par un suffixe sont devenus des noms autonomes et ont perdu leur valeur diminutive ou augmentative d'origine :

l'aquila *l'aigle* → **l'aquilone** *le cerf-volant*
la bocca *la bouche* → **il bocchino** *le fume-cigarette*
            il boccone *la bouchée*
la camera *la chambre* → **il camerino** *la loge de l'artiste*
il cavallo *le cheval* → **la cavalletta** *la sauterelle* - **il cavalletto** *le chevalet* - **il cavallone** *la grosse vague*
la cera *la cire* → **il cerotto** *le sparadrap*
il fumo *la fumée* → **il fumetto** *la bulle d'une bande dessinée,* puis *la bande dessinée elle-même*
la mano *la main* → **la manetta** *la manette* - **le manette** *les menottes (du prisonnier)*
l'occhio *l'œil* → **l'occhiello** *la boutonnière*
l'orecchio *l'oreille* → **l'orecchino** *la boucle d'oreille*
il piede *le pied* → **la pedina** *le pion* - **il pedone** *le piéton*

7. Les suffixes et les verbes

Ce sont :
- des diminutifs :

-icchiare	**cantare** → **canticchiare** *chantonner*
-erellare	**giocare** → **giocherellare** *folâtrer*
-ettare	**scoppiare** → **scoppiettare** *pétiller*
-ottare	**parlare** → **parlottare** *parlotter*

- des péjoratifs :

-acchiare	**ridere** → **ridacchiare** *ricaner*
-ucolare	**piangere** → **piagnucolare** *pleurnicher*
-uzzare	**tagliare** → **tagliuzzare** *couper en petits bouts*

8. Les suffixes et les adverbes

Quelques adverbes peuvent être modifiés par des suffixes
- diminutifs :

| -ino | **bene** → **benino** *assez bien* |
| -ettino | **poco** → **pochettino** *un tout petit peu* |

- augmentatifs :

| -one | **bene** → **benone** *très bien* |

- péjoratifs :

| -accio | **male** → **malaccio** *très mal* |

Tableau des conjugaisons

A. Les auxiliaires : <u>e</u>ssere et **avere**

B. Les conjugaisons régulières :
- parlare
- v<u>e</u>ndere
- s<u>e</u>rvire et **capire**

C. Les verbes irréguliers de la 1re conjugaison : **andare, dare** et **stare**

D. Les verbes irréguliers au passé simple et au participe passé de la 2e et de la 3e conjugaison

E. Les verbes à irrégularités multiples de la

2e conjugaison :
    cadere, vedere, v<u>i</u>vere
    bere, condurre, dire, fare, porre, trarre
    sapere
    piacere, tacere, nu<u>o</u>cere
    rimanere, tenere, valere
    volere
    c<u>o</u>gliere, t<u>o</u>gliere, sc<u>e</u>gliere, sci<u>o</u>gliere
    parere
    sedere, potere, dovere

3e conjugaison :
    udire, uscire
    salire
    morire
    venire
    les composés de **parere**

F. Remarques sur certains verbes irréguliers des différente conjugaisons :
- Les verbes contractés au futur et au conditionnel
- Les verbes qui doublent la consonne au passé simple e parfois au participe passé

G. Les verbes qui ont un participe passé et un adjectif verba

A. Les auxiliaires

Essere

Indicatif				Subjonctif		
Présent	*Imparfait*	*P. simple*	*Futur*	*Présent*	*Imparfait*	**Participe passé**
sono	ero	fui	sarò	sia	fossi	stato/a…
sei	eri	fosti	sarai	sia	fossi	
è	era	fu	sarà	sia	fosse	**Gérondif**
siamo	eravamo	fummo	saremo	siamo	fossimo	essendo
siete	eravate	foste	sarete	siate	foste	
sono	erano	furono	saranno	siano	fossero	

P. composé	**Impératif**		**Conditionnel présent**	
sono stato/a…	sii (non essere)		sarei	saremmo
…	siamo		saresti	sareste
siamo stati/e…	siate		sarebbe	sarebbero

Avere

	Indicatif				Subjonctif		
Présent	*Imparfait*	*P. simple*	*Futur*		*Présent*	*Imparfait*	*Participe passé*
ho	avevo	ebbi	avrò		abbia	avessi	avuto/a…
hai	avevi	avesti	avrai		abbia	avessi	
ha	aveva	ebbe	avrà		abbia	avesse	**Gérondif**
abbiamo	avevamo	avemmo	avremo		abbiamo	avessimo	avendo
avete	avevate	aveste	avrete		abbiate	aveste	
hanno	avevano	ebbero	avranno		abbiano	avessero	

P. composé	**Impératif**			**Conditionnel présent**		
ho avuto	abbi (non avere)			avrei	avremmo	
…	abbiamo			avresti	avreste	
abbiamo avuto…	abbiate			avrebbe	avrebbero	

B. Les conjugaisons régulières

■ 1re conjugaison

Parlare

	Indicatif			Subjonctif	
Présent	*Imparfait*	*P. simple*	*Futur*	*Présent*	*Imparfait*
parlo	parlavo	parlai	parlerò	parli	parlassi
parli	parlavi	parlasti	parlerai	parli	parlassi
parla	parlava	parlò	parlerà	parli	parlasse
parliamo	parlavamo	parlammo	parleremo	parliamo	parlassimo
parlate	parlavate	parlaste	parlerete	parliate	parlaste
parlano	parlavano	parlarono	parleranno	parlino	parlassero

Conditionnel présent

parlerei — parleremmo
parleresti — parlereste
parlerebbe — parlerebbero

Impératif

parla (non parlare)
parliamo
parlate

P. composé

ho parlato…

Participe passé

parlato/a…

Gérondif

parlando

■ 2e conjugaison

Vendere

Indicatif				Subjonctif	
Présent	*Imparfait*	*P. simple*	*Futur*	*Présent*	*Imparfait*
vendo	vendevo	vendei/vendetti	venderò	venda	vendessi
vendi	vendevi	vendesti	venderai	venda	vendessi
vende	vendeva	vendé/vendette	venderà	venda	vendesse
vendiamo	vendevamo	vendemmo	venderemo	vendiamo	vendessimo
vendete	vendevate	vendeste	venderete	vendiate	vendeste
vendono	vendevano	venderono/vendettero	venderanno	vendano	vendessero

Impératif	Conditionnel présent	Participe passé
vendi (non vendere)	venderei	venduto/a...
vendiamo	venderesti	**Gérondif**
vendete	venderebbe	vendendo
	venderemmo	
	vendereste	
	venderebbero	

P. composé
ho venduto...

■ 3ᵉ conjugaison

Servire

Indicatif

Présent	Imparfait	P. simple	Futur
servo	servivo	servii	servirò
servi	servivi	servisti	servirai
serve	serviva	servì	servirà
serviamo	servivamo	servimmo	serviremo
servite	servivate	serviste	servirete
servono	servivano	servirono	serviranno

Subjonctif

Présent	Imparfait
serva	servissi
serva	servissi
serva	servisse
serviamo	servissimo
serviate	serviste
servano	servissero

P. composé
ho servito...

Impératif

servi (non servire)
serviamo
servite

Conditionnel présent

servirei
serviresti
servirebbe
serviremmo
servireste
servirebbero

Participe passé
servito/a...

Gérondif
servendo

Capire

Indicatif				Subjonctif	
Présent	*Imparfait*	*P. simple*	*Futur*	*Présent*	*Imparfait*
capisco	capivo	capii	capirò	capisca	capissi
capisci	capivi	capisti	capirai	capisca	capissi
capisce	capiva	capì	capirà	capisca	capisse
capiamo	capivamo	capimmo	capiremo	capiamo	capissimo
capite	capivate	capiste	capirete	capiate	capiste
capiscono	capivano	capirono	capiranno	capiscano	capissero

P. composé	*Impératif*	*Conditionnel présent*	*Participe passé*
ho capito...	capisci (non capire)	capirei	capito/a...
	capiamo	capiresti	**Gérondif**
	capite	capirebbe	capendo
		capiremmo	
		capireste	
		capirebbero	

C. Verbes irréguliers de la première conjugaison

Andare

Ind. présent : **vado, vai, va**, andiamo, andate, **vanno**
Ind. imparfait : andavo, andavi, andava...
Ind. futur : **andrò, andrai, andrà...**
Conditionnel : **andrei...**
Ind. passé simple : andai, andasti...
Ind. passé composé : sono andato/a,... siamo andati/e...
Impératif : **va'** (non andare) andiamo, andate
Gérondif : andando
Sub. présent : **vada, vada, vada**, andiamo, andiate, **vadano**
Sub. imparfait : andassi, andassi, andasse, ...

Dare

Ind. présent : do, **dai, dà**, diamo, date, **danno**
Ind. imparfait : davo, davi, dava, ...
Ind. futur : **darò, darai, darà...**
Conditionnel : **darei...**
Ind. passé simple : **diedi/detti, desti, diede/dette, demmo, deste, diedero/dettero**
Ind. passé composé : ho dato, hai dato, ... abbiamo dato....
Impératif : **da'** (non dare) diamo, date
Gérondif : dando
Sub. présent : **dia, dia, dia**, diamo, diate, **diano**
Sub. imparfait : **dessi, dessi, desse, dessimo, deste, dessero**

Stare

Ind. présent : sto, **stai**, sta, stiamo, state, **stanno**
Ind. imparfait : stavo, stavi, stava, ...
Ind. futur : **starò, starai, starà...**
Conditionnel : **starei...**
Ind. passé simple : **stetti, stesti, stette, stemmo, steste, stettero**
Ind. passé composé : sono stato/a, sei stato/a, ... siamo stati/e...
Impératif : **sta'** (non stare) stiamo, state
Gérondif : stando
Sub. présent : **stia, stia, stia**, stiamo, stiate, **stiano**
Sub. imp. : **stessi, stessi, stesse, stessimo, steste, stessero**

D. Verbes irréguliers au passé simple et au participe passé

1. 2ᵉ conjugaison

■ Les verbes à passé simple en **-si (-ssi)**... et participe passé en **-so (-sso)** :

infinitif		passé simple	participe passé
Accendere	*allumer*	accesi	acceso
Accludere	*inclure*	acclusi	accluso
Affiggere	*afficher*	affissi	affisso
Alludere	*faire allusion*	allusi	alluso
Appendere	*accrocher*	appesi	appeso
Ardere	*brûler*	arsi	arso
Aspergere	*asperger*	aspersi	asperso
Chiudere	*fermer*	chiusi	chiuso
Comprimere	*comprimer*	compressi	compresso
Concedere	*concéder*	concessi	concesso
Correre	*courir*	corsi	corso
Decidere	*décider*	decisi	deciso
Difendere	*défendre*	difesi	difeso
Discutere	*discuter*	discussi	discusso
Dividere	*diviser*	divisi	diviso
Elidere	*élider*	elisi	eliso
Espellere	*expulser*	espulsi	espulso
Esplodere	*exploser*	esplosi	esploso
Evadere	*s'évader*	evasi	evaso
Fondere	*fondre*	fusi	fuso
Immergere	*immerger*	immersi	immerso
Incidere	*graver*	incisi	inciso
Invadere	*envahir*	invasi	invaso
Mordere	*mordre*	morsi	morso
Muovere	*bouger*	mossi	mosso
Percuotere	*heurter*	percossi	percosso
Perdere	*perdre*	persi	perso
Persuadere	*persuader*	persuasi	persuaso
Prendere	*prendre*	presi	preso
Radere	*raser*	rasi	raso
Rendere	*rendre*	resi	reso
Ridere	*rire*	risi	riso
Rodere	*ronger*	rosi	roso
Scendere	*descendre*	scesi	sceso

Scuotere	*secouer*	scossi	scosso
Spargere	*répandre*	sparsi	sparso
Spendere	*dépenser*	spesi	speso
Tendere	*tendre*	tesi	teso
Tergere	*essuyer*	tersi	terso
Uccidere	*tuer*	uccisi	ucciso

■ Les verbes à passé simple en **-si** (**-ssi**)... et participe passé en **-to** (**-tto**) :

Accorgersi	*s'apercevoir*	mi accorsi	accorto(si)
Affliggere	*affliger*	afflissi	afflitto
Assumere	*assumer*	assunsi	assunto
Cingere	*ceindre*	cinsi	cinto
Cuocere	*cuire*	cossi	cotto
Dipingere	*peindre*	dipinsi	dipinto
Dirigere	*diriger*	diressi	diretto
Distinguere	*distinguer*	distinsi	distinto
Distruggere	*détruire*	distrussi	distrutto
Ergere	*dresser*	ersi	erto
Fingere	*feindre*	finsi	finto
Frangere	*briser*	fransi	franto
Friggere	*frire*	frissi	fritto
Giungere	*arriver*	giunsi	giunto
Leggere	*lire*	lessi	letto
Negligere	*négliger*	neglessi	negletto
Piangere	*pleurer*	piansi	pianto
Porgere	*tendre*	porsi	porto
Proteggere	*protéger*	protessi	protetto
Pungere	*piquer*	punsi	punto
Reggere	*soutenir*	ressi	retto
Scorgere	*apercevoir*	scorsi	scorto
Spegnere[1]	*éteindre*	spensi	spento[1]
Spingere	*pousser*	spinsi	spinto
Tingere	*teindre*	tinsi	tinto
Torcere	*tordre*	torsi	torto
Ungere	*graisser*	unsi	unto
Vincere	*vaincre*	vinsi	vinto

(1) **spegnere** fait **spengo** et **spengono** à l'indicatif présent et **spenga** et **spengano** au subjonctif présent à cause de son doublet rare **spengere**.

■ Les verbes à passé simple en **-si**... et participe passé en **-sto** :

Chiedere	*demander*	**chiesi**	**chiesto**
Nascondere	*cacher*	**nascosi**	**nascosto**
Rispondere	*répondre*	**risposi**	**risposto**

■ Les verbes à passé simple et participe passé à radical différent :

Mettere	*mettre*	**misi**	**messo**
Stringere	*serrer*	**strinsi**	**stretto**

■ Les verbes qui redoublent une consonne autre que le **-s** au passé simple et parfois au participe passé :

Conoscere	*connaître*	**conobbi**	**conosciuto**
Crescere	*croître*	**crebbi**	**cresciuto**
Nascere	*naître*	**nacqui**[1]	**nato**
Rompere	*rompre*	**ruppi**	**rotto**

Piovere, *pleuvoir* n'a que la 3ᵉ personne du singulier et du pluriel : **piovve** et **piovvero** et a le participe passé régulier : **piovuto**.

Certains verbes à irrégularités multiples doublent également la consonne du passé simple (*cf.* p. 251 et suivantes).

2. Les verbes de la 3ᵉ conjugaison qui ont le passé simple régulier et irrégulier et le participe passé irrégulier (ou régulier) :

Aprire	*ouvrir*	**apersi/aprii**	**aperto**
Coprire	*couvrir*	**copersi/coprii**	**coperto**
Offrire	*offrir*	**offersi/offrii**	**offerto**
Soffrire	*souffrir*	**soffersi/soffrii**	**sofferto**
Costruire	*construire*	**costrussi/costruii**	**costrutto/ costruito**

☞ Les composés de tous ces verbes se conjuguent de la même façon qu'eux.

---

(1) **-cq-** correspond au doublement de **-q-**.

E. Conjugaison des verbes à irrégularités multiples de la 2ᵉ et de la 3ᵉ conjugaison (*cf.* p. 110 à 112)

Ils sont groupés ici par type d'irrégularités à l'intérieur des conjugaisons

2ᵉ conjugaison

■ cadere, vedere, vivere

infinitif	*présent*	*indicatif passé simple*	*futur*	*subjonctif présent*
cadere	cado	**caddi**	**cadrò**	cada
	cadi	cadesti	**cadrai**	cada
	cade	**cadde**	**cadrà**	cada
	cadiamo	cademmo	**cadremo**	cadiamo
	cadete	cadeste	**cadrete**	cadiate
	cadono	**caddero**	**cadranno**	cadano

Impératif : cadi, cadiamo, cadete – *P. passé* : caduto

vedere	vedo	**vidi**	**vedrò**	veda
	vedi	vedesti	**vedrai**	veda
	vede	**vide**	**vedrà**	veda
	vediamo	vedemmo	**vedremo**	vediamo
	vedete	vedeste	**vedrete**	vediate
	vedono	**videro**	**vedranno**	vedano

Impératif : vedi, vediamo, vedete – *P. passé* : veduto/**visto**

vivere	vivo	**vissi**	**vivrò**	viva
	vivi	vivesti	**vivrai**	viva
	vive	**visse**	**vivrà**	viva
	viviamo	vivemmo	**vivremo**	viviamo
	vivete	viveste	**vivrete**	viviate
	vivono	**vissero**	**vivranno**	vivano

Impératif : vivi, viviamo, vivete – *P. passé* : **vissuto**

■ bere, condurre, dire, fare, porre, trarre

bere	bevo	**bevvi**	**berrò**	beva
(† b<u>e</u>vere)	bevi	bevesti	**berrai**	beva
	beve	**bevve**	**berrà**	beva
	beviamo	bevemmo	**berremo**	beviamo
	bevete	beveste	**berrete**	beviate
	bevono	**bevvero**	**berranno**	bevano

Impératif : bevi, beviamo, bevete – *P. passé* : bevuto

condurre	conduco	**condussi**	**condurrò**	conduca
(† cond<u>u</u>cere)	conduci	conducesti	**condurrai**	conduca
	conduce	**condusse**	**condurrà**	conduca
	conduciamo	conducemmo	**condurremo**	conduciamo
	conducete	conduceste	**condurrete**	conduciate
	conducono	**condussero**	**condurranno**	conducano

Impératif : conduci, conduciamo, conducete – *P. passé* : **condotto**

dire	dico	**dissi**	**dirò**	dica
(† dicere)	dici	dicesti	**dirai**	dica
	dice	**disse**	**dirà**	dica
	diciamo	dicemmo	**diremo**	diciamo
	dite	diceste	**direte**	diciate
	dicono	**dissero**	**diranno**	dicano

Impératif : **di'**, diciamo, **dite** – *P. passé :* **detto**

fare	**faccio**	**feci**	**farò**	**faccia**
(† facere)	**fai**	facesti	**farai**	**faccia**
	fa	**fece**	**farà**	**faccia**
	facciamo	facemmo	**faremo**	**facciamo**
	fate	faceste	**farete**	**facciate**
	fanno	fecero	**faranno**	**facciano**

Impératif : **fa'**, **facciamo**, **fate** – *P. passé :* **fatto**

porre	**pongo**	**posi**	**porrò**	**ponga**
(† ponere)	poni	ponesti	**porrai**	**ponga**
	pone	**pose**	**porrà**	**ponga**
	poniamo	ponemmo	**porremo**	poniamo
	ponete	poneste	**porrete**	poniate
	pongono	**posero**	**porranno**	**pongano**

Impératif : poni, poniamo, ponete – *P. passé :* **posto**

trarre	**traggo**	**trassi**	**trarrò**	**tragga**
(† traere)	trai	traesti	**trarrai**	**tragga**
	trae	**trasse**	**trarrà**	**tragga**
	traiamo	traemmo	**trarremo**	traiamo
	traete	traeste	**trarrete**	traiate
	traggono	**trassero**	**trarranno**	**traggano**

Impératif : trai, traiamo, traete – *P. passé :* **tratto**

■ sapere

sapere	**so**	**seppi**	**saprò**	**sappia**
	sai	sapesti	**saprai**	**sappia**
	sa	**seppe**	**saprà**	**sappia**
	sappiamo	sapemmo	**sapremo**	**sappiamo**
	sapete	sapeste	**saprete**	**sappiate**
	sanno	**seppero**	**sapranno**	**sappiano**

Impératif : **sappi**, **sappiamo**, **sappiate** – *P. passé :* **saputo**

■ piacere, tacere, nuocere

piacere	**piaccio**	**piacqui**	piacerò	**piaccia**
	piaci	piacesti	piacerai	**piaccia**
	piace	**piacque**	piacerà	**piaccia**
	piacciamo	piacemmo	piaceremo	**piacciamo**
	piacete	piaceste	piacerete	**piacciate**
	piacciono	**piacquero**	piaceranno	**piacciano**

Impératif : piaci, **piacciamo**, piacete – *P. passé :* piaciuto

tacere	**taccio**	**tacqui**	tacerò	**taccia**
	taci	tacesti	tacerai	**taccia**
	tace	**tacque**	tacerà	**taccia**
	tacciamo	tacemmo	taceremo	**tacciamo**
	tacete	taceste	tacerete	**tacciate**
	tacciono	**tacquero**	taceranno	**tacciano**

Impératif : taci, **tacciamo**, tacete - *P. passé* : taciuto

nuocere	**n(u)occio**	**nocqui**	n(u)ocerò	**nuoccia**
	nuoci	n(u)ocesti	n(u)ocerai	**nuoccia**
	nuoce	**nocque**	n(u)ocerà	**nuoccia**
	n(u)ociamo	n(u)ocemmo	n(u)oceremo	n(u)ociamo
	n(u)ocete	n(u)oceste	n(u)ocerete	n(u)ociate
	n(u)occiono	**nocquero**	n(u)oceranno	**nuocciano**

Impératif : nuoci, n(u)ociamo, n(u)ocete - *P. passé* : n(u)ociuto
La forme en (**u**) est la plus employée dans l'usage courant.

■ rimanere, tenere, valere

rimanere	**rimango**	**rimasi**	**rimarrò**	**rimanga**
	rimani	rimanesti	**rimarrai**	**rimanga**
	rimane	**rimase**	**rimarrà**	**rimanga**
	rimaniamo	rimanemmo	**rimarremo**	rimaniamo
	rimanete	rimaneste	**rimarrete**	rimaniate
	rimangono	**rimasero**	**rimarranno**	**rimangano**

Impératif : rimani, rimaniamo, rimanete - *P. passé* : rimasto

tenere	**tengo**	**tenni**	**terrò**	**tenga**
	tieni	tenesti	**terrai**	**tenga**
	tiene	**tenne**	**terrà**	**tenga**
	teniamo	tenemmo	**terremo**	teniamo
	tenete	teneste	**terrete**	teniate
	tengono	**tennero**	terranno	**tengano**

Impératif : **tieni**, teniamo, tenete - *P. passé* : tenuto

valere	**valgo**	**valsi**	**varrò**	**valga**
	vali	valesti	**varrai**	**valga**
	vale	**valse**	**varrà**	**valga**
	valiamo	valemmo	**varremo**	valiamo
	valete	valeste	**varrete**	valiate
	valgono	**valsero**	varranno	**valgano**

Impératif : vali, valiamo, valete - *P. passé* : valso

■ volere

volere	**voglio**	**volli**	**vorrò**	**voglia**
	vuoi	volesti	**vorrai**	**voglia**
	vuole	**volle**	**vorrà**	**voglia**
	vogliamo	volemmo	**vorremo**	**vogliamo**
	volete	voleste	**vorrete**	**vogliate**
	vogliono	**vollero**	**vorranno**	**vogliano**

Impératif : **vuoi, vogliamo, vogliate** - *P. passé* : voluto

■ **cogliere, togliere, scegliere, sciogliere**

cogliere	**colgo**	**colsi**	coglierò	**colga**
	cogli	cogliesti	coglierai	**colga**
	coglie	**colse**	coglierà	**colga**
	cogliamo	cogliemmo	coglieremo	cogliamo
	cogliete	coglieste	coglierete	cogliate
	colgono	**colsero**	coglieranno	**colgano**

Impératif : cogli, cogliamo, cogliete – *P. passé* : **colto**

togliere	**tolgo**	**tolsi**	toglierò	**tolga**
	togli	togliesti	toglierai	**tolga**
	toglie	**tolse**	toglierà	**tolga**
	togliamo	togliemmo	toglieremo	togliamo
	togliete	toglieste	toglierete	togliate
	tolgono	**tolsero**	toglieranno	**tolgano**

Impératif : togli, togliamo, togliete – *P. passé* : **tolto**

scegliere	**scelgo**	**scelsi**	sceglierò	**scelga**
	scegli	scegliesti	sceglierai	**scelga**
	sceglie	**scelse**	sceglierà	**scelga**
	scegliamo	scegliemmo	sceglieremo	scegliamo
	scegliete	sceglieste	sceglierete	scegliate
	scelgono	**scelsero**	sceglieranno	**scelgano**

Impératif : scegli, scegliamo, scegliete – *P. passé* : **scelto**

sciogliere	**sciolgo**	**sciolsi**	scioglierò	**sciolga**
	sciogli	sciogliesti	scioglierai	sciolga
	scioglie	**sciolse**	scioglierà	**sciolga**
	sciogliamo	sciogliemmo	scioglieremo	sciogliamo
	sciogliete	scioglieste	scioglierete	sciogliate
	sciolgono	**sciolsero**	scioglieranno	**sciolgano**

Impératif : sciogli, sciogliamo, sciogliete – *P. passé* : **sciolto**

■ **parere**

parere	**paio**	**parsi/parvi**	**parrò**	**paia**
	pari	paresti	**parrai**	**paia**
	pare	**parse/parve**	**parrà**	**paia**
	paiamo	paremmo	**parremo**	**paiamo**
	parete	pareste	**parrete**	paiate
	paiono	**parsero/**	**parranno**	**paiano**
		parvero		

P. passé : **parso**

■ **sedere, potere, dovere**

sedere	**siedo**	sedei/sedetti	sederò	**sieda**
	siedi	sedesti	sederai	**sieda**
	siede	sedé/sedette	sederà	**sieda**
	sediamo	sedemmo	sederemo	sediamo
	sedete	sedeste	sederete	sediate
	siedono	sederono/	sederanno	**siedano**
		sedettero		

Impératif : **siedi**, sediamo, sedete – *P. passé* : **seduto**

potere	**posso**	potei	**potrò**	**possa**
	puoi	potesti	**potrai**	**possa**
	può	poté	**potrà**	**possa**
	possiamo	potemmo	**potremo**	**possiamo**
	potete	poteste	**potrete**	**possiate**
	possono	poterono	**potranno**	**possano**

Impératif : possiate - *P. passé* : potuto

dovere	**devo/debbo**	dovei/dovetti	**dovrò**	**deva/debba**
	devi	dovesti	**dovrai**	**deva/debba**
	deve	dové/dovette	**dovrà**	**deva/debba**
	dobbiamo	dovemmo	**dovremo**	**dobbiamo**
	dovete	doveste	**dovrete**	**dobbiate**
	devono/ debbono	doverono/ dovettero	**dovranno**	**devano/ debbano**

P. passé : dovuto

3e conjugaison

◼ udire, uscire

udire	**odo**	udii	udirò	**oda**
	odi	udisti	udirai	**oda**
	ode	udì	udirà	**oda**
	udiamo	udimmo	udiremo	udiamo
	udite	udiste	udirete	udiate
	odono	udirono	udiranno	**odono**

Impératif : **odi,** udiamo, udite - *P. passé* : **udito**

uscire	**esco**	uscii	uscirò	**esca**
	esci	uscisti	uscirai	**esca**
	esce	uscì	uscirà	**esca**
	usciamo	uscimmo	usciremo	usciamo
	uscite	usciste	uscirete	usciate
	escono	uscirono	usciranno	**escano**

Impératif : **esci,** usciamo, uscite - *P. passé* : uscito

◼ salire

salire	**salgo**	salii	salirò	**salga**
	sali	salisti	salirai	**salga**
	sale	salì	salirà	**salga**
	saliamo	salimmo	saliremo	saliamo
	salite	saliste	salirete	saliate
	salgono	salirono	saliranno	**salgano**

Impératif : sali, saliamo, salite - *P. passé* : salito

■ **morire**

morire	**muoio**	morii	**morrò**	**muoia**
	muori	moristi	**morrai**	**muoia**
	muore	morì	**morrà**	**muoia**
	moriamo	morimmo	**morremo**	moriamo
	morite	moriste	**morrete**	moriate
	muoiono	morirono	**morranno**	**muoiano**

Impératif : **muori**, moriamo, morite – *P. passé :* **morto**

Le futur (morirò...) et le conditionnel réguliers existent également.

■ **venire**

venire	**vengo**	venni	**verrò**	**venga**
	vieni	venisti	**verrai**	**venga**
	viene	venne	**verrà**	**venga**
	veniamo	venimmo	**verremo**	veniamo
	venite	veniste	**verrete**	veniate
	vengono	**vennero**	**verranno**	**vengano**

Impératif : **vieni**, veniamo, venite – *P. passé :* venuto

■ Composés de **parere** :

apparire	Ind. prés. **appaio** ; p. sim. **apparii/apparsi/apparvi** ; sub. présent **appaia/apparisca**, impératif **appari** ; p. p. **apparso**
sparire	Ind. prés. **sparisco** ; p. sim. **sparii/sparvi** ; sub. prés. **sparisca**, p. p. **sparito**
comparire	Ind. prés. **compaio** ; p. sim. **comparii/comparsi/comparvi** ; sub. prés. **compaia** ; p. p. **comparso**
scomparire	Ind. prés. **scompaio/scomparisco** ; p. sim. **scomparii/scomparsi/scomparvi** ; sub. prés. **scompaia/scomparisca** ; p. p. **scomparso/scomparito**
trasparire	Ind. prés. **traspaio/trasparisco** ; p. sim. **trasparii/trasparsi/trasparvi** ; sub. prés. **traspaia/trasparisca** ; p. p. **trasparito/trasparso**

F. Remarques sur certains verbes à irrégularités multiples des différentes conjugaisons

1. Verbes contractés au futur et au conditionnel

■ Les 6 verbes syncopés sont contractés à l'infinitif, au futur et au conditionnel :

infinitif	*futur*	*conditionnel*
Bere, *boire*	**berrò**	**berrei**
Condurre, *conduire*	**condurrò**	**condurrei**
Dire, *dire*	**dirò**	**direi**
Fare, *faire*	**farò**	**farei**
Porre, *poser*	**porrò**	**porrei**
Trarre, *tirer*	**trarrò**	**trarrei**

Leurs composés se conjuguent de la même façon.

■ D'autres verbes sont contractés uniquement au futur et au conditionnel sans l'être à l'infinitif :

Andare, *aller*	andrò	andrei
Avere, *avoir*	avrò	avrei
Cadere, *tomber*	cadrò	cadrei
Dovere, *devoir*	dovrò	dovrei
Godere, *jouir*	godrò	godrei
Morire, *mourir*[1]	morrò	morrei
Parere *paraître*	parrò	parrei
Potere *pouvoir*	potrò	potrei
Rimanere *rester*	rimarrò	rimarrei
Sapere *savoir*	saprò	saprei
Tenere *tenir*	terrò	terrei
Valere *valoir*	varrò	varrei
Vedere *voir*	vedrò	vedrei
Venire *venir*	verrò	verrei
Vivere *vivre*	viorò	vivrei
Volere *vouloir*	vorrò	vorrei

2. Verbes qui doublent la consonne au passé simple et parfois au participe passé

infinitif	*passé simple*	*participe passé*
Bere, *boire*	**bevvi**	bevuto
Cadere, *tomber*	**caddi**	caduto
Tenere, *tenir*	**tenni**	tenuto
Vivere, *vivre*	**vissi**	vissuto [2]
Volere, *vouloir*	**volli**	voluto
Nuocere, *nuire*	**nocqui** [3]	nociuto
Piacere, *plaire*	**piacqui** [3]	piaciuto
Tacere, *se taire*	**tacqui** [3]	taciuto

☞ Certains verbes partiellement irréguliers doublent aussi la consonne (*cf.* p. 248 à 250)

---

(1) **morire** a aussi le futur et le conditionnel réguliers.
(2) Participe passé irrégulier.
(3) - **cq** - correspond au doublement de - **q** -.

G. Les verbes qui ont un participe passé et un adjectif verbal (*cf.* p. 154)

infinitif	*participe passé*	*adjectif verbal*
Adattare, *adapter*	adattato	adatto
Asciugare, *sécher*	asciugato	asciutto
Avvezzare, *habituer*	avvezzato	avvezzo
Caricare, *charger*	caricato	carico
Chinare, *incliner*	chinato	chino
Colmare, *remplir*	colmato	colmo
Destare, *éveiller*	destato	desto
Esaurire, *épuiser*	esaurito	esausto
Fermare, *arrêter*	fermato	fermo
Fiaccare, *fatiguer*	fiaccato	fiacco
Gonfiare, *gonfler*	gonfiato	gonfio
Guastare, *gâter*	guastato	guasto
Lessare, *bouillir*	lessato	lesso
Logorare, *user*	logorato	logoro
Marcire, *pourrir*	marcito	marcio
Pestare, *écraser*	pestato	pesto
Privare, *priver*	privato	privo
Salvare, *sauver*	salvato	salvo
Saziare, *rassasier*	saziato	sazio
Scalzare, *déchausser*	scalzato	scalzo
Spogliare, *dépouiller*	spogliato	spoglio
Stancare, *fatiguer*	stancato	stanco
Svegliare, *réveiller*	svegliato	sveglio
Troncare, *tronquer*	troncato	tronco

Correspondance et communication

La correspondance

1. L'enveloppe **(la busta)** et l'adresse **(l'indirizzo)** :

Le nom

Pour les jeunes on écrit simplement le nom que l'on peut faire précéder de la préposition **per** : **Per Claudio Bertini**

Pour une personne plus âgée, on fait précéder le nom du destinataire **(il destinatario)** du nom **Signore** *(Monsieur)*, **Signora** *(Madame)* ou **Signorina** *(Mademoiselle)*. Le nom **Signore** s'apocope devant un nom commun ou un nom propre :

Signor Direttore   Signor Rossi

Contrairement au français, il n'est pas discourtois d'abréger :

Sig. Rossi – Sig.a (Sig.ra) Martini – Sig.na Bianchi

Le prénom **(il nome)** précède toujours le nom **(il cognome)**.

Pour les femmes mariées, si l'on utilise le nom du mari, le prénom de celui-ci ne figure pas ; on met souvent le nom de jeune fille devant le nom d'épouse, c'est toujours le cas pour les veuves.

Si la personne a un titre, on l'utilise :
Avvocato (Avv.) ou **Avvocatessa (Avv.a)** pour un avocat
Dottore (Dott.) ou **Dottoressa (Dott.ssa)** pour quelqu'un qui est titulaire d'une licence ou d'une maîtrise **(la laurea)** ou pour un médecin.
   Ingegnere (Ing.)
   Professore (Prof.) ou **Professoressa (Prof.ssa)**
   Ragioniere (Rag.) pour un comptable
   Cavaliere (Cav.) ou **Commendatore (Com.** ou **Comm.)** s'il est chevalier ou commandeur d'un ordre
   Reverendo (Rev.) pour un ecclésiastique ou **Reverenda** pour une religieuse :
Reverendo Padre   Reverendissima Madre...

Il est recommandé d'utiliser comme formule de politesse un adjectif ou un superlatif qui précède le nom **Signore**, **Signora** ou **Signorina** : gentile (gent.), gentilissimo/a (gent.mo) : Gentile Signora Rossi.

Si la personne a une fonction importante, on utilisera
d'autres formules dont certaines s'abrègent :
Chiarissimo Professore
Illustrissimo (Ill.mo) Avvocato
Egregio (Eg.) Signore
Magnifico Rettore
Onorevole Deputato   On. Presidente...

L'adresse (**l'indirizzo**)
Le nom de la rue (**la via**), de l'avenue (**il viale, il corso**),
de la place (**la piazza**), de la ruelle (**il vicolo**) précède le
numéro et on ajoute les précisions nécessaires :
Sig. Giorgio Contelli
Via XX settembre 13, scala B, interno 2
13 rue du 20 septembre, escalier B, appartement 2
Piazza peut être abrégé en **P.zza** et **interno** en **int.**

Si le destinataire a une boîte postale, l'indication de celle-ci
remplace l'adresse :
Sig. Alberto Bianchi
Casella postale 93

Si le lieu de résidence est un hameau (ils sont nombreux en
Italie à cause du regroupement administratif), il est précisé
avant l'indication de la commune. Le code postal de
5 chiffres (**il codice di avviamento postale** ou **C.A.P.**)
précède le nom de la commune qui est suivi, entre parenthèses, du nom du chef-lieu de département (**il capoluogo
di provincia**) presque toujours en sigle, sauf pour **Roma**
écrit toujours en entier.
Frazione Gaggio
35031 Bordighera (IM)

Exemple d'adresse complète :
Gentile Signor Giovanni Rossi
Via XX settembre, 13, scala B, interno 2
Frazione Gaggio
35031 Bordighera (Imperia)
Italia

Le nom de l'expéditeur (**il mittente**) peut figurer au dos
de l'enveloppe.

2. La lettre

La date (**la data**)
s'écrit comme une date normale en mettant une virgule
après le nom de la localité :
Roma, 12 aprile 2005

L'en-tête (**l'intestazione**)
varie en fonction du degré de familiarité :

- pour les familiers, on emploie l'adjectif **caro/a**... ou le
  superlatif **carissimo/a**...
  Carissima Elena   Carissimi amici   Caro collega

- pour les autres personnes, on peut reprendre l'adjectif
  ou le superlatif utilisé sur l'enveloppe.

La fin de la lettre (**la chiusa**)
peut aller de **ciao** *salut* pour une personne que l'on tutoie
à **devoti/devotissimi ossequi** *sentiments respectueux* en
passant par **baci** *baisers*, ou **distinti saluti** *salutations dis-
tinguées...*
Voglia gradire, Signore, i miei distinti ossequi.
*Veuillez agréer, Monsieur, l'expression de mes sen-
timents distingués.*

Les vœux
peuvent être présentés en différentes occasions :
Tanti auguri! *Tous mes vœux!*
Buon anno! / Felice anno nuovo! *Bonne année!*
Buon Natale! *Joyeux Noël!*
Buon compleanno! *Bon anniversaire!*
Buon onomastico! *Bonne fête!*
Buone vacanze! *Bonnes vacances!*
Le auguro Buona Pasqua!
Je vous souhaite de Joyeuses Pâques!...

La conversation téléphonique (la telefonata)

Après la sonnerie **(lo squillo)**, on décroche **(si stacca la cornetta/il ricevitore)** et l'on dit :
Pronto! Chi parla? *Allô! Qui est à l'appareil?*

On répond : **Sono Lina.** *C'est Lina.* ou *Lina à l'appareil.*

À la fin de la conversation on raccroche **(si riattacca)**.

Le numéro **(il numero)** se trouve dans l'annuaire **(l'elenco telefonico)**, et s'énonce en détachant chaque chiffre :
due, sette, tre, zero... *2, 7, 3, 0...*

ou, parfois, en les groupant par deux :
ventisette, trenta... *27, 30...*

Il est précédé de l'indicatif régional **(il prefisso)** et parfois de l'indicatif téléphonique pour l'étranger **(il prefisso internazionale)**.

Il faut veiller à faire le bon numéro **(il numero giusto)** et pas un faux numéro **(un numero sbagliato)**.

On doit parfois donner le numéro de poste **(l'interno)** au standard **(il centralino)**.

Si la personne que l'on appelle est absente, on peut laisser un message sur le répondeur **(la segreteria telefonica)**.

Si l'on ne veut pas payer la communication demandée, on fait un appel en PCV appelé **una chiamata in R (a carico del ricevente)**.

Style

Quelques définitions

– **l'aferesi** *l'aphérèse* : suppression d'une voyelle ou d'une syllabe en début de mot :
verno pour **inverno** - **Tonio** pour **Antonio**

– **l'alliterazione** *l'allitération* : répétition du même son ou groupe de sons :
« **il fruscìo che fan le foglie** » (D'Annunzio)

– **l'anacoluto** *l'anacoluthe* ou rupture de style : on abandonne une construction commencée pour en prendre une autre :
« **i poveri, ci vuol poco a farli comparir birboni** »
(Manzoni)

– **l'anafora** *l'anaphore* : répétition du même mot ou de la même expression en tête de vers ou de phrases qui se suivent :
« **Per me si va nella città dolente,**
Per me si va nell'eterno dolore,
Per me si va tra la perduta gente. »
(Dante, *Divina Commedia*, Inferno III)

– **l'anastrofe** *l'anastrophe* ou **iperbato** *hyperbate* : renversement de l'ordre habituel des mots :
eccezion fatta *exception faite* - **meco** au lieu de **con me**

– **l'antifrasi** *l'antiphrase* : on emploie un mot ou une locution dans un sens contraire à son véritable sens, avec une intention généralement ironique :
« **Fiorenza mia, ben puoi esser contenta**
Di questa digression che non ti tocca ... »
(Dante, *Divina Commedia*, Purgatorio, VI)

– **l'antitesi** *l'antithèse* : on rapproche deux termes ou deux expressions qui s'opposent :
« **Pace non trovo e non ho da far guerra.** » (Pétrarque)

– **l'antonomasia** *l'antonomase* : on prend pour remplacer

le nom propre un nom commun qui met en relief une qualité
de la personne qui n'est pas nommée :
il Poverello d'Assisi pour **San Francesco**
ou inversement on emploie un nom propre à la place d'un
nom commun ou d'un adjectif :
un mecenate - un creso

– **l'apocope** *l'apocope* : chute de la voyelle ou de la syllabe
finales :
vin pour **vino** – **san** pour **santo**

– **l'apostrofe** *l'apostrophe* : on s'adresse de façon énergique
ou passionnée, à des personnes ou à des choses qui sont
souvent personnifiées :
«**Ahi serva Italia, di dolore ostello...!**»
(Dante, *Divina Commedia*, Purgatorio, VI)

– **l'asindeto** *l'asyndète* : les différents éléments d'une énumération se suivent sans conjonction de coordination donnant
un tour plus rapide à la phrase :
«**E subito dopo, uno scalpitare di cavalli, ordini bruschi
sulla strada, intimidazioni, urla, invettive, gridi ...** »
(V. Pratolini)

– **il chiasmo** *le chiasme* : disposition croisée des termes :
«**Odi greggi belar, muggire armenti**» (Leopardi)

– **l'ellissi** *l'ellipse* : on supprime un ou plusieurs mots, même
s'ils sont grammaticalement nécessaires :
Tutti bene pour **tutti stanno bene**

– **l'enallage** *l'enallage* : on emploie une partie du discours ou
une forme verbale à la place d'une autre, par exemple un
adjectif à la place d'un adverbe, le présent à la place du futur :
non ci vedo chiaro pour **non ci vedo chiaramente -
domani parto** pour **domani partirò**

– **l'endiadi** *l'hendiadys* : on dissocie une expression en deux
éléments coordonnés :
vedo splendere la luce e il sole pour **vedo splendere la
luce del sole**

– **l'eufemismo** *l'euphémisme* est une atténuation :
è passato a miglior vita pour **è morto**

– **l'ipallage** *l'hypallage* : on attribue à certains mots de la phrase ce qui conviendrait à d'autres :
rendere qualcuno alla vita pour **rendere la vita a qualcuno**

– **l'iperbato** ou **inversione** *l'inversion* : consiste à renverser l'ordre syntaxique normal :
« **Siede con le vicine**
Sulla scala a filar la vecchierella. » (Leopardi)

– **l'iperbole** *l'hyperbole* : on souligne en exagérant ou en atténuant à l'extrême :
i teatri dalle mille luci – mi è costato un occhio – bere un goccio di vino

– **la litote** *la litote* : on dit le moins en sachant que le lecteur comprendra le plus :
non è un ragazzo molto sveglio

– **la metafora** *la métaphore* : c'est une comparaison resserrée, réduite à un seul terme :
« **i capei d'oro** » (Pétrarque) – **il mare mugola**

– **la metatesi** *la métathèse* : transposition de phonèmes à l'intérieur d'un mot :
il padule pour **la palude**

– **la metonimia** *la métonymie* : on remplace un terme par un autre qui a un rapport de proximité avec le premier ; on nomme par exemple le contenant pour le contenu :
bere un bicchiere pour **bere il vino che si trova nel bicchiere**

ou l'uniforme pour le soldat :
le Camicie rosse pour **i Garibaldini ...**

– **l'onomatopea** *l'onomatopée* : sons qui reproduisent un bruit :
« **Non si udiva che il pissi pissi delle labbra sibilanti le preghiere** » (M. Serao)

– **l'ossimoro** *l'oxymore* forme plus condensée d'antithèse : on rapproche deux termes qui expriment des idées opposées :
« **questo mio viver dolce amaro** » (Pétrarque)

– **la paragoge** *la paragoge* ou **epitesi** *épithèse* : on ajoute une lettre ou une syllabe à la fin d'un mot : **virtude** pour **virtù**

– **la prostesi** *la prothèse* est l'adjonction d'un son en tête du mot : **ignudo** pour **nudo**

– **l'epentesi** *l'épenthèse* est l'adjonction d'un son dans le corps du mot : **la fantasima** pour **il fantasma**

– **la paronomasia** *la paronomase* : on rapproche deux mots de sonorités voisines mais de sens différents :
Chi dice donna dice danno – Traduttore traditore – Chi vivrà vedrà.

– **la perifrasi** *la périphrase* : on exprime en plusieurs mots ce qu'on aurait pu dire en un seul :
« **incontro là dove si perde il giorno** » pour **verso il tramonto** (Leopardi)

– **il pleonasmo** *le pléonasme* : on emploie plus de mots que le sens n'en exige :
A me mi piaci così.

– **il polisindeto** *le polysyndète* : on répète une conjonction de coordination devant chaque terme d'une série :
« **Guardo le bianche rocce le mute fonti dei venti**
e l'immensità dei firmamenti
e i gonfi rivi che vanno piangenti
e l'ombre del lavoro umano curve là sui poggi algenti. »
(Dino Campana)

– **la sillessi** *la syllepse* : on substitue l'accord logique à l'accord grammatical :
uno sciame d'api si sollevarono.

– **la similitudine** *la comparaison* : on compare deux termes en les reliant par **come, simile a...**
« **Come questa pietra**
è il mio pianto
che non si vede » (Giuseppe Ungaretti)

– **la sincope** *la syncope* : on supprime une ou plusieurs lettres dans le corps d'un mot :
lo spirto pour **lo spirito**

– **la sineddoche** *la synecdoque* : on restreint ou on étend le sens d'un mot : on nomme le tout pour la partie (**nel mondo** pour **sulla terra**) ou la partie pour le tout (**la vela** pour **la nave**) ou le singulier pour le pluriel (**il nemico** pour **i nemici**) ou inversement.

– **la sinestesia** *la synesthésie* : association de deux mots relatifs à des sphères sensorielles différentes : **silenzio verde – voci di tenebra**

Versification

Le vers est caractérisé par le nombre de ses syllabes et par son rythme.

■ Dans le décompte des syllabes,
- il faut savoir que si le vers finit par une **parola tronca**, la dernière syllabe compte pour deux :
Deh/ per/ché/ fug/gi/ ra/pi/do/ co/sì (Carducci)
1 2 3 4 5 6 7 8 9 10+11

piana, la dernière syllabe compte pour une syllabe :
Per/ me/ si/ va/ nel/la/ cit/tà/ do/len/te (Dante)
1 2 3 4 5 6 7 8 9 10 11

sdrucciola ou **bisdrucciola**, les syllabes suivant l'accent comptent pour une seule :
E/ scio/glie al/l'ur/na un/ can/tico (Manzoni)
1 2 3 4 5 6 7

et qu'une diphtongue en fin de vers compte pour deux syllabes :
In/no/cen/te/cre/dei (O.Guerrini)
1 2 3 4 5 6+7

- il faut tenir compte des figures métriques qui sont :
l'**elisione** *l'élision* : la voyelle finale d'un mot et la voyelle initiale du mot suivant se fondent en une syllabe unique :
d'in/ su/ la/ vet/ta/ del/la/ to/rre an/ti/ca (Leopardi)
1 2 3 4 5 6 7 8 9 10 11

la **dialefe** ou **iato** *le hiatus* : la voyelle finale et la voyelle initiale du mot suivant ne se fondent pas et forment deux syllabes :

Ma/ ve/di/ là /u/n'a̱/ni/ma/ che/ pos/ta
1   2   3   4̱   5̱   6   7   8   9   10   11

ve/nen/do/ qui/ è/ af/fan/na/ta/tan/to   (Dante)
1   2   3   4̱   5̱   6̱   7   8   9   10 11

la **dieresi** *la diérèse* marquée graphiquement par le tréma sur la 1ʳᵉ voyelle d'une diphtongue, consiste à prononcer séparément les deux voyelles de cette diphtongue :

un/ maz/zo/lin/ di/ ro/se e/ di /vï/o/le   (Leopardi)
1   2   3   4   5   6   7   8   9̱ 1̱0̱ 11

la **sineresi** la *synérèse* : deux voyelles successives appartenant à deux syllabes différentes d'un même mot se prononcent en une seule syllabe :

ed/ er/ra/ l'ar/mo/nia/ per/ ques/ta/ val/le (Leopardi)
1   2   3   4   5   6̱   7   8   9   10 11

la **sistole** déplace l'accent tonique vers le début du mot :
né/ dol/cez/za/ di/ fi/glio/ né/la/ pie̱/ta   (Dante)
1   2   3   4   5   6   7   8   9   1̱0̱ 11

la **diastole** déplace l'accent tonique vers la fin du mot :
che/ non/ mi/ tur/ba/ ma/i; an/zi è/ te/ne/bra (Dante)
1   2   3   4   5   6   7   8   9 1̱0̱ 11

■ D'après le nombre de syllabes qui constituent le vers, on aura :

il ternario *le vers de 3 syllabes*
il quadrisillabo *le vers de 4 syllabes*
il quinario *le vers de 5 syllabes*
il senario *l'hexasyllabe*
il settenario *l'heptasyllabe*
l'ottonario *l'octosyllabe*
il novenario *l'ennéasyllabe*
il decasillabo *le décasyllabe*
l'endecasillabo *l'hendécasyllabe*

Les plus employés sont **il settenario**, vers de 7 syllabes et **l'endecasillabo**, vers de 11 syllabes.

■ Les accents rythmiques donnent une cadence particulière au vers.

L'accent rythmique fondamental est toujours sur la dernière syllabe tonique. Les autres accents ont une place variable dans le vers.

Par exemple, l'hendécasyllabe a ses accents rythmiques
  soit sur la 6e et la 10e syllabe
  soit sur la 4e, la 7e et la 10e syllabe
  sur la 4e, la 8e et la 10e syllabe.

L'heptasyllabe a ses accents rythmiques sur la 6e syllabe et sur l'une ou l'autre des 4 premières syllabes.

La rime

Il y a rime entre deux vers lorsqu'il y a identité de sons à partir de la dernière syllabe tonique des deux vers : **fiore** et **amore**.

Si l'identité n'est pas parfaite et se limite aux consonnes, on a la **consonanza** : **inganno** et **sonno**.

Si elle se limite aux voyelles, on a l'**assonanza** : **domani** et **magari**.

Selon leur disposition, on distingue :

- **le rime baciate** *rimes plates,* quand deux vers consécutifs riment entre eux selon le schéma AA - BB - CC :

  Nella torre il silenzio era già alto   A
  sussurravano i pioppi del Rio Salto.   A

  I cavalli normanni alle lor poste   B
  frangean la biada con rumor di croste   B (Pascoli)

- **le rime alternate** *rimes alternées,* le 1er vers rimant avec le 3e, le 2e avec le 4e, selon le schéma AB - AB - BC - BC :

  Un dì, s'io non andrò sempre fuggendo   A
  di gente in gente, mi vedrai seduto   B
  su la tua pietra, o fratel mio, gemendo   A
  il fior de' tuoi gentili anni caduto.   B (Foscolo)

- **le rime incrociate** *rimes croisées,* quand le 1ᵉʳ vers rime
avec le 4ᵉ, et le 2ᵉ avec le 3ᵉ, selon le schéma ABBA :

> **Tanto gentile e tanto onesta pare**   A
> **la donna mia quand'ella altrui saluta,**   B
> **ch'ogni lingua deven tremendo muta**   B
> **e li occhi no l'ardiscon di guardare**   A (Dante)

- **le rime incatenate**, dans une série de tercets, quand le
1ᵉʳ vers rime avec le 3ᵉ, le 2ᵉ avec le 1ᵉʳ de la strophe suivante,
suivant le schéma ABA - BCB - CDC ; c'est la rime du tercet
dantesque (**la terzina dantesca**) :

> **Nel mezzo del cammin di nostra vita**   A
> **mi ritrovai per una selva oscura**   B
> **ché la diritta via era smarrita.**   A
>
> **Ah quanto a dire qual era è cosa dura**   B
> **esta selva selvaggia e aspra e forte**   C
> **che nel pensier rinnova la paura.**   B (Dante)

- **le rime ripetute**, quand elles sont dans un ordre constant,
selon le schéma ABC - ABC

- **la rima interna** se trouve à l'intérieur du vers et rime avec
le mot final du vers précédant ; si elle coïncide avec la césure,
c'est la **rima al mezzo** :

> **E s'affretta, e s'adopra**
> **di fornir l'opra, anzi il chiarir dell'alba.**   (Leopardi)

- **la rima ipermetra** quand un mot **piano** rime avec un mot
sdrucciolo, la dernière syllabe du mot **sdrucciolo** étant
comptée avec les syllabes du vers suivant :

> **Nelle crepe del suolo o sulla veccia**
> **spiar le file di rosse formiche**
> **ch'ora si rompono ed ora s'intreccia-no**
> **a sommo di minuscole biche.**   (Montale)

Dans certains cas, les vers, tout en présentant une structure
régulière (l'hendécasyllabe étant le plus employé), n'ont pas de
rimes : on parle alors de **versi sciolti**.

Enfin, les **versi liberi** ne comportent ni rimes ni nombre fixe
de syllabes. Leur usage est fréquent chez les poètes modernes.

La strophe

Les vers se regroupent en unités rythmiques variées :
- **il distico** *le distique,* formé de deux vers
- **la terzina** *le tercet,* formé de trois vers
- **la quartina** *le quatrain*, formé de quatre vers
- **la sestina** *le sizain,* formé de six vers
- **l'ottava** *l'octave,* formée de huit vers. C'est la strophe des poèmes épiques des xve et xvie siècles.

Les compositions poétiques

Les plus fréquentes sont :
- **la ballata** *la ballade,* ainsi appelée parce que destinée au chant et à la danse. Elle est formée d'une ou plusieurs strophes (**le stanze**) et d'un refrain (**la ripresa**).
- **la canzone** *la chanson,* formée de plusieurs strophes ou **stanze**, s'achève en général par un *congé* (**il congedo**), strophe plus courte que les autres.
- **il sonetto** *le sonnet,* composé de deux quatrains et de deux tercets.
- **il madrigale** *le madrigal,* formé de deux ou trois tercets suivis d'un ou deux distiques.
- **l'ode** *l'ode*, sans schéma métrique constant.

Régions – Villes – Pays et habitants

Italie (les régions et leurs habitants)

l'Abruzzo	l'abruzzese	il Piemonte	il piemontese
l'Alto Adige	l'altoatesino	la Puglia	il pugliese
la Calabria	il calabrese	la Romagna	il romagnolo
la Campania	il campano	la Sardegna	il sardo
l'Emilia	l'emiliano	la Sicilia	il siciliano
il Friuli	il friulano	la Toscana	il toscano
il Lazio	il laziale	il Trentino	il trentino
la Liguria	il ligure	l'Umbria	l'umbro
la Lombardia	il lombardo	la Valle d'Aosta	il valdostano
le Marche	il marchigiano	il Veneto	il veneto
il Molise	il molisano		
la Basilicata (La Lucania)	il lucano		
la Venezia Giulia	il giuliano		

Italie (les principales villes et leurs habitants)

Ancona	l'anconetano	Reggio Emilia	il reggiano
Bergamo	il bergamasco	Roma	il romano
Bologna	il bolognese	Siena	il senese
Firenze	il fiorentino	Siracusa	il siracusano
Genova	il genovese	Torino	il torinese
Milano	il milanese	Trento	il trentino
Napoli	il napoletano	Venezia	il veneziano
Palermo	il palermitano	Verona	il veronese
Parma	il parmigiano		

Europe (les principaux pays et leurs habitants)

l'Europa	l'europeo	l'Italia	l'italiano
l'Austria	l'austriaco	il Lussemburgo	il lussemburghese
il Belgio	il belga	la Norvegia	il norvegese
la Danimarca	il danese	il Portogallo	il portoghese
la Finlandia	il finlandese	la Russia	il russo
la Francia	il francese	la Spagna	lo spagnolo
la Germania	il tedesco	la Svezia	lo svedese
la Grecia	il greco	la Svizzera	lo svizzero
l'Inghilterra	l'inglese		
l'Olanda (i Paesi Bassi)	l'olandese		

Europe (les principales villes et leurs habitants)

Atene	l'ateniese	Madrid	il madrileno
Berlino	il berlinese	Marsiglia	il marsigliese
Ginevra	il ginevrino	Mosca	il moscovita
Lione	il lionese	Nizza	il nizzardo
Londra	il londinese	Parigi	il parigino

Afrique (les principaux pays et leurs habitants)

l'Africa	l'africano	la Libia	il libico
l'Algeria	l'algerino	il Marocco	il marocchino
l'Eritrea	l'eritreo	la Somalia	il somalo
l'Etiopia	l'etiope	la Tunisia	il tunisino

Amérique (les principaux pays et leurs habitants)

l'America	l'americano	il Cile	il cileno
l'Argentina	l'argentino	il Messico	il messicano
il Brasile	il brasiliano	il Perù	il peruviano
il Canadà	il canadese	gli Stati Uniti	lo statunitense

Asie (quelques pays et leurs habitants)

l'Asia	l'asiatico	l'Iran	l'iraniano
la Cina	il cinese	l'Iraq	l'iracheno
l'Egitto	l'egiziano	Israele	l'israeliano
il Giappone	il giapponese	il Libano	il libanese
l'India	l'indiano	la Siria	il siriano

Sigles et abréviations

ACI - Automobile Club d'Italia
AGIP - Azienda Generale Italiana Petroli - constituée en mai 1926
AIDS - Acquired ImmunoDeficiency syndrome - SIDA
ALFA ROMEO - Anonima Lombarda Fabbrica Automobili Romeo, fondée par N. Romeo
ALITALIA - Aerolinee Italiane Internazionali - fondée en 1946
AN - Alleanza Nazionale - la nouvelle extrême droite issue du MSI, officialisée en janvier 1995
ANAS - Azienda Nazionale Autonoma delle Strade statali
BOT - Buono Ordinario del Tesoro
BR - Brigate Rosse - organisation terroriste du début des années 1960
CAP - Codice di Avviamento Postale - code postal
CdG - Compagnia di Gesù - ordre des Jésuites
CEE - Comunità Economica Europea
CENSIS - Centro Studi Investimenti Sociali - institut de sondages
CGIL - Confederazione Generale Italiana del Lavoro - d'inspiration communiste
CIO - Comitato Internazionale Olimpico
CISL - Confederazione Italiana Sindacati Lavoratori - d'inspiration démochrétienne
COBAS - Comitati di base - associations autonomes de différentes catégories de travailleurs favorables à une lutte syndicale à outrance
CONI - Comitato Olimpico Nazionale Italiano
CONSOB - Commissione Nazionale per le Società di Borsa
CRI - Croce Rossa Italiana - fondée en 1864
CSM - Consiglio Superiore della Magistratura - institué en mars 1958
DC - Democrazia Cristiana - parti au pouvoir sans interruption de 1948 à 1994
EFIM - Ente partecipazioni e Finanziamenti Industria Manifatturiera - institué en 1962
EI - Esercito Italiano
ENI - Ente Nazionale Idrocarburi - formé en 1953 - contrôle entre autres AGIP et SNAM

ENIT - Ente Nazionale Italiano di Turismo

ENPA - Ente Nazionale per la Protezione degli Animali - créé en 1938

EUR - Esposizione Universale di Roma - devait se tenir en 1942 ; fut annulée en raison de la guerre ; aujourd'hui nom d'un quartier au sud de Rome

FAO - Food and Agriculture Organization - créée en 1943 - siège à Rome depuis 1951

FFSS ou **FS** - Ferrovie dello Stato

FIAT - Fabbrica Italiana Automobili Torino - fondée en 1899

FIOM - Federazione Impiegati e Operai Metallurgici

FMI - Fondo Monetario Internazionale - fondé en 1944 - siège à Washington

GAP - Gruppi d'Azione Partigiana - formés pendant la 2ᵉ guerre mondiale pour la lutte contre les fascistes

GATT - General Agreement on Tariffs and Trade - remplacé par l'OMC en 1995

ICI - Imposta Comunale degli Immobili, impôt créé en 1993

ILOR - Imposta Locale sui Redditi - impôts locaux créés en 1973

INA - Istituto Nazionale delle Assicurazioni

INPS - Istituto Nazionale Previdenza Sociale - créé en 1933

INVIM - Imposta Nazionale sull'Incremento di Valore degli Immobili, impôt créé en 1972

IRI - Istituto per la Ricostruzione Industriale - créé en 1933

IRPEF - Imposta sul Reddito delle Persone Fisiche - créé en 1973

ISTAT - Istituto centrale di Statistica – organisme d'État créé en 1926

IVA - Imposta sul Valore Aggiunto - créé en 1972 - TVA

MEC - Mercato Comune

MSI - Movimento Sociale Italiano - parti d'extrême droite fondé en 1946, dissous en 1995

NATO - North Atlantic Treaty Organisation 1949 - OTAN

OCSE - Organizzazione per la Cooperazione e lo Sviluppo Economici 1961 - siège à Paris

OMC - Organizzazione Mondiale du Commercio - entrée en activité le 1/1/1995 - succède au GATT

OVRA - Opera Volontaria per la Repressione dell'Antifascismo, police secrète du fascisme

P2 - Propaganda 2 - loge maçonnique dissoute en 1981

PCI - Partito Comunista Italiano - fondé en 1921

PDS - Partito Democratico della Sinistra (ex PCI), né en 1991, de la scission du PCI

PIL - Prodotto Interno Lordo PIB

PPI - Partito Popolare Italiano 1) formé en 1919, son héritage sera recueilli par la DC - 2) né en 1994, issu de l'ex DC

PSI - Partito Socialista Italiano

RAI - Radiotelevisione Italiana

RF - Rifondazione Comunista - parti né de la scission du PCI

SIP - Società Italiana per l'esercizio delle Telecomunicazioni, remplacée en 1994 par TELECOM Italia

SISDE - Servizio per le Informazioni e la Sicurezza - services secrets - créé en 1977

SPQR - Senatus PopulusQue Romanus « Le Sénat et le Peuple Romain »

SME - Sistema Monetario Europeo

SNAM - Società Nazionale Metanodotti, contrôlée par l'ENI

STANDA - Società Tutti Articoli Necessari Dell'Abbigliamento e arredamento (chaîne de grands magasins)

TFR - Trattamento di Fine Rapporto, indemnité versée à tout travailleur au moment de la retraite (appelée couramment « la liquidazione »)

TV - (tivù) TeleVisione

UIL - Unione Italiana del Lavoro - confédération syndicale à majorité socialiste

UPIM - Unico Prezzo Italiano Milano (chaîne de grands magasins)

Corrigé des exercices

1. L'article indéfini

III. uno scoiattolo - un cinghiale - un'anatra - un coniglio - una talpa - un'istrice - un ippopotamo - uno sciacallo - un sorcio - una volpe - uno stambecco - un tacchino - uno scimpanzé - un'oca - una vipera - un serpente - un' otaria - uno struzzo - una zebra - un orso - un gatto - una lepre - un leone - una scimmia

IV. 1. Francesco Petrarca fu un umanista e un poeta. 2. Ho un' amica italiana che si chiama Angela. 3. Lo sci è uno sport talvolta pericoloso. 4. Maria Callas era un' artista mondialmente famosa. 5. Andrea Doria fu un ammiraglio genovese al servizio di Francesco I, poi di Carlo V. 6. Benvenuto Cellini era un orafo e uno scultore fiorentino. 7. «Tante volte era rimasto in ammirazione davanti a un paesaggio, a un monumento, a una piazza, a uno scorcio di strada, a un giardino, a un interno di chiesa, a una rupe, a un viottolo, a un deserto» (Dino Buzzati).

---

2. L'article défini

III. il (la) collega - lo (la) psichiatra - il serpente - gli architetti - la regina - il (la) farmacista - lo zoccolo - gli (le) ospiti - i colori - lo yogurt - lo straniero - i secoli - gli amici - lo (la) specialista - la moglie - il (la) cinese - le macchine - l'accademico - lo spogliatoio - gli gnocchi

IV. 1. Ti devo rendere il libro che mi hai prestato. 2. Ho superato gli esami. 3. È inutile andare in montagna : ho la gamba rotta e ho perduto gli sci. 4. Tra i lavori stagionali potresti scegliere di fare il maestro di sci, il cuoco, la guida turistica, il cameriere, il noleggiatore di barche, l'istruttore di nuoto, il custode di museo. 5. Per spostarsi, gli uomini hanno inventato : l'automobile, la bicicletta, lo scooter, l'aereo, il tram, il treno, la carrozzella, l'autobus, il pullman, la moto, l'ambulanza, la lettiga, la portantina e perfino il razzo.

VI. 1. I limoni, le arance e i mandarini sono tre tipiche coltivazioni mediterranee. 2. I prodotti principali dell'agricoltura italiana sono : la barbabietola da zucchero, l'uva, il frumento, il granoturco, i pomodori, le mele, le patate, le olive, gli agrumi, l'orzo, la soia, le pesche, il riso, le pere, le insalate. **3.** I prodotti di largo consumo alimentare sono : la pasta, il formaggio, lo zucchero, il riso, le uova, il sale, il caffè, la carne, le verdure, l'olio, il burro, i salumi, lo yogurt, il vino, il latte. **4.** L'Italia esporta numerosi prodotti agricoli, come la frutta, gli ortaggi, i fiori e il riso. Importa soprattutto il bestiame, la carne, il frumento, il granturco e il legname. **5.** Alcune località italiane sono famose nel mondo : Asti per lo spumante, Carrara per il marmo, Firenze per la moda, Murano per il vetro, Valenza Po per l'oreficeria, Vigevano per le scarpe.

VII. « Tutto ciò che ci affascina nel mondo inanimato, i boschi, le pianure, i fiumi, le montagne, i mari, le steppe, le città, i palazzi, le pietre, il cielo, i tramonti, le tempeste, la neve, le stelle, il vento, tutte queste cose si caricano di significato umano ». (D. Buzzati)

---

3. *L'article contracté*

I.   **1.** b) - **2.** a) - **3.** b) - **4.** a) - **5.** b)

III.   Pensò alla finestra solitaria illuminata nella sera d'inverno, alla spiaggia sotto le rocce bianche nella gloria del sole, al vicolo inquietante nel cuore della vecchia città, alle terrazze del grand hotel nella notte di gala, al lume della luna, pensò alle piste di neve nel mezzogiorno di aprile, alla scia del candido transatlantico illuminato a festa, ai cimiteri di montagna, alle biblioteche, ai caminetti accesi, ai palcoscenici dei teatri deserti, al Natale, al barlume dell'alba. » (Dino Buzzati)

---

4. *Le nom*

I.   **1.** il padre - **2.** il cantante - **3.** il fratello - **4.** il duca - **5.** il marito - **6.** lo scrittore - **7.** il ragazzo - **8.** il concorrente - **9.** il pittore - **10.** lo studente – **11.** il principe - **12.** l'insegnante - **13.** l'allievo - **14.** il re - **15.** il toro - **16.** il poeta - **17.** il barone - **18.** il maschio.

III.   i gilé - gli etti - i caffè - le mogli - le serie - le asperità - le auto - i paltò - le moto - i camion - le bontà - le superfici

- gli album - le sintesi - gli sport - le foto - le verità - le elissi - le tivù - le crisi.

IV. i monarchi - i Belgi - i climi - le Greche - i poemi - le pesche - i musicisti - i camionisti - le famiglie - le armi - i comunisti - le poetesse - le figlie - le paghe - le realtà - le leghe - le foglie - le fabbriche - le nazionalità - le vite - le città.

VII 1. I camionisti guidano i camion e non le moto. 2. Nei bar, i baristi servono caffè, tè o altre bevande. 3. Sono i vaglia che le zie aspettavano. 4. I panda e i boa sono negli zoo. 5. I gorilla sono nelle gabbie. 6. I poeti scrivono poesie e talvolta poemi.

VIII. 1. Il tennis e il calcio sono degli sport. 2. Il fucile e la pistola sono armi da fuoco. 3. Si sentono i ronzii delle vespe e i fruscii delle serpi. 4. Gli uffici si trovano in questi edifici.

X. 1. I fiori degli aranci sono profumati. 2. Le ali degli uccelli sono di due colori. 3. Questi duchi hanno figli e figlie. 4. I buoi e le mucche sono animali pacifici.

XI. 1. Gli Etruschi furono gli avi dei Toscani. 2. Hanno varcato diversi valichi durante i loro viaggi. 3. I domestici hanno comprato quattro etti di prosciutto e due chili di frutta. 4. I Turchi furono a lungo i nemici dei Greci. 5. Le auto sono negli ingorghi. 6. «Piccoli equivoci senza importanza» è il titolo di un libro di Tabucchi.

XIII. 1. I templi degli dei sono nei boschi. 2. Prima dei Romani, i Fenici e i Greci hanno colonizzato la Sicilia. 3. Questi amici hanno visto tutti i film di Visconti. 4. I pagliacci sono nei circhi. 5. I delta di questi fiumi hanno parecchi bracci. 6. I naufragi sono episodi tragici della vita dei marinai di cui si ricordano a lungo i poveri naufraghi.

XIV. 1. b) - 2. b) - 3. a) - 4. c) - 5. a) - 6. a) - 7. c) - 8. a) - 9. a) - 10. c) - 11. a).

---

5. *L'adjectif qualificatif*

II. 1. Quei borghi natii sono luoghi storici. 2. Questi pagliacci sono uomini comici. 3. Questi lunghi dialoghi sono tragici. 4. Gli artisti tedeschi hanno fatto affreschi fantastici. 5. I

porci sono animali domestici ma i cinghiali sono selvatici.
6. Questi patriarchi sono seri, pii e buoni. **7.** Questi orologi
svizzeri sono classici. **8.** Hanno le braccia pulite ma le dita
sporche. **9.** Sono i rasoi elettrici dei colleghi antipatici.
10. In queste liriche, i poeti surrealisti hanno dato mes-
saggi filosofici. **11.** In Sicilia, abbiamo visto templi greci e
chiese barocche. **12.** I vestiti di Pulcinella sono bianchi e
neri, larghi e ampi.

III.   **1.** b) - **2.** b) - **3.** c) - **4.** b) - **5.** a) - **6.** b) - **7.** a) - **8.** a).

VI.   **1.** Prega Sant'Antonio da Padova e San Francesco d'Assisi.
2. Questi uomini simpatici hanno sette figli maschi. **3.** Le
navi avevano a bordo settanta marinai belgi. **4.** Questa
chiesa è stata consacrata a Santo Stefano dal Santo Padre.
5. Ha partecipato ai giochi olimpici. **6.** Studia i dati
geografici con metodi scientifici. **7.** A Venezia, è famosa
la chiesa di San Zaccaria. **8.** Questi begli specchi sono
vecchi ma non antichi. **9.** Ho tre amici tedeschi e due
amiche turche. **10.** «Buon sangue non mente.» **11.** Pietro
e Claudio sono ragazzi collerici ma dinamici. **12.** Ha servito mezza tazza di cappuccino. **13.** Mi porta dieci uova
fresche e un bel pesce. **14.** In Italia ci sono magnifici
edifici romanici e barocchi. **15.** Tarquinia e Cerveteri sono
due città etrusche. **16.** San Pietro in Vaticano, San Paolo
fuori le mura, San Pietro in Vincoli, San Giovanni in Laterano e Santa Maria Maggiore sono grandi basiliche di
Roma.

6. *Le comparatif*

I.   **1.** b) - **2.** a) - **3.** c) - **4.** a) - **5.** b) - **6.** c) - **7.** b) - **8.** c) - **9.** a)
- **10.** c)

II.   **1.** c) - **2.** c) - **3.** b) - **4.** b) - **5.** c) - **6.** c) - **7.** a) - **8.** a).

7. *Le superlatif*

II.   **1.** I fiumi russi sono larghissimi. **2.** Queste persone sono
simpaticissime. **3.** È una donna ricchissima e siamo pove-
rissimi. **4.** C'è pochissimo vino in questa grandissima bot-
tiglia. **5.** Ha una voce rauchissima. **6.** Con quest'autobu

l'attesa è sempre lunghissima. **7.** Questo pane è bianchissimo ed è buonissimo. **8.** Siamo rimasti amicissimi.

III. **1.** Prendo la strada più comoda. **2.** L'uomo più stupido può capire questa cosa. **3.** Frequenta la gente meno colta del villaggio. **4.** Ecco il Po, è un fiume, il più lungo d'Italia. **5.** Lui è l'uomo più potente della terra e lei è la più povera contadina. **6.** Hanno i capelli bisunti. **7.** Sono caduti nell'acqua e sono bagnati fradici. **8.** Ha lavorato troppo ed è stanca morta.

IV. **1.** Lasciò a casa il figlio in età tenerissima. **2.** Quest'uomo è ricco sfondato. **3.** Questi porci sono grassissimi. **4.** Sono persone molto intelligenti. **7.** Il soldato è stanchissimo/stanco morto.

VI. **1.** È la cosa peggiore. **2.** L'Asti è un ottimo vino. **3.** È un pessimo padrone. **4.** Il tiramisù è un ottimo dolce. **5.** L'acqua poteva provocare massimi danni.

VIII. **1.** In città si può conoscere la maggior solitudine. **2.** Dante è un poeta celeberrimo. **3.** Fu il risveglio peggiore di tutti. **4.** Firenze conobbe il massimo splendore nel Quattrocento.

---

8. *Les possessifs*

II. **1.** Mio padre e mia madre mi vogliono bene, i miei fratellini pure. **2.** Era vicino alla sua mamma e alle sue sorelline. **3.** Sarai (la) mia amica e ti vorrò bene come a mia sorella. **4.** Il signor Rossi, suo vicino, lo conosceva bene. **5.** Nostro figlio è guarito. **6.** La tua camera è grande. **7.** La nostra cartella è molto pesante. **8.** Il vostro amico è venuto a trovare vostra madre. **9.** La tua nonnina è anziana. **10.** Vedono spesso i loro amici a casa loro. **11.** Questa ragazza è la vostra sorella maggiore. **12.** Perché non lo dite alla loro madre ?

IV. **1.** I miei figli sono con le loro mogli. **2.** Le loro case non sono tanto grandi. **3.** Presentiamo i Suoi cugini ai miei nonni. **4.** Ai tuoi fratelli piacciono i nostri libri. **5.** Parlate ai loro mariti e alle mie zie. **6.** I suoi zii materni sono medici. **7.** I loro paesi sono molto piccoli. **8.** Le mie penne sono sui suoi quaderni. **9.** Le loro barche sono davanti alle nostre case di Bellagio.

V. **1.** Si vede il suo gatto alla finestra. **2.** Tua sorella ti voleva fare il ritratto. **3.** I loro regali sono sempre fatti a nostra insaputa. **4.** In quel periodo, Sua moglie veniva spesso a casa nostra. **5.** Agisce a modo suo e fa di testa sua. **7.** Le loro due teste si urtarono. **8.** A parer mio, Paolo è già partito ed è colpa mia. **8.** Ognuno pensa al proprio lavoro. **11.** Alcuni suoi romanzi si svolgono in Toscana. **12.** Molti suoi alunni gli scrivono ancora.

---

9. *Les démonstratifs*

II. **1.** Quell'amica... - **2.** Questi scarponi... - **3.** Quell'atleta... - **4.** Quell'isola... - **5.** Questa foto... - **6.** Quel lago ... - **7.** Quei libri ... - **8.** Quest'albergo... - **9.** Quel bambino... - **10.** Questa notizia...

III. **1.** Questo caffè è troppo forte per me. **2.** Ti consiglio di leggere questo libro che ho appena comprato. **3.** Non restare con me su questo binario; il tuo treno parte da quell' altro binario. **4.** Il postino mi ha portato queste due lettere, quelle sono di ieri. **5.** Quella macchina è ancora così lontana che la scorgo appena. **6.** Mi ricordo ancora quei racconti che leggevo una volta. **7.** Quel torrente che scorre laggiù nella valle è in piena.

IV. **1.** b) - **2.** b) - **3.** a) - **4.** a) - **5.** a) - **6.** b) - **7.** a) - **8.** b)

VI. **1.** Non ripetere sempre le stesse cose! **2.** Verrò io stesso (io stessa) a prenderti alla stazione. **3.** Il direttore stesso ti riceverà questo pomeriggio. **4.** Faccio sempre gli acquisti negli stessi negozi. **5.** Io e lui non abbiamo mai gli stessi gusti. **6.** Non è più lo stesso di prima.

VIII. **1.** Non sono d'accordo con quello che dici. **2.** Questa è un'occasione unica. **3.** Quali sono i vostri libri? Questi o quelli? **4.** Che cosa vuole costui? **5.** Perché leggi quei libri? Quelli di Paolo sono più interessanti. **6.** Quest'orologio è quello di mio fratello. **7.** Ho avuto la possibilità di avvertirlo, perciò è arrivato in orario. **8.** Quelli (coloro) che agiscono così sono disonesti. **9.** Ciò (quello) che avevo da dire, l'ho detto. **10.** Non dimenticherò que consigli che mi dava mia nonna. **11.** Questa giacca, me l'ha regalata mio marito.

---

10. *Les pronoms personnels*

II. **1.** <u>Egli</u> guarda il panorama. - **2.** <u>Essa</u> miagola. - **3.** Avete finito, <u>voi</u>? - **4.** A che cosa pensi <u>tu</u>? - **5.** Siete in due a partire : <u>tu</u> e Andrea.- **6.** <u>Noi</u> siamo andati al cinema e <u>lei</u> è andata a dormire. - **7.** Te lo dico <u>io</u>. - **8.** Sia <u>tu</u> sia <u>lei</u> (<u>lui</u>), siete stupidi tutti e due. - **9.** <u>Loro</u> non hanno mai voluto accettare la sconfitta. - **10.** Marco e Anna hanno litigato : <u>lei</u> è andata in camera e <u>lui</u> è partito. - **11.** <u>Io</u> non so se <u>tu</u> sei disposto a venire. - **12.** Gino e Giuseppe sono partiti anche <u>loro</u> - **13.** <u>Io</u> e mia sorella andremo insieme in vacanza. - **14.** Sono andata da Giovanna ma <u>lei</u> non era in casa. - **15.** <u>Noi</u> abbiamo fatto tutto e <u>lui</u> è rimasto a guardare.

III. **1.** b) - **2.** a) - **3.** b) - **4.** b) - **5.** b) - **6.** c) - **7.** b)

V. **1.** Chi ha telefonato ? Tu o lei ? **2.** Lui non è stato promosso, neppure lei. **3.** Hanno trovato un appartamento ; sono fortunati loro ! **4.** Noi andremo a Venezia, anche loro. **5.** Lei non ha una vita facile, neanch'io. **6.** Sono tanto infelice quanto lei. **7.** Me l'hanno raccontato loro. **8.** Io e lei ci vogliamo bene. **9.** Non ci credono neppure loro.

VII. **1.** Se vedi Mario <u>digli</u> di venire e <u>fallo</u> entrare subito ! **2.** Se incontrerò tuo padre, <u>gli</u> chiederò di <u>lasciarti</u> venire. **3.** Si avvicinò a Maria e <u>le</u> disse qualcosa. **4.** Quando <u>lo</u> vedrò, <u>gli</u> dirò che volevi parlare con lui. **5.** Va' da Marina e <u>dille</u> che è tardi ! **6.** Sorveglia i bambini ! ho proibito <u>loro</u> di guardare la tivù. **7.** <u>Sentendoli</u> gridare, capì che i bambini erano svegli. **8.** Mino <u>ti</u> regala una bambola : <u>prendila</u> e <u>ringrazialo</u> ! **9.** Sfiorò un vaso e <u>lo</u> fece cadere. **10.** Sono arrivati i tuoi amici ? - Sì, <u>eccoli</u> ! **11.** Quando vedrò i tuoi genitori, <u>li</u> ringrazierò. **12.** Domani <u>ti</u> porterà il libro che <u>gli</u> (<u>le</u>) hai chiesto.

IX. **1.** Ecco il dolce : <u>tagliane</u> una bella fetta ! **2.** Chi ha parlato ? - Non <u>ne</u> ho la minima idea. **3.** Ho una casa in campagna, <u>ci</u> passo volentieri tutta l'estate. **4.** La Sardegna ? Non <u>ci</u> sono mai andata. **5.** Ha molte preoccupazioni ma non <u>ne</u>

vuole parlare (non vuole parlarne). **6.** Quando torni a Roma ? - Ci sarò la settimana prossima. **7.** Libri d'arte, ne ho tanti. **8.** È innamorata di Paolo e ne parla sempre. **9.** Se non conosci Firenze, vacci a Pasqua. **10.** Se hai troppi libri, regalane alcuni !

X. **1.** Cette fois-ci, tu l'as échappé belle ! **2.** Pour abréger, je vous dirai que tout a bien marché. **3.** Cette fois-ci, la bêtise est de taille ! Je n'ai plus confiance en vous. **4.** Tu n'en finis plus ! **5.** Il est temps d'en finir avec cette histoire ! **6.** Finissons-en ! **7.** Soit dit en passant, son livre ne vaut pas grand-chose. **8.** Il s'en est tiré sans dommage. **9.** Attendez-vous à la pareille ! **10.** Il n'a pas réussi à avoir gain de cause.

XII. **1.** Gli occhi mi si chiudono per la stanchezza. **2.** Si gusta l'ultima tazza di caffè della giornata. **3.** Levati la camicia : è bagnata. **4.** Mettetevi il cappotto : oggi fa freddo. **5.** Si levò gli occhiali per pulirli. **6.** Mi si è raffreddato il caffè nella tazza. **7.** Chi si è mangiato tutti i cioccolatini ? **8.** Si beve l'aperitivo. **9.** Mi batteva forte il cuore. **10.** Tenetevi i libri se volete – Si tenga i libri se vuole !

XV. **1.** Gliel'ho mandata. **2.** Luca glielo compra. **3.** Ogni mattina la mamma gliela porta. **4.** Leggiamoglielo. **5.** Gliel'ho letta. **6.** Glieli voglio regalare. (Voglio regalarglieli). **7.** Se la mette sempre... **8.** Fagliela visitare ! **9.** Gliela volete vendere (volete vendergliela). **10.** Vendetegliela ! **11.** Gliel' ha comunicato. **12.** Gliel'hanno data.

XVII. **1.** Ne te fais pas de souci ! Nous nous en tirerons ! **2.** Il a réussi à filer en douce. **3.** Je n'en peux plus ! **4.** Aujourd'hui je peux te le dire, nous avons passé un mauvais quart d'heure. **5.** Je travaille jour et nuit et toi, tu te la coules douce au bord de la mer ! **6.** Depuis quelque temps, Luc m'en veut. **7.** Tu peux t'en prendre à qui tu veux, mais pas à moi. **8.** Nous en sommes enfin sortis. **9.** Ça, je ne suis pas prêt de l'oublier ! **10.** Ils étaient tous complices.

XVIII. **1.** Chiedi a tuo padre di lasciarti venire con me. **2.** Dopo essersi avvicinato a lei, le raccontò il viaggio. **3.** Maria ce l'ha con noi perché non l'abbiamo invitata. **4.** Beati voi che partite per l'Italia in vacanza ! **5.** Maria non si dà pace : abbiamo invitato sua sorella e non lei. **6.** Ho visto arrivare

Maria e Lisa, non ho saputo cosa dir <u>loro</u>. **7.** P<u>o</u>vero <u>me</u> che mi sono fidato di uno come <u>te</u> (<u>lui</u> - <u>Lei</u>). **8.** Quando riceve i suoi amici, ne approfitta per dar <u>loro</u> tanti consigli. **9.** Mi riposerò un po' : perché non parti con <u>me</u> ! **10.** Beata <u>lei</u> che è stata promossa !

XIX. 1. Ti guardi intorno. **2.** Marcello mi passa davanti. **3.** Guardati attorno ! **4.** Ci era seduto accanto. **5.** Si mette i bambini davanti. **6.** Vi tenevate i bagagli accanto. **7.** P<u>a</u>olo le camminava dietro. **8.** Ci ha buttato l'acqua addosso. **9.** Non gli vuole c<u>o</u>rrere dietro/Non vuole c<u>o</u>rrergli dietro. **10.** Gli sono venuti incontro.

11. *Les pronoms relatifs*

II. **1.** La ragione <u>per la quale</u> è partito è misteriosa. **2.** Il romanzo <u>del quale</u> ti parlo è scritto da Buzzati. **3.** Chi sono le persone <u>con le quali</u> sei venuto ? **4.** La finestra <u>dalla quale</u> guardo la città, è molto alta. **5.** L'amica <u>con la quale</u> ho viaggiato, è veneziana. **6.** Il ragazzo <u>al quale</u> hai telefonato, è poco simp<u>a</u>tico. **7.** L'uomo <u>per il quale</u> lavora, è lombardo. **8.** La ragazza <u>con la quale</u> parla, è una vicina di casa. **9.** Ecco la donna <u>per la quale</u> ha abbandonato la famiglia. **10.** La tratt<u>o</u>ria <u>nella quale</u> abbiamo mangiato così bene è chiusa il lunedì.

III. **1.** Il paese <u>in cui</u> vivo, è l'It<u>a</u>lia. **2.** È la persona <u>a cui</u> mi rivolgo volentieri. **3.** Il s<u>e</u>colo <u>in cui</u> visse Leopardi, è l'Ottocento. **4.** È l'a<u>e</u>reo <u>con cui</u> ho viaggiato per andare in Am<u>e</u>rica. **5.** Guarda la ragazza <u>di cui</u> ti ho parlato ! **6.** L'<u>a</u>lbero <u>su cui</u> c'<u>e</u>rano sempre tanti uccelli è stato abbattuto.

IV. **1.** b) - **2.** a) - **3.** c) - **4.** a) - **5.** b).

VI. **1.** Hai visto tutto quanto (quello/quel/ciò che) volevi vedere. **2.** Gli amici a cui penso, ti accoglieranno volentieri per le vacanze. **3.** È tutto quello (quel/ciò) che volevamo sapere. **4.** Lo ritrovo ogni mattina nel parco, e ciò mi permette di parlargli. **5.** Chi lo incontra, è subito interessato. **6.** So quello (quel/ciò) che hai fatto. **7.** Hai sentito tutto quanto (quello che/quel che/ciò che) ho detto, e così sei informato. **8.** Quel (quello/ciò) che vuol sapere è ciò (quel/quello) che pensi di lui. **9.** Gli piaceva raccontare tutto quanto aveva potuto vedere nella sua vita. **10.** Fra tutti i paesi che hanno visitato, hanno preferito l'Italia. **11.** Dante è morto senza aver potuto rivedere Firenze, la città in cui (nella quale/dove) era nato. **12.** L'amico a cui scrivo tutto questo, è un compagno d'infanzia. **13.** Ha tutto quanto (quello che/quel che/ciò che) poteva desiderare. **14.** È la montagna il cui pendio è così ripido.

---

12. *Les interrogatifs et les exclamatifs*

II. **1.** Quali sono i colori che ti piacciono? **2.** Che tempo fa oggi? **3.** A chi pensi? **4.** Di queste due ragazze, quale preferisce? **5.** Chi è venuto a casa tua e con chi hai parlato? **6.** Che cosa avete studiato ieri? **7.** Quanti giorni ha il mese di febbraio, quest'anno? **8.** Per chi lavora in questo momento? **9.** Hai visto due gioielli, quale hai scelto? **10.** Con chi parti in vacanza? **11.** Di tutti quei giocattoli, quale ha comprato? **12.** Che cosa pensi di fare?

III. **1.** Dove pensate di andare par le vacanze? **2.** Come hai fatto a finire in tempo il tuo lavoro? **3.** Perché non gli parla più? **4.** Da dove vieni? Di dove sei?

IV. **1.** Come siamo contenti di partire in Sardegna! **2.** Com'era bella la vita una volta! **3.** Che gioia vedervi tutti, come sono contenta! **4.** Com'è sana l'aria nelle Dolomiti! **5.** Quanti profumi in Sicilia nel mese di aprile! **6.** « Quant'è bella giovinezza...! » cantava Lorenzo il Magnifico. **7.** Com'è piacevole camminare sulla sabbia! **8.** Che piacere sentirvi, ragazzi! **9.** Che caldo! **10.** Che buono! **11.** Quanti fiori in primavera! **12.** Quanti regali per il suo compleanno!

---

13. *Les indéfinis*

II. **1.** Per un Italiano, il 14 luglio è un giorno qualunque. **2.** Devi riuscire a qualunque costo. **3.** Ho dormito solo qualche ora. **4.** Passami un giornale qualsiasi : mi proteggerà dal sole. **5.** Deve ricominciare l'esperimento ogni tre ore. **6.** Ci voleva più stoffa per fare una gonna lunga.

7. Per te farei qualsiasi cosa. **8.** Ci fermeremo qualche giorno presso i nostri amici. **9.** Ho messo più tempo a venire perché pioveva molto.

IV. **1.** È caduta <u>molta</u> neve. **2.** C'erano <u>molti</u> sportivi ma <u>pochi</u> campioni. **3.** C'è <u>troppa</u> gente e non mi piace <u>molto</u>. **4.** Ho <u>poca</u> voglia di lavorare. **5.** Possedeva <u>parecchie</u> cravatte e <u>poche</u> camicie. **6.** Si vedono <u>tanti</u> bighelloni per le strade. **7.** Mancavano <u>pochi</u> minuti alla partenza. **8.** Hanno avuto cinque vittorie e <u>altrettante</u> sconfitte. **9.** Ha <u>tanti</u> pensieri in testa che non riesce a dormire. **10.** Con <u>pochi</u> soldi non si comprano <u>molte</u> cose. **11.** Hai fame? Sì, <u>tanta</u>. **12.** Mi piacciono le scarpe, ne ho <u>tante</u> paia.

VIII. **1.** Faccia entrare i primi dieci candidati, poi gli altri dieci! **2.** Le piace il formaggio? Altro che! **3.** L'ho incontrata l'altra settimana al supermercato. **4.** Non ho nient'altro da fare. **5.** Verrò senz'altro, te lo prometto. **6.** Sono tutte attente a quello che racconta, Signore. **7.** È venuto a trovarmi ieri l'altro. **8.** Maria era tutta contenta di vedervi (vederla). **9.** Sono venuti a prenderla tutti e due. **10.** La poveretta era tutta commossa. **11.** Lo dicono tutti. **12.** Conosco bene gli uni e gli altri. **13.** Tutta Venezia era nella Piazzetta per Carnevale. **14.** Verrai alla nostra festicciola? - Senz'altro! **15.** Erano tutti madidi di sudore.

X. **1.** No, non mi manca niente (nulla). **2.** No, non conosco nessuno. **3.** No, non vogliamo mangiare nulla (niente). **4.** No, non ho nessuna speranza. **5.** No, non abbiamo letto nessun libro cinese. **6.** No, non c'è nessun nome italiano che comincia con l'acca (nessun nome italiano comincia con l'acca). **7.** No, non c'è nessuno sportivo fra di noi. **8.** No, nessuno vuole venire (non vuol venire nessuno). **9.** No, non ho nessun'amica in Italia.

XI. **1.** Mia madre si rivolgeva a uno di noi. **2.** Non ho nessuna voglia di incontrare quella gente. **3.** Non ho nessun mezzo di trasporto per recarmi da mia zia. **4.** Era un montanaro intrepido : nulla (niente) lo fermava. **5.** Ognuno è libero di pensare come vuole. **6.** Niente (nulla) è più impressionante del silenzio in montagna. **7.** Va' in campagna! Non ti disturberà nessuno (Nessuno ti disturberà). **8.** Non volle rispondere nessuno degli alunni. (Nessuno degli alunni volle rispondere). **9.** Non c'è proprio nulla (niente) che gli/ le piaccia?

---

14. *Les numéraux cardinaux*

II. **1.** Ci sono quattro settimane in un mese e dodici mesi in un anno. **2.** Febbraio ha ventotto o ventinove giorni; aprile ha trenta giorni. **3.** «Il giro del mondo in ottanta giorni» è un libro di Jules Verne. **4.** Massimo possiede più di duecento libri di fantascienza. **5.** Mia nonna è morta a novant'anni e otto mesi. **6.** Beppe Fenoglio ha scritto «I ventitré giorni della città di Alba». **7.** In quel periodo, con trecentosettantacinque euro ho avuto cinquecento dollars. **8.** È un paesino di duemila abitanti. **9.** Nel millenovecentonovantuno, c'erano cinquantasette milioni e cinquecentomila abitanti in Italia. **10.** Abbiamo mangiato per ventitremila lire. **11.** Questa macchina costa circa dodici mila euro. **12.** È un libro di milletrecentocinquantotto pagine. **13.** Il termometro segna undici gradi sotto zero. **14.** Dammi un biglietto da cento euro. **15.** Nel millenovecentonovantacinque, circa un milione e mezzo di automobili, cinquecentomila camion e quarantamila pullman hanno attraversato le gallerie del Monte Bianco e del Gran San Bernardo.

V. **1.** Vado a teatro ogni tre settimane. **2.** Sale sempre le scale a quattro a quattro. **3.** Erano in dieci alla riunione dell'altro giovedì. **4.** Prendi questa medicina ogni tre ore. **5.** Ogni quattrocento chilometri rifaccio il pieno di benzina. **6.** Nel 1990 (millenovecentonovanta), l'Italia del Nord contava più di trenta banche per centomila abitanti. **7.** Divisero le cento euro in cinque parti e così ebbero venti euro a persona. **8.** Entrate in fila a due a due! **9.** Andiamo sempre in quattro al cinema. **10.** Non asciugare i piatti due alla volta, li romperai!

VI. **1.** La percentuale dei votanti è stata del settanta per cento. **2.** L'inflazione è diminuita del due per cento all'anno. **3.** Negli anni Novanta, i prati e i pascoli rappresentavano il sedici per cento del territorio italiano, i boschi il ventidue per cento, i terreni coltivati il trentuno per cento, le colture legnose il dieci per cento, la superficie improduttiva il ventuno per cento. **4.** Nell'Italia del Nord, più del trentacinque della popolazione attiva lavora nell'industria. **5.** La Puglia produce il trenta per cento delle olive italiane. **6.** I boschi ricoprono il quarantacinque per cento del territorio del Trentino. **7.** Il settanta per cento della popolazione siciliana vive sulla fascia costiera. **8.** L'Italia possiede il quaranta per cento del patrimonio artistico mondiale e il sessanta per cento del patrimonio artistico europeo.

---

15. *Les numéraux ordinaux*

XI. **1.** Chi fu il terzo re d'Italia? **2.** Il tredicesimo capitolo è molto interessante. **3.** Il primo dei dodici segni dello Zodiaco è l'Ariete. **4.** Il canto quinto dell'Inferno è quello di Francesca da Rimini. **5.** L'appartamento di Massimo è all'ottavo piano. **6.** Il minuto è la sessantesima parte dell'ora. **7.** Vittorio Emanuele II (secondo) è stato chiamato il Re Galantuomo. **8.** È il trentunesimo anniversario del loro matrimonio. **9.** I primi quattro giorni della settimana io lavoro; passo gli ultimi tre a viaggiare. **10.** Negli ultimi venti anni (nell'ultimo ventennio), le donne hanno raggiunto posti di lavoro importanti.

XIII. **1.** Le mie vacanze sono durate due mesi e mezzo. **2.** I due terzi dei concorrenti hanno abbandonato. **3.** Gli studenti hanno distribuito migliaia di volantini. **4.** Passate due alla volta e in un quarto d'ora avremo finito. **5.** L'ora è la ventiquattresima parte del giorno. **6.** Ha lavorato a Milano per due anni. **7.** Hanno dato due etti di prosciutto a ciascuno di noi. **8.** Ho comprato un vestito di mezza stagione. **9.** L'imperatore Enrico quarto si è sottomesso a Papa Gregorio settimo a Canossa. **10.** Negli ultimi dieci anni (nell'ultimo decennio), il numero degli allievi è calato. **11.** Ho comprato mezza dozzina di uova. **12.** Il corteo viene avanti tra una doppia fila di spettatori.

---

16. *L'expression du temps*

III. **1.** Roma fu fondata nell'ottavo secolo avanti Cristo. **2.** L'America fu scoperta alla fine del Quattrocento.

3. Venezia perdette la sua indipendenza alla fine del Settecento. 4. L'Impero Romano d'Occidente è caduto nel quinto secolo. 5. La spedizione dei Mille si fece nell'Ottocento. 6. Carlo Magno morì nel secolo nono. 7. Il sacco di Roma ebbe luogo nel Cinquecento. 8. Le guerre puniche cominciarono nel terzo secolo avanti Cristo e terminarono nel secondo secolo avanti Cristo. 9. L'uomo è andato sulla luna per la prima volta nel Novecento.

VI. 1. Michelangelo aveva ventinove anni quando fu compiuto il Davide. 2. Quanti anni ha tuo fratello? - Ha dodici anni e mezzo. 3. Antonio è un uomo sulla cinquantina. 4. Adesso i novantenni sono numerosi. 5. Nell'anno 2010, Stefano sarà sui venticinque anni. 6. Mia figlia è appena decenne ma è già andata una volta a Roma e due volte in Sicilia. 7. A diciott'anni si è maggiorenni.

---

17. *Le verbe*

■ *Les conjugaisons*

II.   présent : parti, preferisce, apro, ..., ripeto, finiscono,..., pulisco, ubbidisce, pettinate, rapisce.
      passé simple : ..., ..., aprii/apersi, telefonò, ..., finirono, crederono/credettero, ..., ubbidì, pettinaste, rapì.
      passé composé : sei partito/a, ha preferito, ..., ha telefonato, ho ripetuto, hanno finito, hanno creduto, ho pulito, ha ubbidito, avete pettinato, ha rapito.
      subjonctif présent : che tu parta, che lui preferisca, che io apra, che lui telefoni, che io ripeta, che finiscano, che credano, che io pulisca, che ubbidisca, che pettiniate, che lui rapisca.
      subjonctif imparfait : che tu partissi, che lui preferisca, che io aprissi, che lui telefonasse, che io ripetessi, ..., che credessero, che io pulissi, ..., ..., ...
      conditionnel présent : partiresti, preferirebbe, aprirei, telefonerebbe, ripeterei, finirebbero, crederebbero, pulirei, ubbidirebbe, pettinereste, rapirebbe.

III. présent : preghi, modifico, leghiamo, tocchi, spiegate, gioca, piegano, ti stanchi.
      futur : pregherai, modificherò, legheremo, toccherai, spiegherete, giocherà, piegheranno, ti stancherai.

conditionnel : pregheresti, modificherei, legheremmo, toccheresti, spieghereste, giocherebbe, piegherebbero, ti stancheresti.

IV. indicatif présent : inizi, sbagliano, vi annoiate, abbracciano, cambio, ci avviamo.
subjonctif présent : che tu inizi, che sbaglino, che vi annoiate, che abbraccino, che io cambi, che ci avviamo.

VII. 1. lo vidi ; 2. hai visto ; 3. visse ; 4. bevve ; 5. dice/disse ; 6. fecero ; 7. hanno fatto ; 8. faranno ; 9. che io dica ; 10. che vedano ; 11. ha detto ; 12. vedrebbero ; 13. è vissuto a Roma ; 14. Chi vivrà, vedrà ; 15. Chi ha bevuto, berrà. 16. Hanno vissuto una bella storia.

VIII. 1. saprebbero ; 2. nocquero ; 3. sappiamo ; 4. nuocciono ; 5. tacquero ; 6. è piaciuto ; 7. piacciamo ; 8. che lui taccia ; 9. sanno ; 10. che lui sappia ; 11. che tu piaccia ; 12. saprete.

XI. indicatif présent : 1. siedo ; 2. appaiono ; 3. tiene ; 4. posso ; 5. escono ; 6. muoiono ; 7. fai ; 8. pare ; 9. salgo. subjonctif présent : 1. che io sieda ; 2. che appaiano ; 3. che lui tenga ; 4. che io possa ; 5. che escano ; 6. che muoiano ; 7. che tu faccia ; 8. che lei paia ; 9. che io salga.

XII. 1. andò ; 2. cominci ; 3. sparirono/scomparirono/ scomparvero/scomparsero ; 4. ha detto ; 5. rimane ; 6. uscirai ; 7. voglio ; 8. facciamo ; 9. sarò presente ; 10. tenete 11. non parlare ! ; 12. scrivesti ; 13. so ; 14. è parsa contenta ; 15. cuciamo ; 16. studi ; 17. legheremo ; 18. che si stanchino ; 19. siete rimasti ; 20. caricheremo.

XIV. 1. vieni ! ; 2. scii ; 3. nocque ; 4. non ha letto ; 5. appaio ; 6. vissero ; 7. perse/perdette ; 8. invii ; 9. tengo ; 10. ruppero ; 11. nacqui ; 12. taci ! 13. darebbe ; 14. che rimangano ; 15 sono stati contenti ; 16. che facessimo.

XV. 1. faccio ; 2. abbiamo letto ; 3. dite ; 4. che io tocchi ; 5. andrà ; 6. seppero ; 7. l'ha scorta ; 8. rido/risi ; 9. vuole ; 10. ripeti ! ; 11. si difese ; 12. ci siamo accorti ; 13. terrai ; 14. che io esca ; 15. tieni ; 16. apparve/apparse/apparì ; 17. avete rotto il bicchiere ; 18. cadde ; 19. vivrò ; 20. che fossimo felici.

XVII. 1. c) ; 2. a) ; 3. b) ; 4. b) ; 5. a) ; 6. a).

XVIII. 1. c); **2.** b); **3.** c); **4.** c).

XIX. 1. Da' questo libro! **2.** Non venire! **3.** Siate pronti! **4.** Avevamo mangiato. **5.** Sappiate la vostra lezione! **6.** Cammina cantando! **7.** Siete presi. **8.** Va' a scuola! **9.** Di' la verità! **10.** Vogliate ascoltare! **11.** Stiamo in piedi! **12.** Mangia, leggendo il giornale. **13.** Abbiate pazienza! **14.** Sii prudente! **15.** Arriva/giunge correndo. **16.** Bisogna che capiscano.

■ *Les auxiliaires*

XXII. 1. È saltato dalla gioia. **2.** Abbiamo cominciato lo studio dell'italiano da sei mesi. **3.** La pioggia è cessata quando il vento si è levato. **4.** L'inverno è cominciato da tre giorni. **5.** Il meccanico ha cambiato i freni della macchina. **6.** È suonata l'ora del ritorno. **7.** Il temporale non è durato a lungo ma i danni sono molto importanti. **8.** Lorenzo il Magnifico è vissuto nel Quattrocento. **9.** Non sono riuscita ad aprire la porta. **10.** Com'è cambiata! Non la riconosco più. **11.** La tua pressione è salita, dovresti chiamare il medico. **12.** Abbiamo vissuto dei momenti difficili. **13.** I vostri consigli non sono giovati (serviti) a nulla. **14.** I prezzi sono calati dall'inizio dell'anno.

■ *Andare - stare - venire*

XXIII. 1. Le usanze vanno rispettate. **2.** Questa tassa va pagata entro dicembre. **3.** Le leggi vengono discusse in Parlamento. **4.** Venne portato in ospedale. **5.** I disegni vanno annessi al progetto. **6.** La barca venne capovolta dalle onde. **7.** Il ferro va battuto finché è freddo o finché è caldo? **8.** Città d'arte come Venezia, Firenze e Roma vengono visitate da turisti provenienti da tutto il mondo.

XXV. 1. Sara stava per partire quando sua madre le telefonò. **2.** Attento/a! Stai per dire una bugia. **3.** Una vespa stava per pungerlo quando si svegliò. **4.** Stava per gridare quando riconobbe il cane di Micol. **5.** La nave stava per affondare quando arrivarono i soccorsi.

XXVII. 1. Questa storia va per le lunghe. **2.** Veniva giù una pioggerella fine fine. **3.** Ben ti sta! **4.** Sta' fermo! **5.** Il suo ultimo libro è andato a ruba. **6.** Va pazzo per il gelato al cioccolato. **7.** Va ripetendo dappertutto che sei un ladro.

8. Non lo disturbare, sta facendo un lavoro delicato. **9.** Dimmi con chi vai e ti dirò chi sei. **10.** Sono venuto a sapere che stavano per sposarsi. **11.** Non sta bene sbadigliare in pubblico. **12.** Non m'importa che stia qui o se ne vada. **13.** Il progetto è andato a monte. **14.** Il foglio è venuto via dal quaderno. **15.** Il mio portafoglio sta nel cassetto della scrivania. **16.** La foto è venuta bene.

■ *Les verbes serviles*

XXIX. 1. Ieri non <u>sono potuto</u> andare al liceo. **2.** L'altra settimana <u>abbiamo dovuto</u> chiamare il medico. **3.** Marisa non è <u>potuta</u> uscire, perché <u>ha dovuto</u> preparare un compito. **4.** I bambini non <u>sono voluti</u> rimanere soli in casa. **5.** Loro non <u>hanno potuto</u> capirsi (non si <u>sono potuti</u> capire). **6.** Il condannato non <u>ha voluto</u> rispondere. **7.** Chiara, perché non <u>sei voluta</u> venire con me? **8.** Voi <u>siete dovuti</u> passare davanti alla chiesa. **9.** Tu non <u>sei potuto/a</u> arrivare in tempo. **10.** Che cosa <u>è potuto</u> succedere?

■ *Les verbes réfléchis et pronominaux*

XXXI. 1. Al segnale si tuffarono nel fiume. **2.** È venuta meno per la stanchezza. **3.** Tacete! **4.** Passeggiavano dalla mattina alla sera. **5.** Il vecchio uomo si è ammalato verso la fine dell'inverno. **6.** Come! esclamò, non avete ancora finito! **7.** Sbagli, cara mia! **8.** In inverno il sole tramonta presto. **9.** Attenti! Abbiamo sbagliato strada. **10.** Finalmente si è degnata di ricevermi. **11.** I ponti sono crollati in seguito all'alluvione. **12.** Mi congratulo per il tuo successo.

XXXII. 1. Alcune difficoltà sono sorte all'ultimo momento. **2.** «Com'è bello!» esclamarono. **3.** Ha litigato col fratello. **4.** I detenuti sono riusciti a evadere. **5.** «Taci» : così comincia «*La pioggia nel pineto*» di Gabriele d'Annunzio. **6.** Non sapevano nuotare e sono annegati. **7.** I fiori che ho comprato sono già appassiti. **8.** Diffida di chi ti fa dei complimenti esagerati! **9.** La nebbia è svanita. **10.** Alla notizia è crollato sulla sedia.

■ *Les verbes impersonnels*

XXXIV. 1. Si deve lavorare in silenzio. **2.** Si partirà di buon'ora e si tornerà prima di mezzogiorno. **3.** Arrivando in un albergo, a chi ci si rivolge? **4.** Che cosa si presenta come documento? **5.** Si era detto di non farlo. **6.** Perché non si è fatto venire un operaio più abile? **7.** Non ci si deve spaventare per così poco. **8.** Ci si è alzati alle nove e si è partiti alle dieci. **9.** Ci si ostina per nulla. **10.** Ci si incamminò tutti insieme verso il villaggio. **11.** Si era così sfiniti che si è dormito tutto il giorno.

■ *Valeurs particulières des modes et des temps*

XXXVII. 1. Fra poco giocherete a pallone con Filippo. **2.** Fra poco berranno una birra. **3.** Cadrà dalla bicicletta fra poco. **4.** Fra poco mangerai la frutta. **5.** Fra poco comincerà a lavorare. **6.** Il gatto si leccherà fra poco. **7.** Fra poco legherà il cavallo all'albero. **8.** Fra poco staccherò la cornetta. **9.** Fra poco leggeremo questa lettera. **10.** Fra poco ficcheranno il naso in questa faccenda.

XXXVIII. 1. State per giocare a pallone. **2.** Stanno per bere una birra. **3.** Sta per cadere dalla bicicletta. **4.** Stai per mangiare la frutta. **5.** Sta per cominciare a lavorare. **6.** Il gatto sta per leccarsi. **7.** Sta per legare il cavallo all'albero. **8.** Sto per staccare la cornetta. **9.** Stiamo per leggere questa lettera. **10.** Stanno per ficcare il naso in questa faccenda.

XL. 1. L'altro giorno, l'ho visto che passava. **2.** Nel Quattrocento Botticelli dipinse *La Primavera*. **3.** Michelangelo lavorò a Roma per i papi Giulio II e Paolo III. **4.** Cristoforo Colombo scoprì l'America nel 1492. **5.** Boccaccio nacque nel 1313 e morì nel 1375. Visse a Firenze ma anche a Napoli. Scrisse *Il Decamerone*. **6.** Ho letto questo libro ieri, la mia amica lo vorrà leggere, glielo darò domani. **7.** Quel giorno gli dissi che avevo fame e mi rispose che il pranzo era pronto. **8.** L'avevo incontrato proprio allora, quando sentì che non stava bene.

XLIII. 1. Se facessimo oggi i nostri compiti, saremmo liberi domenica. **2.** Speravano che sareste venuti l'indomani. **3.** Divorarate come persone che non avessero mangiato da otto giorni. **4.** Saresti contento se tu li vedessi. **5.** Ti parla come qualcuno (uno) che ti conosca. **6.** Se io li avessi visti, non avrei telefonato loro. **7.** Anche se fosse per vedere il re, non ci andrei. **8.** Caso mai venisse, l'inviteremmo a rimanere a casa. **9.** Secondo loro, giungerebbe in tempo. **10.** Dovrebbe fare un bel dolce, Signorina. **11.** Se non me ne avesse parlato, non conoscerei questa storia.

XLV. 1. Tacque come se non osasse parlare. **2.** Bisogna che lui paghi l'albergo. **3.** Volete che io telefoni subito, ma non posso. **4.** Può darsi che tu non abbia niente da fare ma non ammetto che non lavori. **5.** Accompagna i figli a scuola in macchina affinché possano arrivare in tempo. **6.** Era impossibile che si trattasse della verità. **7.** Prima che fossero passate due ore, venne a trovarci. **8.** Bastava che Lucia ci pensasse prima. **9.** La guida aspetta che tutti le siano attorno. **10.** Occorreva che i ragazzi tornassero a casa per le vacanze.

XLVI. 1. Può darsi che non conoscano il mio indirizzo. **2.** Peccato che si debba morire quando finalmente ci si può riposare. **3.** Riuscì a salire prima che non partisse l'autobus. **4.** Pensi a me, Signora!

XLVIII. 1. c); **2.** a); **3.** c); **4.** b); **5.** c); **6.** b); **7.** c); **8.** b); **9.** c); **10.** a).

XLIX. 1. « Non si sarebbero riconosciuti se si fossero incontrati per la strada. » (Buzzati) **2.** « Pareva che Luca evitasse di incontrare i suoi sguardi come se temesse qualcosa. » (Buzzati) **3.** « Sembrava che qualcosa gli ingorgasse la gola. » (Buzzati). **4.** Si serrò il mantello attorno per timore che i ragazzi glielo togliessero. **5.** Non sappiamo dove sia la nostra amica. **6.** Nessuno sa dove lui dorma. **7.** Gli domandava a che cosa potesse sognare. **8.** Se io le trovasse un lavoro, le piacerebbe.

L. 1. Chiesi loro se sarebbero stati pronti per la partenza. **2.** Mi sembra che tu non sia venuto da tempo. **3.** Ti domandasti come mai quell'uomo avesse tutti quei soldi. **4.** Pensò che si trattasse di un ladro e chiamò la polizia. **5.** Non sapeva chi fosse. **6.** Temo che non capisca quello che sto dicendo. **7.** Se verrai, potremo andare insieme a vedere dove si trovano/trovino questi monumenti. **8.** Magari dicessero la verità, sapremmo quel che conviene fare.

LII. 1. a); **2.** b); **3.** a); **4.** c); **5.** a); **6.** c); **7.** a); **8.** c).

LIII. 1. Se tu venissi, saremmo molto contenti. **2.** Credeva che avrei fatto da mangiare per noi tre. **3.** Era l'unica casa che avesse fiori alla finestra. **4.** Abbiamo paura (temiamo) che lui non pensi a fare i compiti. **5.** Mi piacerebbe che ascoltasse questa canzone, Signorina. **6.** Sperava che io restassi con loro per tutte le vacanze. **7.** Magari potesse sentirmi! **8.** Parla come se tutti lo potessero capire. **9.** È più interessante di quanto (non) pensiate. **10.** Teme che non si possa partire.

LIV. 1. Marco, non parlare così ai compagni! **2.** È vietato calpestare le aiuole. **3.** Pensano di essere arrivati alle dieci. **4.** Aveva molto da fare ma è andato a mangiare da un amico.

LV. 1. a); **2.** b); **3.** b); **4.** a); **5.** b); **6.** b); **7.** a); **8.** c); **9.** a); **10.** b).

LVI. 1. È una cosa divertente. **2.** È un cantante. **3.** È un insegnante. **4.** È un comandante. **5.** È una cosa conveniente. **6.** Sono persone esitanti. **7.** È una ragazza attraente. **8.** È un credente. **9.** È un ristorante. **10.** Sono vacanze interessanti.

LIX. 1. Amici, in questi giorni ne ho visti tanti che si preparavano a partire in vacanza. **2.** Lisa si è messa/messo il vestito più bello, pensando di farci piacere. **3.** La frutta? L'ho comprata stamattina. **4.** Oggi si è lavorato bene. **5.** Ieri si è arrivati in tempo. **6.** Queste persone? Le ho incontrate poco tempo fa.

LXII. 1. Letti questi due libri, li restituisco alla biblioteca. **2.** Sdraiatasi sul letto, chiuse gli occhi. **3.** Finito il pranzo, guardò la tivù. **4.** Tornata a casa, ritrova i bambini che fanno i compiti. **5.** Fatto il lavoro, a Lucia piace passeggiare per le strade. **6.** Lavate le mani, andiamo a tavola. **7.** Fatto il bagno, si sono vestiti. **8.** I bambini sono svegli, li hanno svegliati le campane di Pasqua. **9.** Mi ha salvato, quindi sono sano e salvo.

LXIV. 1. Sapevate che nessuno sarebbe venuto a trovarlo. **2.** Il direttore desidera che andiate subito nel suo ufficio. **3.** Avevi bisogno che ti portassero immediatamente da mangiare. **4.** Preferisce che finiscano il lavoro il giorno stesso. **5.** Ho voluto che tu giungessi presto. **6.** Elena voleva che partissero dopo di lei. **7.** Mi piacerebbe che tu non fossi mai venuto. **8.** Si dice che una lupa abbia nutrito Romolo e Remo e li abbia salvati.

LXVI. **1.** a); **2.** c); **3.** b); **4.** b); **5.** a); **6.** a)

LXVIII. **1.** Chiesi loro se sarebbero venuti o se preferissero rimanere a casa. **2.** Se non ci sarà lo sciopero, il treno potrà partire. **3.** Se andava a spasso, il cane l'accompagnava. **4.** Anche se avesse la forza di resistere, non servirebbe a nulla. **5.** Se parti in America, fammelo sapere! **6.** Se vuoi, partiamo subito. **7.** Se ti ascoltasse, sarebbe un bravo scolaro. **8.** Se non gli scriverò non mi perdonerà mai.

---

18. *Les conjonctions de subordination et les propositions subordonnées*

II. **1.** Ti prometto che ti porterò dalla nonna. **2.** La strada è pericolosa, credo che anche tu l'abbia notato. **3.** Vieni che ti voglio far vedere le fotografie del nostro viaggio! **4.** Parla a voce bassa, che non ti sentano! **5.** Gli era sembrato che suo figlio studiasse meno bene. **6.** Sbrigati, che hanno fretta! **7.** Speravo che tu non gli (le) avresti nascosto la verità. **8.** Non è ancora arrivato : suppongo che abbia perduto il treno. **9.** Non dico che abbia rubato; dico che non è onesto. **10.** Crede che quel disgraziato mangi ogni giorno? **11.** Quando i giorni sono belli e il mare è calmo, faccio una bella nuotata. **12.** Se lo invitassi, non penso che parteciperebbe al viaggio.

IV. **1.** Siccome gli tremavano le mani, lasciò cadere il cucchiaio. **2.** Non posso lavorare perché mi sono ammalato. **3.** Siccome era molto affezionata al suo villaggio, lo lasciava solo di rado. **4.** Hai portato più libri di quanto fosse necessario. **5.** Si diverte come non si era mai divertita. **6.** Non lo compro, perché è troppo caro e non perché non mi piaccia. **7.** Poiché avete diciott'anni, potete votare. **8.** È come (tale e quale) lo avevi giudicato. **9.** Roma ha meno abitanti di quanto io pensassi. **10.** Nuotare è più facile di quanto tu non creda.

V. **1.** Sebbene non ci fosse granché nel frigorifero, trovò due uova e si fece una frittata. **2.** Nonostante non stia bene, partirà lo stesso. **3.** Benché lo <u>chiamassero</u> zio, non <u>e</u>rano sue nipoti. **4.** Per colto che <u>fosse</u>, conosceva male la letteratura del Cinquecento. **5.** Chiunque <u>voglia</u> parlare, lasciatelo esprimersi! **6.** Qualunque risposta <u>dessero</u> i ragazzi, il padre non ci credeva. **7.** Sebbene le nu<u>vole coprissero</u> la luna, la notte era chiara. **8.** Qualsiasi vestito <u>compri</u>, Lina lo prende sempre troppo stretto.

VII. **1.** Se gridi, tutti ti <u>s</u>entono. - Se griderai, tutti ti sentiranno. - Se gridassi, tutti ti sentir<u>e</u>bbero. - Se avessi gridato, tutti ti avr<u>e</u>bbero sentito. **2.** Se esce col vento, si ammala. - Se uscirà, si ammalerà. - Se uscisse, si ammalerebbe. - Se fosse uscito, si sarebbe ammalato. **3.** Voi perdete il treno se non vi affrettate. - Voi perderete il treno se non vi affretterete. - Voi perdereste il treno se non vi affrettaste. - Voi avreste perduto il treno se non vi foste affrettati/e.

IX. **1.** Qualora (caso mai) gelasse, verrebbe col treno e non con la m<u>a</u>cchina. **2.** La strada era così pericolosa che ci f<u>u</u>rono parecchi incidenti. **3.** <u>E</u>rano così lontani dal traguardo che non v<u>i</u>dero il loro campione. **4.** Mi rivolgo a Lei, Signore perché mi aiuti. **5.** Le ho dato questo vestito perché lo stiri e non perché lo sciupi. **6.** Vuoteremo l'arm<u>a</u>dio perché app<u>e</u>ndiate i vestiti. **7.** Mio fratello è venuto perché io lo aiutassi a ris<u>o</u>lvere un problema. **8.** Qualora (semmai) tu avessi not<u>i</u>zie, avv<u>i</u>sami! **9.** Lo dic<u>e</u>vano chiaramente affinché la cosa si risapesse. **10.** La miniera di zolfo era così profonda che nessuno voleva avventur<u>a</u>rcisi.

XI. **1.** Non capisco perché nessuno tenti di aiutarlo. **2.** Ci spiegherai com' <u>è</u> accaduto l'incidente. **3.** Si domandò se non ci fosse un errore. **4.** Non si sa per chi f<u>a</u>ccia tanti sacrifici. **5.** Per favore, può dirmi dove sta di casa la signora Rossi? **6.** Nessuno sapeva perché Giovanni non fosse ancora arrivato. **7.** Dirige l'azienda come lo avrebbe fatto suo padre. **8.** Gli chiedevo se volesse che io lo aiutassi. **9.** Mi tel<u>e</u>foni di modo che io venga alla stazione! **10.** Non so come guidi Marisa, ma ha già fatto due incidenti stradali. **11.** Non si sapeva dove fosse, dove fosse andato e da dove venisse.

XII. **1.** b) - **2.** c) - **3.** a) - **4.** b).

XIV. 1. Dopo che tutti f<u>u</u>rono partiti, sono andato a dormire.

2. Mentre vi riposavate, sono riuscito a finire il lavoro.
3. Prima che avessero potuto scoprirlo, era fuggito all'estero. **4.** Non appena arriva a casa, accende il televisore. **5.** Prima che il film cominciasse, chiacchieravamo davanti al cinema. **6.** Finché non reagirà, non potrà guarire. **7.** Da quando vivono in Francia, non li abbiamo più visti. **8.** Passeranno tanti giorni prima che riveda il suo paese. **9.** Ogni volta che ci penso, provo un senso di malessere.

---

19. *Les conjonctions de coordination*

II. **1.** È un americano, infatti lo riconosco dalla pronuncia. **2.** Vuoi restare a letto oppure venire con noi in montagna? **3.** Non conosco i fatti, quindi non posso giudicare. **4.** Diceva di parlare tante lingue, invece non sa nemmeno l'italiano. **5.** Piove a dirotto eppure devo uscire lo stesso. **6.** Te lo posso assicurare : è bell'e arrivato ieri. **7.** Franca è poco seria, infatti non viene quasi mai al liceo. **8.** Mangia troppo, perciò gli fa male lo stomaco. **9.** Dicevi che era già partita, invece è ancora qua. **10.** Mi piace la cucina italiana, cioè la pasta, la pizza, l'olio d'oliva e il vino.

III. **1.** Esci oppure resti a casa? **2.** È partito, dunque (quindi) è inutile andare a trovarlo. **3.** Questo quadro è molto famoso, eppure non mi piace. **4.** Lo conosco da tanto tempo, anzi siamo cresciuti insieme. **5.** Questa casa non è né grande, né lussuosa, ma è comodissima. **6.** Non ho potuto incontrarlo e neppure telefonargli. **7.** Non Le chiedo una birra ma un caffè. **8.** La situazione economica non è buona, anzi peggiora ogni giorno. **9.** Il traffico era particolarmente intenso, perciò siamo arrivati in ritardo alla conferenza. **10.** È malato eppure esce. **11.** Hanno incontrato alcune persone ma non hanno osato parlar loro. **12.** «*Marcovaldo ovvero le stagioni in città*» è il titolo completo di un libro di Italo Calvino.

---

20. *Les adverbes*

III. **1.** Telefona frequentemente per avere delle notizie. **2.** Si rifece accuratamente la piega dei pantaloni. **3.** A cavalcioni sul muro guardavamo passare i corridori. **4.** Agisce sempre ciecamente. **5.** È sceso tentoni (a tastoni) in cantina. **6.** Camminava pesantemente. **7.** Si è messo carponi per cercare la lettera che era caduta. **8.** Parla piano per non svegliare il bimbo! **9.** Stava seduto sul muricciolo, colle gambe penzoloni. **10.** Lavora accanitamente. **11.** Purtroppo non poterono salvare il malato. **12.** Spesso la grandine danneggia gravemente le coltivazioni. **13.** La situazione è notevolmente peggiorata. **14.** Gli aerei non volano liberamente nel cielo : seguono delle rotte precise. **15.** Gli scolari hanno ripreso allegramente la strada della scuola.

V.   **1.** Ho appena incontrato la sorella di Massimo. **2.** Si era appena seduto quando sentì squillare il telefono. **3.** Sono appena arrivato da Roma e ti porto le ultime notizie. **4.** Mi è stato appena detto che Suo fratello parte per la Sicilia. **5.** Ragazzi, state buoni! Adesso vi racconterò una bella storia. **6.** Ora ci spiegherà i motivi della Sua assenza (ci spiegherete i motivi della vostra assenza). **7.** Aveva appena passato il ponte quando si mise a piovere. **8.** Avevano appena finito il pranzo quando giunse Carlo. **9.** Non sono ancora pronta : adesso preparerò la valigia. **10.** Eravamo appena usciti quando arrivarono i nostri amici. **11.** Sta per lasciare Firenze con l'aereo. **12.** Aspettami un attimo! Ora vengo. **13.** Gli ho appena telefonato e richiamerà fra poco. **14.** Ci siamo appena lasciati (lasciati ora). **15.** Il suo romanzo era stato appena pubblicato quando morì.

VI.   **1.** Erano tutti fuori. **2.** La casa è lassù in montagna. **3.** Dietro c'è il giardino. **4.** Qua dentro fa freddo. **5.** Francesca viene da vicino. **6.** Qui/qua è nevicato.

VII.   **1.** Abita a Venezia e ci sta bene. **2.** Se ne andarono immediatamente. **3.** Non vi è proprio nulla da vedere. **4.** Piazza di Spagna a Roma è molto bella e ci passiamo tutti i giorni. **5.** Perché parla (parlate) già di andarsene (andarvene)? **6.** Resterò qui solo qualche giorno, non ci sto mai a lungo. **7.** La casa sembrava vuota eppure ne venne fuori una bambina. **8.** Conoscete Firenze? Sì, ci siamo andati il mese scorso. **9.** Cerco l'olio, ma non ce n'è.

IX.   **1.** Ho deciso di mettermi davvero a studiare. **2.** Non sono affatto guarita. **3.** Non ha neppure risposto alla mia lettera. **4.** È un bambino proprio misero. **5.** Lei non mi disturba affatto. **6.** I fatti si sono svolti proprio in questo modo. **7.** Conosci Piazza San Marco? Certo, è molto famosa. **8.** È muto? Non ha detto neanche una parola. **9.** Magari ho avuto torto a non invitarli. **10.** Verranno senza dubbio (senz'altro). **11.** Talvolta il pubblico non è affatto stupido. **12.** Era mezzogiorno quando hai telefonato? Sì, mezzogiorno in punto.

XI. **1.** Parla più piano! Il tuo fratellino dorme. **2.** Ragazzi, studiate le vostre lezioni più seriamente. **3.** Mia nonna abita vicinissimo, quindi (perciò) vado molto facilmente a trovarla. **4.** Lei parla velocissimo, Signore, non capisco nulla di quello che dice. **5.** Ascolta molto attentamente le spiegazioni. **6.** Signora, Le parlo molto sinceramente. **7.** Che cosa La disturba di più, Signorina? Il rumore. **8.** I tuoi figli giocano a tennis molto meglio dei miei. **9.** La nostra macchina ha avuto un guasto ieri; accade spessissimo. **10.** In questo momento, gli affari vanno peggio di una volta. **11.** È meglio non dir nulla (tacere). **12.** Partiremo domani mattina prestissimo.

---

21. *Les prépositions*

I. **1.** Vado a teatro, vai al cinema. **2.** Torino è a nord, Palermo è a sud. **3.** Vengo a trovarti domani. **4.** Guadagna cento euro al giorno **5.** Siamo andati al ristorante **6.** Vai a fargli visita per giocare a carte. **7.** Sogna ad occhi aperti. **8.** Aspetta! Corro a comprare il pane. **9.** A scuola è un bravissimo (ottimo) scolaro. **10.** A poco a poco riesce a capire.

III. **1.** Vive a Milano ma va spesso a Verona. **2.** Corre a prendere un vestito. **3.** I soldati sfilano a quattro a quattro. **4.** Siamo a Genova e domani partiremo a Venezia. **5.** Va al mare tre volte al mese. **6.** È un articolo fatto a mano. **7.** Ho un appuntamento alle dieci e mezzo.

IV. **1.** Farò questo viaggio con gli amici. **2.** Parti in Sicilia con l'aereo di mezzogiorno. **3.** Le rondini volano via con i primi freddi. **4.** Va sempre avanti con gli occhi bassi. **5.** Ha un appartamento con vista sul mare. **6.** Batte sull'incudine con il martello. **7.** La ragazza col cappello è un'amica. **8.** Con questo caldo non si ha voglia di lavorare. **9.** Vado a fare il bagno con un compagno. **10.** Lo guardi con attenzione.

V.   **1.** Compra da bere e da mangiare! **2.** L'uomo con gli occhiali da sole esce dallo stadio. **3.** Il servizio da caffè è nella sala da pranzo. **4.** Si costruisce la casa e fa tutto da sé. **5.** Da giovane era già una persona dal cuore d'oro. **6.** Mi ha fatto da padre. **7.** Si è comprato una macchina da ventimila euro. **8.** Lo tratto da amico perché si comporta sempre da galantuomo. **9.** Esci dalla porta, non passare dalla finestra! **10.** Col freddo che fa, non esce da casa sua.

VII. **1.** Fa un caldo da morire. **2.** Viene da Roma e va a Milano. **3.** Porta da mangiare alla nonna. **4.** Vengono a trovarci a Sorrento dove siamo in vacanza da una settimana. **5.** Da dieci anni vive a Torino con la moglie. **6.** Viaggia spesso con l'aereo. **7.** È accompagnato dalla zia e entra dalla porta del giardino. **8.** Lo fa da solo e non con un altro. **9.** Guarda dalla finestra gli alberi del viale dal tronco ruvido. **10.** Gli piace il caffè con latte. **11.** Da vecchio il nonno è andato a vivere dalla (con la) figlia. **12.** Vengo con la macchina da corsa di mio fratello. **13.** Agisce da bravo ragazzo. **14.** Con questo freddo non dovrebbe uscire a capo scoperto ma con un cappello. **15.** Voglio qualcosa da bere e da mangiare a mezzogiorno. **16.** « Son ricchi da fare spavento » (Sciascia).

IX. **1.** Ha comprato delle tazze da caffè di porcellana. **2.** Indossa un cappotto di lana che è un vestito da inverno. **3.** D'inverno, la montagna è bellissima da queste parti. **4.** Da bambino, voleva già lasciare il paese natio, da giovane è andato all'estero e da vecchio è tornato in patria. **5.** D'ora in poi, non accetterò più niente da lui. **6.** Di giorno in giorno si fece tanto bella da far impazzire tutti gli uomini. **7.** Tremava dalla febbre ed era tutto madido di sudore. **8.** Quando esce di scuola, va dalla nonna. **9.** Penso di incontrarlo fra poco. **10.** Lo stretto di Messina separa la Sicilia dalla Calabria. **11.** Se l'è cavata da solo senza l'aiuto della famiglia. **12.** La sua amica di Milano è una bella ragazza dagli occhi azzurri. **14.** Per Carnevale Luca era mascherato da pagliaccio e Lisa aveva un vestito di seta.

X.   **1.** Lo rivedremo nel mese di luglio, in vacanza. **2.** In estate vive in campagna o in montagna. **3.** Leonardo da Vinci nacque nel 1452 e morì nel 1519. **4.** Si è messo in una situazione difficile. **5.** Ha tagliato il pane in quattro pezzi. **6.** Erano in molti ad andare in chiesa. **7.** Finiremo questo lavoro in tre mesi. **8.** In breve tempo la situazione è migliorata. **9.** Verrà in abito da sera. **10.** Sono tutti in piazza dove si sono recati in fretta e furia. **11.** Vengono in quattro a prendermi per andare in piscina. **12.** Torno in Italia in settembre.

XI. **1.** Passa da Firenze per recarsi a Roma. **2.** Ha lavorato tutta la vita per la sua famiglia. **3.** Giorno per giorno, ci pensa. **4.** Due per due fa quattro. **5.** Ha pagato cinquanta euro per prenotare una camera per la notte. **6.** È troppo bello per esser vero. **7.** La rappresentazione sta per cominciare. **8.** Passeggia per i campi.

XII. **1.** Tra/fra (di) loro tutto va bene. **2.** Fra qualche minuto sarà tra noi. **3.** Fra due chilometri si scoprirà la cupola di San Pietro. **4.** È un incontro tra colleghi. **5.** Giungeranno a casa tua fra tre giorni. **6.** Tra Natale e l'Epifania c'è Capodanno.

XIV. **1.** a) - **2.** c) - **3.** c) - **4.** b) - **5.** b) - **6.** b).

XV. **1.** a) - **2.** b) - **3.** a) - **4.** c) - **5.** a) - **6.** a) - **7.** c) - **8.** c) - **9.** a).

---

22. *Les interjections*

I. **1.** Pronto ? Chi parla ? **2.** Ahi ! Ho una scheggia nel dito. **3.** Puah ! Un verme nell'insalata ! **4.** Evviva la libertà ! **5.** Ahimé ! Che disgrazia ! **6.** Che diavolo sta combinando ! **7.** Su ! Via ! **8.** Saranno arrivati ? Mah ! **9.** Uffa ! Questo film è una noia ! **10.** Evviva gli sposi ! **11.** Animo, ragazzi ! **12.** Dove diamine è andato a finire ?

---

23. *La forme de politesse*

II. **1.** Si fidi di me ! **2.** Fa tutto a modo Suo. **3.** Le piace questo quadro ? **4.** Ci vada e lo faccia in fretta ! **5.** Vuole giocare con me ? **6.** Pensava a farsi bella. **7.** Sono qua per aiutarLa.

8. Potrebbe tornare a casa Sua. **9.** È stato felice, Signor Aldo? **10.** Bisogna che Lei vada a salutarlo.

IV.   **1.** d) - **2.** b) - **3.** a) - **4.** d) - **5.** a) - **6.** b) - **7.** c) - **8.** d).

V.   **1.** Signore, Le piacciono queste caramelle? **2.** Signorina, pensa spesso a Sua madre? **3.** Vada a prendere il Suo libro, Signora, e me lo faccia vedere! **4.** L'ascolto poi Le risponderò, Signore. **5.** Come sta, Signora? Entri pure e si accomodi! **6.** Signora, andrà a Roma da Sua zia? **7.** Stiano molto attenti, Signori! **8.** Cameriere, mi porti il conto perché io possa pagarLa. **9.** Questo vestito Le sta molto bene, Signorina. **10.** Ci pensi e si decida rapidamente! **11.** Ci prepari da mangiare, Lei è un bravo cuoco. **12.** Non posso credere a quello che è stato detto contro di Lei e sono sicuro che Lei non c'entra per nulla in tutto questo. **13.** Signora, deve mangiare il Suo dolce, Le piacerà.

---

24. *Traductions*

■ *Traduction de aimer*

I.   **1.** b) - **2.** a) - **3.** c) - **4.** b) - **5.** c) - **6.** a) - **7.** b) - **8.** b) - **9.** b) - **10.** b).

■ *Traduction de arriver*

I.   **1.** c) - **2.** b) - **3.** a) - **4.** b) - **5.** a) - **6.** c) - **7.** c) - **8.** a) - **9.** c) - **10.** b).

■ *Traduction de c'est moi - c'est toi - c'est moi qui - c'est à moi - c'est à moi de*

II.   **1.** Signore, non tocca a Lei rispondere, tocca al direttore. **2.** Tocca ad ognuno informarsi. **3.** Chi ha rotto il vaso? Non sono stato io, è stato il gatto. **4.** Toccava a Lei avvisarmi, Signorina. **5.** Aveva parlato il padre e non la madre. **6.** Oggi, tocca a Maria fare la spesa, domani toccherà a suo fratello. **7.** Sono stati i bambini a divertirsi di più. **8.** Non saremo noi a negarvi questo favore. **9.** Tocca ai genitori educare i figli. **10.** Ci ha chiamati il direttore. **11.** Chi ha chiesto tre posti per lo spettacolo di questa sera? - Siamo stati noi. **12.** Non sarò io a dire il contrario.

■ *Traduction de il faut*

II. **1.** Bisognerebbe che arrivasse ora. **2.** Bisognava venire a Roma. **3.** Bisogna che io resti (rimanga) a casa. **4.** Bisognerebbe parlarne. **5.** Bisognerà che capisca rapidamente. **6.** Bisogna che lui ci vada. **7.** Ci vorrà una settimana di vacanza. **8.** Bisognava che lei ci fosse. **9.** Ci vogliono quattro mesi per fare questo lavoro. **10.** Ci volevano tre giorni di viaggio per poterlo vedere.

III. **1.** Bisogna studiare molto. **2.** Ci voleva una bicicletta per le vacanze. **3.** Ci vorrebbero tanti soldi per soddisfarlo. **4.** Bisognerebbe aspettare la coincidenza. **5.** Bisognerà pensare ai figli. **6.** Gli ci vogliono venti minuti per andarci. **7.** Bisognava parlargli. **8.** Ci volevano due uomini per spingere la macchina.

IV. **1.** Occorre che io mangi. **2.** Occorreva che loro venissero a fargli visita. **3.** Occorre che tu vada a Roma. **4.** Occorrerà che lui faccia questo lavoro. **5.** Occorrerebbe che noi salissimo le scale.

V. **1.** Si deve andare a Firenze. **2.** Si doveva lavorare. **3.** Si deve pensare ai più poveri. **4.** Si dovranno costruire case in questa zona. **5.** Si dovrebbero leggere libri interessanti.

■ *Traduction de il y a*

I. **1.** Non c'è ancora nessuno nella sala. **2.** Quando sono tornato, c'era molto traffico. **3.** L'anno scorso, ci sono stati temporali terribili. **4.** C'è stato un terremoto e ci sarebbero diecimila morti. **5.** Non c'è nulla da aggiungere. **6.** C'era neve in montagna ? **7.** Ci sarebbe molto da dire. **8.** Mi pare che ci sia qualcuno nel giardino. **9.** Se ci sarà un nuovo temporale, l'acqua salirà ancora. **10.** Vorrei che ci fosse un bel sole per il mio onomastico.

III. **1.** Un mese fa, visitavate l'Italia. **2.** Non aprivo un giornale da un mese (Era un mese che non aprivo un giornale). **3.** Tuo padre è arrivato da qualche minuto. **4.** Non l'ho più visto da tempo. **5.** Qualche anno fa, c'è stato un terremoto in Sicilia.

■ *Traduction de on*

II. **1.** Si sentivano le solite voci. **2.** Si videro arrivare i bambini.

3. Si nasce, si vive, si muore. 4. A che ora si pranzerà?
5. Ci si pensa spesso troppo tardi. 6. Si ha altro da fare
con i propri soldi. 7. Quando si lavora molto si è spesso
stanchi. 8. Non ci si vede nulla. 9. Ci si crede importanti
e si è poca cosa. 10. Si guardava molto la televisione. 11. Si
va e si viene. 12. Si è partiti in cinque per l'Italia e si è
viaggiato molto.

IV. 1. Si guarda il paesaggio. 2. Si illumineranno le strade. 3. Si
fa un bel fuoco d'artificio. 4. Si pensa solo alla propria
famiglia. 5. In Africa si fa la guerra. 6. Se ne discute a
lungo. 7. Si è bevuto troppo. 8. Se ne mangia spesso. 9. Si
è usciti prima della notte. 10. Si offrono bei regali. 11. Si
viveva come bestie. 12. Ci si fa la barba.

V.   1. Si studia la lezione e si fanno i compiti. 2. In questo
negozio si parla l'italiano. 3. Di notte si spegnerà la luce.
4. In Italia si parlano ancora i dialetti. 5. Nel 1935 si recitò
questa commedia per la prima volta. 6. Su questi monti si
piantarono tanti alberi.

Index analytique

PAPIER À BASE DE
FIBRES CERTIFIÉES

Le Livre de Poche s'engage pour
l'environnement en réduisant
l'empreinte carbone de ses livres.
Celle de cet exemplaire est de :
650 g éq. CO_2
Rendez-vous sur
www.livredepoche-durable.fr

Achevé d'imprimer en janvier 2016, en France sur Presse Offset par
Maury Imprimeur – 45330 Malesherbes
N° d'imprimeur : 206154
Dépôt légal 1re publication : mai 1996
Édition 07 – janvier 2016
LIBRAIRIE GÉNÉRALE FRANÇAISE – 31, rue de Fleurus – 75278 Paris Cedex 06